Viktor E. Frankl

Psychotherapie für den Laien
Band 387, 192 Seiten, 6. Auflage

Die zuerst im Österreichischen Rundfunk gehaltenen, später auch über andere Sender verbreiteten Vorträge bieten etwas Einmaliges in der psychiatrischen Literatur unserer Zeit: eine Psychotherapie vor dem Mikrophon. Die Unmittelbarkeit der Darstellung gibt dem Leser die Möglichkeit, die Arbeit des Psychotherapeuten gleichsam aus der Nähe zu verfolgen.

Das Leiden am sinnlosen Leben
Band 615, 128 Seiten, 2. Auflage

Der typische Patient von heute leidet an einem abgrundtiefen Sinnlosigkeitsgefühl, das als lähmende Leere empfunden wird. Mit Hilfe der vom Autor entwickelten „Logotherapie" konnte dieses existentielle Vakuum in vielen Fällen erfolgreich behandelt werden. Ein faszinierender Einblick in Forschung und Praxis dieses weltbekannten Vertreters der Wiener Schule.

in der Herderbücherei

Lebenshilfe

Frank Cheavens
Schach der Depression
Band 649, 144 Seiten

B. Grom/J. Schmidt
Auf der Suche nach dem Sinn des Lebens
Band 519, 176 Seiten, 2. Aufl.

Ulrich Hommes
Erinnerung an die Freude
Band 643, 128 Seiten

Ursula von Mangoldt
Lebensmut gewinnen
Band 602, 128 Seiten

Dr. med. Rüdiger Rogoll
Nimm dich, wie du bist
Band 593, 144 Seiten, 3. Aufl.

Paul Tournier
Durchbruch zur Persönlichkeit
Band 621, 224 Seiten

in der Herderbücherei

Herderbücherei

Band 657

Über das Buch

Logotherapie oder, wie sie von einzelnen Autoren ebenfalls genannt wird, die „Dritte Wiener Richtung der Psychotherapie" (nach der Psychoanalyse und der Individualpsychologie) gewinnt heute an Aktualität. Nicht zufällig sind die Bücher ihres Begründers, des Psychiatrie-Professors Viktor E. Frankl (Universität Wien und San Diego, Kalifornien) in Amerika in Millionenauflagen verbreitet. Wörtlich übersetzt bedeutet Logotherapie „Heilung durch Sinnfindung", und tatsächlich sieht die Logotherapie im Menschen ein um Sinn ringendes Wesen, ein Wesen auf der Suche nach Sinn. Diese Sinnsuche wird aber unter den gesellschaftlichen Bedingungen von heute zunehmend frustriert, und das Sinnlosigkeitsgefühl oder, wie Frankl es mit dem Titel eines seiner Bücher nennt, „das Leiden am sinnlosen Leben" macht die kollektive Neurose der Gegenwart aus. Insofern, als sich die Logotherapie die Überwindung des Sinnlosigkeitsgefühls und des mit ihm einhergehenden Leeregefühls zum Ziel setzt, bedarf unsere Zeit einer gemeinverständlichen Einführung in die Logotherapie und einer Anleitung, die „Sinnlehre" von Frankl im Kampf gegen die „Sinnleere" einzusetzen. Diesem Zweck wird das Buch von Fabry gerecht.

Über den Autor

Dr. Joseph B. Fabry ist Direktor des „Institute of Logotherapy" in der berühmten kalifornischen Universitätsstadt Berkeley. An der „University of California" hält er Vorlesungen und Seminare über Logotherapie. Jahrzehnte hindurch war er an dieser Universität auch als Redakteur tätig. Daneben ist er als Übersetzer von Brecht, Karl Kraus und Nestroy hervorgetreten.

Joseph B. Fabry

Das Ringen um Sinn

Eine Einführung in die Logotherapie

Mit einem Vorwort von
Prof. Dr. med. Viktor E. Frankl

Herderbücherei

Veröffentlicht als Herder-Taschenbuch
Die amerikanische Originalausgabe erschien 1968 bei
Beacon Press, Boston, unter dem Titel
The Pursuit of Meaning – Logotherapy Applied to Life
© 1968 Joseph B. Fabry

Deutsche Übersetzung: Dr. Franz Vesely, Wien

Alle Rechte vorbehalten – Printed in Germany
Gekürzte Lizenzausgabe mit freundlicher Genehmigung des
Paracelsus-Verlages, Stuttgart
© der deutschen Originalausgabe:
Paracelsus-Verlag, Stuttgart 1973
© der Lizenzausgabe:
Verlag Herder, Freiburg im Breisgau 1978
Herstellung: Freiburger Graphische Betriebe 1978
ISBN 3-451-07657-8

Inhalt

Vorwort zur Taschenbuch-Ausgabe 11
Vorbemerkung zur deutschen Ausgabe 13

1. Auf der Suche 15
Die Anfänge der Logotherapie 20
Feuerprobe 22

2. Die menschliche Dimension 29
Die Grundannahmen 29
Der dreidimensionale Mensch 33
Die Freiheit, anders zu werden 35
Der Noos kann nicht krank werden 38
Das noetische Unbewußte 39
Sinnfrage und existentielles Vakuum 41
Ein neuartiger Typ von Neurosen 44

3. Was ist der Sinn des Lebens? 47
Sinn bedeutet Verantwortung 47
Drei Lehrsätze der Logotherapie 50
Ein Schritt nach dem anderen 51
Schöpferische Werte 53
Erlebniswerte 55
Einstellungswerte 57
Menschliches Leid in der Sicht der Logotherapie . 58
Der „Über-Sinn" 61
Sinn wird gefunden, nicht erfunden 63
Die Frage nach der objektiven Realität 66

4. Vom Wert der Werte 69
Werte als Lebenshilfe 70
Wertkonflikte 71
Die Hierarchie der Werte 75

5. Das „Sinn-Organ" 79

Die Wiederentdeckung des Gewissens 80
Der Rabbi und die Katze 81
Die Stimme des Gewissens 83
Persönliches Gewissen und staatliche Indoktrination 85
Der Weg führt ins Ungewisse 86
Konflikte überall 87
Die Stimme aus dem Unbewußten 90
Ein Werkzeug menschlichen Fortschritts 91

6. Das Ringen um Sinn 93

Das Streben nach Glück – ein Widerspruch in sich selbst 93
Gründe und Ursachen des Glücklichseins 96
Selbstverwirklichung 98
Gesunde Spannung 100
Schrittmacher und Friedensstifter 102
Das Sinnlosigkeitsgefühl in der Überflußgesellschaft 104
Ideale in unserer Zeit 106

7. Der Verfall der Traditionen 109

Der Wandel der Zeit – und die Zeiten des Wandels 109
Die Suche nach Heilung 112
„Der Sinn von heute – der Wert von morgen" 114
Die „Zwischen-Zeiten" 116
Erziehung im Wandel 116
Neue Werte für die Erziehung 119

8. Die Freiheit als Aufgabe 121

Die leere Leinwand 122
Freiheit und Verantwortung 124
Freiheit und Freizeit 126
Jedem seine eigene Wüste 130
Verpflichtung und Verantwortung 131
Die innere Autorität 133
Eine neue Moral 135

9. Geistiges Gesundsein in der Zwischen-Zeit 137

Logotherapie und Philosophie 137
Logotherapie als Analyse menschlicher Existenz 141
Der Kampf gegen die kollektive Neurose 144
Trost für die Leidenden 145
Die Behandlung noogener Neurosen 148
Die Behandlung psychogener Neurosen 150

Psycho-Hypochondrie 155
Die Grenzen des Entlarvens 157

10. Die Realität des Religiösen 159
Die superhumane Dimension 160
Welt- und Selbstverständnis als Faktoren psychischer Hygiene . . . 163
Jenseits der Wissenschaft 167
Der Fluchtpunkt 169
Die Beziehung des Menschen zum Göttlichen 171
Das Mikroskop und das Göttliche 173
Die „Sprache" der Religion 175
Alte Wahrheiten in neuem Gewand 177

Auswahl aus dem Schrifttum über Logotherapie 181

Sachregister 189

Vorwort
zur Taschenbuch-Ausgabe

Nur ungern gebe ich dem Wunsche nach, zu einem Buch, das von der Logotherapie und, in einem damit, von dem handelt, der sie geschaffen hat, ein Vorwort zu schreiben. Wenn jemand verdient, daß ich da eine Ausnahme mache, dann ist es Dr. Fabry. Denn sein Buch, das sich nicht nur in Amerika, sondern auch in Italien, Japan, Mexiko und Griechenland unter den Kennern der Logotherapie als wertvoller didaktischer Behelf durchgesetzt und eingebürgert hat, wird – ich bin überzeugt – auch im deutschen Sprachraum seinen Weg machen.

Dr. Fabry ist heute der Direktor des Institute of Logotherapy in der berühmten Universitätsstadt Berkeley (Kalifornien). An der University of California und an diversen State Colleges hält er über die Logotherapie auch Kurse und Seminare ab. Was ihm zugute kommt, ist der Umstand, daß er das logotherapeutische Gedankengut nicht nur aus dem einschlägigen Schrifttum sehr gut kennt, sondern auch von ausführlichen Gesprächen mit mir, wie sie sich auf meinen Vortragsreisen in den USA (auf einer solchen Vortragsreise habe ich ihn ja kennengelernt) ergeben haben, aber auch auf seinen wiederholten Besuchen in Wien.

In den letzten Jahren ist Dr. Fabry mit einer eigenen Version logotherapeutischer Gruppenpraxis hervorgetreten, und im Rahmen meiner Vorlesungen an der US International University in San Diego (Kalifornien) hat er auf meine Einladung hin über diese seine „logotherapeutic sharing groups" Bericht erstattet und sie vor meinen Studenten (und mit ihnen) auch demonstriert. Diese seine Saat wird noch aufgehen – und anderes, mag es auch noch so sehr in Mode sein, überdauern.

Dr. Fabry wendet die Logotherapie aber nicht nur an, sondern er baut sie auch aus, er baut auf ihr auf, und man kann es ihm nicht hoch genug anrechnen, daß er es tut, ohne die Quellen zu verleugnen.

Einmalig sind aber seine Verdienste um die Verbreitung der Logotherapie in Laienkreisen. So war er wie keiner berufen, eine gemeinverständliche Darstellung zu unternehmen, deren Ziel es ist, den Laien zu befähigen, die Logotherapie im täglichen Leben anzuwenden. Mit der von Dr. Vesely besorgten Übersetzung kann sie nun auch einem weiten Kreis deutscher Leser zugänglich werden.

Ich kenne Amerikaner, die mir ohne Zögern gestanden haben, sie hätten den einen oder anderen logotherapeutischen Begriff oder Gedanken, den sie meinen Büchern entnommen hatten, erst verstanden, nachdem sie ihm im Buch von Fabry wiederbegegnet waren. Für den Europäer aber sind es nicht zuletzt die Zitate aus amerikanischen Büchern und Aufsätzen von mir, die es deutsch gar nicht gibt, und die Zitate aus Vorträgen von mir, die überhaupt nicht gedruckt vorliegen – dies ist es nicht zuletzt, was den besonderen Wert dieses Buches ausmacht.

Möge sich an Dr. Fabry bewahrheiten, was ein Klassiker der amerikanischen Medizin einmal gesagt hat: daß der Ruhm nicht zu dem kommt, der eine Idee in die Welt gesetzt hat, sondern zu dem, der sie unters Volk gebracht – der sie dem Volke verständlich gemacht hat.

Wien, im Herbst 1977 *Viktor E. Frankl*

Vorbemerkung zur deutschen Ausgabe

Es ist ein eigentümliches Gefühl, der Übersetzung seines Buches in die eigene Muttersprache gegenüberzustehen. Das politische Gewirr des 20. Jahrhunderts brachte es mit sich, daß ich im Jahre 1938 als Schriftsteller meiner Sprache beraubt wurde, dreißig Jahre später das hier vorliegende Buch in meiner neu erlernten Sprache schrieb, und heute kaum in der Lage wäre, es in ein so flüssiges Deutsch zu übersetzen, wie es Dr. VESELY fertigbrachte.

Beim Schreiben dieses Buches benützte ich viele Zitate aus V. E. FRANKLS Werk, das sich aus 22 Büchern und zahllosen in Zeitschriften erschienenen Artikeln zusammensetzt. Beim Zitieren seiner Worte benützte ich natürlich bestehende Übersetzungen, soweit diese vorlagen, und übersetzte selbst vieles aus den noch unübertragenen Werken. In der vorliegenden deutschen Fassung dieses Buches wäre es wohl sinnlos und auch falsch gewesen, wenn FRANKLS Worte wieder ins Deutsche zurückübersetzt worden wären. Es war daher nötig, zu den Originalquellen zurückzugehen und die von mir zitierten Sätze zu finden. Diese Arbeit wurde mir von Dr. VESELY freundlicherweise abgenommen, der die betreffenden Passagen aus FRANKLS diversen Schriften zusammensuchte. Bei dieser Gelegenheit tat Dr. VESELY noch ein übriges: er fügte einschlägiges Material hinzu, das FRANKL in den letzten Jahren, also nach meiner im Jahre 1968 abgeschlossenen Arbeit, geschrieben hatte. Es enthält neue Formulierungen und auch neues Gedankengut. In diesem Sinne kann die deutsche Übersetzung als eine neue und bereicherte Auflage des Originals gewertet werden. Für diese Mühe und Fleißaufgabe möchte ich Dr. VESELY hier meinen Dank ausdrücken.

Berkeley, im Dezember 1972 *Dr. Joseph Fabry*

1. Auf der Suche

Ich war 28 Jahre alt, als ich mich, nach einem wohlbehüteten, bürgerlichen Leben in Wien, in einem Zwangsquartier für Landstreicher in Belgien wiederfand. Die Insassen dieses Lagers gehörten fast durchwegs gehobenen Berufsständen an – es waren Beamte, Anwälte, Geschäftsleute und ein oder zwei Universitätsprofessoren. Landstreicher waren wir nur deshalb, weil wir ohne Visa nach Belgien gekommen waren; zuvor hatten uns die Nationalsozialisten im heimatlichen Österreich die Zugehörigkeit zur menschlichen Gesellschaft aberkannt. Man schrieb das Jahr 1938.

Wir schliefen auf Matratzenlagern, in Gruppen zu je vierzig. Überall an den Wänden, über den eisernen Feldbetten, waren Sprüche zu lesen, die die Weisheit von Jahrhunderten zusammenfassen sollten. „Ehrlich währt am längsten." „Wohltun trägt Zinsen." „Arbeite im Schweiße deines Angesichts, und Reichtum wird dein Lohn sein." Ein 60jähriger Flüchtling, der sein halbes Leben lang Richter gewesen war, nahm unter einem Schild mit der Aufschrift „Übe Gerechtigkeit, und dir wird Gerechtigkeit widerfahren" eine Überdosis Schlaftabletten. Hier, angesichts der Spruchweisheiten an der Wand dieses Vagabundenquartiers, wurde ich mir der Schwierigkeit bewußt, die all unseren Vorstellungen über den Sinn des Lebens anhaftet: da ist das gelebte Leben mit all seinem Elend, seiner Unsicherheit und scheinbaren Sinnlosigkeit – und da ist der Sinn des Lebens, wie er uns von denen verkündet wird, die den menschlichen Moralkodex schreiben.

Ich war schon früher auf dieses Dilemma gestoßen. Als Student der Rechte in Wien war ich zu der Erkenntnis gekommen, daß all die Regeln und Vorschriften, die unser Leben lenken, ursprünglich aus wohldurchdachten Antworten auf menschliche Bedürfnisse entstanden waren, daß sie aber dann, kodifiziert und ausformuliert, nur mehr *Worte* boten, wo *Mitleid* angebracht war. Als Rechtsanwaltsanwärter hatte ich die Aufgabe, die Wohnung von Leuten zu durchsuchen, die ihre Miete schuldig geblieben waren, und alle auffindbaren Wertgegenstände zu pfänden. Eines Morgens hatte ich dabei ein Erlebnis, das mich schließlich dazu bewog, meinen Beruf zu wechseln. Mein Opfer, ein alter Mann in einem langen Nachthemd, fiel vor mir auf die Knie und flehte mich an, ihm doch seine Uhr, seinen letzten Familienbesitz, nicht wegzunehmen. Der Gerichtsbeamte, der mich begleitete, versicherte mir, daß das Gesetz mir keine andere Wahl ließ, als die Uhr zu pfänden.

Ich erinnere mich noch deutlich an das Gefühl der Auflehnung, das ich in jenem Landstreicherquartier empfand. Warum mußte mir das geschehen? Hatte ich mein Leid vielleicht durch irgendeinen verborgenen Fehler verdient? Ich entsinne mich meines tiefen Verlangens – genauer, meines Forderns – nach einer Antwort auf diese Fragen. Doch alles, was ich vernahm, war ein großes Schweigen. Als das Böse und das Unrecht triumphierten, fanden einige meiner Freunde Trost in der Religion, die ihnen in glücklicheren Tagen wenig bedeutet hatte. So erinnere ich mich an eine Bemerkung eines alten Schulkameraden, den ich später in New York wiedertraf: „Wenn ich nicht glauben könnte, daß hinter alledem irgendein Sinn steckt, würde ich mich umbringen."

Ich wollte auch an einen Sinn glauben, an einen Plan, entworfen von einem großen und gerechten Baumeister. Aber das war nicht einfach. Mein Vater, den man knapp nach einer schweren Operation in ein Konzentrationslager verfrachtet hatte, war in einem Viehwaggon gestorben. Meine Mutter, der gütigste Mensch, den man sich denken kann, die niemals jemandem wissentlich etwas zuleide getan hatte, war bei ihm gewesen und war buchstäblich an gebrochenem Herzen gestorben. Ich lehnte mich auf. Ich protestierte. Ich war immer noch der Anwalt, der logische Argumente vorbrachte. Wo lag der Sinn?

Die erste Zeit nach der Emigration war voller Zweifel, ein ständiges Suchen, und wenn mir damals ein Psychiater – oder sonst jemand – gesagt hätte, daß dieses schmerzhafte Herumirren auch etwas Gutes mit sich brächte, so hätte ich diese Vorstellung entschieden zurückgewiesen. Und doch: diese leidvolle Suche erst ließ den Jüngling zum Manne reifen. STEFAN ZWEIG, der an seinem Exil zugrunde gehen sollte, hat einmal hellsichtig gesagt: „Die Emigration ist gut für dich – wenn du sie überlebst." Und dies gilt für jede Art von Leid. Aus Leiden kann Sinn erstehen.

Doch dann besuchte ich an einem Sonntag ganz zufällig die *Unitarian Church* in Berkeley und hörte, wie ein Prediger in voller Robe von der Kanzel herab verkündete: Der Mensch kann niemals das wahre Wesen Gottes erkennen; jeder Gottesbegriff ist doch nur von Menschen geprägt; jeder von uns muß – im Einklang mit seiner Lebenserfahrung – seine eigene Vorstellung von Gott entwickeln; aber hinter allem, was ein Mensch glaubt, muß die feste Überzeugung stehen, daß er nicht allein ist, daß er nicht ein Opfer des blinden Zufalls ist, daß es vielmehr eben doch darauf ankommt, wie er sein Leben führt – daß er seinen Platz in der Welt hat.

Nach diesem Erlebnis verbrachte ich viele Abende mit Menschen, die selbst auf der Suche nach einem persönlichen Glauben waren. Jeder hatte seine eigenen Vorstellungen über ein höchstes Wesen. Für den einen war Gott die Vollkommenheit, für andere das allumfassende Mitleid, der Grund des Seins, eine evolutionäre Kraft, ein Vater oder ein Mit-Schöpfer an der Seite des Menschen. Ohne daß ich es damals schon wußte, machte ich in diesen Gesprächen, in diesem gemeinsamen Suchen einen langsamen Heilungsprozeß durch.

Diese Heilung kam aber nicht dadurch zustande, daß ich etwa Antworten auf meine Fragen fand, sondern dadurch, daß ich neue Fragen stellte. Die Frage „warum mußte mir das geschehen?" blieb unbeantwortbar, bestand man auf einer Antwort, so führte das nur zur Selbstquälerei, schlimmer, zum Fatalismus: angesichts der Ungerechtigkeit, der Willkür des Zufalls mußte doch jede Anstrengung umsonst, jedes Bemühen vergeblich sein. Es war aber möglich, die Frage anders zu stellen, und dann wurde die Situation, die scheinbar die Sinnlosigkeit alles Strebens bewiesen hatte, zur persönlichen Aufgabe: „Da es nun einmal Willkür und Ungerechtigkeit in der Welt gibt, was kann ich – und manchmal nur ich – in einer gegebenen Situation tun?"

Und wieder Zweifel. War das nicht Selbstbetrug? Glaubte ich vielleicht nur Sinngehalte und Aufgaben zu sehen, wo in Wahrheit nichts als Leere war? Und dann stieß ich auf VIKTOR E. FRANKLS Buch „Man's Search for Meaning". Wieder fand ich meine eigenen Gedankengänge von einem „Fachmann" bestätigt – von einem Psychiater diesmal, einem Professor meiner eigenen Alma mater, der Universität Wien. In den Büchern und Abhandlungen, die er mir auf mein Ersuchen hin sandte, fand ich eine philosophisch wohlfundierte Weltanschauung dargelegt, die es dem einzelnen Menschen zur Aufgabe machte, den Sinn seines eigenen Lebens zu finden, und die dieses persönliche Entdecken als Voraussetzung für seelisches Gesundsein bezeichnete.

Ich traf den Autor in San Francisco und begleitete ihn auf seinen

Vortragsreisen durch Kalifornien. Ich besuchte ihn in Wien, und in den letzten acht Jahren konnte ich beobachten, wie seine Lehre von den Menschen aufgenommen wird. Mit Erschütterung stellte ich fest, wie viele meiner Mitmenschen die gleiche Einsamkeit, Hilflosigkeit, Enttäuschung und Leere empfanden wie ich am Anfang meiner Emigration und wie verzweifelt sie nach einem Ausweg aus der Sinnlosigkeit ihres Lebens suchten. Wenn der Nationalsozialismus von einem Zusammenbruch aller Werte und Traditionen begleitet war, dann hat der gleiche Zusammenbruch inzwischen an vielen Orten unter verschiedenen Namen stattgefunden, sogar unter dem Namen Fortschritt. Und sobald ein Mensch aus seinem besonderen Paradies, aus seiner physischen, geistigen oder sozialen Heimat vertrieben wird, erwacht in ihm ein tiefes Verlangen nach Sinn und Ordnung.

Die Logotherapie, die von FRANKL begründete Methode zur Heilung seelischer Krankheiten, enthält auch eine Philosophie, mit deren Hilfe ein Mensch seine seelische Gesundheit erhalten kann. WILLIAM S. SAHAKIAN, Professor für Philosophie an der Bostoner Suffolk University, meint dazu: „FRANKL hat dem Menschen seinen rechten Platz in der Ordnung der Dinge wiedergegeben, indem er aus ihm ein wirklich menschliches Wesen macht, statt ihn, wie es der Reduktionismus tut, auf die animalische Ebene, die Ebene des Tieres, hinabzudrängen. FRANKL hat in unserem Denken wieder den Kosmos an die Stelle des Chaos gesetzt, den Sinn an die Stelle des Un-Sinnes. Und schließlich macht er den Menschen wieder gesund, da er Sinnlosigkeit durch Sinn, Pessimismus und Zynismus durch Optimismus, Unvernunft durch Vernunft ersetzt hat."

Im vorliegenden Buch habe ich versucht, diese Philosophie auf den Menschen in der westlichen Welt und insbesondere auf den amerikanischen Menschen anzuwenden: „Das Ringen um Sinn" kann, je nach dem Belieben und der inneren Situation des Lesers, intellektuell oder existentiell verstanden werden. Man kann dieses Buch um der Information willen lesen, die es enthält – der Information über die Weltanschauung, die der Logotherapie zugrunde liegt. Und man kann es um der Wirkung willen lesen, die es auf den einzelnen Leser haben mag, der über sein eigenes Leben nachdenkt. In dem einen Fall wird man sich fragen: „Was kann ich an allgemeinem Wissen aus diesem Buch schöpfen?" Im anderen Fall lautet die Frage: „Was bedeutet es für mich persönlich? Wie läßt es sich in Beziehung setzen zu meiner Arbeit, zu meinen Erfahrungen mit anderen Menschen, zu dem Leid, das ich erlebt habe, zu den Entscheidungen, die ich treffe, zu meinem Streben nach Sinn und Werten, zu der Art und Weise, in der ich das Glück suche, zu meinen Wünschen und Erwartungen – und dazu, wie ich Enttäuschungen hinnehme?"

In diesem Buch werden FRANKLs Ansichten zur Sinnfrage und insbesondere zu der Frage dargelegt, wie der Mensch heute zu diesem Sinn steht, in einer Welt, in der allgemeinverbindliche Werte und Traditionen dahinschwinden und der einzelne gezwungen ist, sich selbst auf die Suche zu begeben. So wird auch jeder einzelne Leser unter den hier gebotenen Ideen seine besondere Wahl treffen, seine persönlichen Entdeckungen machen.

Ich selbst habe aus der Logotherapie die Erkenntnis geschöpft, daß nicht das Ringen um persönliches Glück ein zentrales Thema im menschlichen Leben darstellt, sondern das Ringen um Sinn; daß wir von vornherein zur Enttäuschung verurteilt sind, wenn wir vom Leben erwarten, daß es in erster Linie lustbetont und angenehm sei; daß das Leben Verpflichtungen mit sich bringt und daß Glück und Lust daraus erstehen, daß wir die Aufgaben erfüllen, mit denen uns das Leben konfrontiert.

Aus der Logotherapie zog ich auch die Lehre, daß es in Zeiten persönlicher Not, in denen alles sinnlos erscheint, nicht hilft und nur zu vermehrtem Leid führt, wenn man die Religion einfach über Bord wirft. In einer Zeit der Verzweiflung muß jeder einzelne für sich selbst die Religion suchen, die ihm in seiner besonderen Situation sinnvoll erscheint. Das mag dann die Religion seiner Kindheit sein oder eine andere anerkannte Glaubenslehre; seine Suche kann ihn aber auch auf einen neuen Weg, abseits von den existierenden Konfessionen, führen.

Weiters wurde mir beim Studium der Logotherapie bewußt, daß diese Suche ein sehr persönliches Unternehmen ist (wenn sie auch in Gruppen oder im Rahmen von Organisationen durchgeführt werden kann), dem sich jeder Mensch stellen muß, obwohl er niemals sicher sein kann, daß er auf dem richtigen Weg ist, oder wissen kann, was denn eigentlich das Ziel sein mag. Jeder von uns unternimmt die große Suche auf gut Glück, ohne Aussicht auf Gewißheit.

Und schließlich lernte ich aus der Logotherapie, daß wir das Leben „Schritt für Schritt" leben müssen; daß wir nicht ständig darauf aus sein dürfen, den Gesamtplan, die großen Zusammenhänge, zu erkennen. Wir müssen vielmehr versuchen, die Aufgaben des Augenblicks zu erfüllen. Mag sein, daß wir hie und da einen Blick auf den großen Plan erhaschen. Wichtig aber ist die Überzeugung, daß es diesen Plan gibt.

Die Anfänge der Logotherapie

VIKTOR E. FRANKL wurde im Jahre 1905 in Wien geboren. Schon in seiner frühesten Kindheit scheint er einen Sinn für tiefere Zusammenhänge des menschlichen Lebens und Erlebens entwickelt zu haben. Eine seiner frühesten Erinnerungen ist die an einen Morgen, an dem er mit einem tiefen Gefühl der Geborgenheit aufwachte; und als er die Augen öffnete und aufblickte, sah er seinen Vater, der an seinem Bett stand und ihn zärtlich ansah. Auch erinnert er sich, daß er als Kind von 5 Jahren eines Nachts mit dem Gedanken erwachte, daß auch er, wie alle Menschen, eines Tages sterben würde. Während seiner Schulzeit brachte er seine Lehrer durch Fragen in Verlegenheit, die weit über das in seinem Alter Übliche hinausgingen. In einer Naturgeschichtsstunde erklärte sein Professor, das Leben sei letzten Endes nichts als ein Verbrennungsvorgang, ein Oxydationsprozeß. Worauf FRANKL – er mag zu der Zeit 13 oder 14 Jahre alt gewesen sein – aufsprang und seinem Lehrer die Frage ins Gesicht schleuderte: „Wenn dem so ist – was für einen *Sinn* hat denn dann das ganze Leben?" Als ein Mitschüler, der Selbstmord begangen hatte, mit einem Band von NIETZSCHES Schriften in der Hand aufgefunden wurde, erkannte FRANKL den existentiellen Zusammenhang zwischen Weltanschauung und Lebensgestaltung. Diese Erfahrung bestärkte ihn in seinem Kampf gegen den Nihilismus, gegen den Glauben an den Un-Sinn, einen „Glauben", in dem seiner Überzeugung nach die Verzweiflung, aber auch die Grausamkeit wurzelt. Die Gaskammern von Auschwitz und Maidanek, meint er, seien nicht nur in nationalsozialistischen Ministerien vorbereitet worden, sondern letzten Endes an den Schreibtischen und in den Hörsälen nihilistischer Philosophen.

Noch als Mittelschüler war FRANKL in einen wissenschaftlichen Briefwechsel mit SIGMUND FREUD getreten, der mehrere Jahre andauerte und 1924 zur Veröffentlichung einer von FRANKLS ersten Publikationen in der von FREUD herausgegebenen „Internationalen Zeitschrift für Psychoanalyse" führte. Als Medizinstudent gehörte FRANKL dann dem engeren Schülerkreis ALFRED ADLERS an, entfernte sich aber nach und nach von der orthodoxen individualpsychologischen Lehrmeinung, was schließlich zu seinem

Ausschluß aus dem Wiener Verein für Individualpsychologie führte.

Immer unzufriedener wurde der junge Student, wenn er die Enge und den Dogmatismus des psychiatrischen Denkens seiner Zeit beobachtete. Wenn er auch zugestand, daß SIGMUND FREUD neue Erkenntnisse über den Menschen und dessen Krankheiten gewonnen hatte, so fühlte er doch, daß FREUDS Ideen, wie so viele große Ideen, nach und nach zu starren Begriffssystemen geworden waren. Was aber not tat, war ein Verständnis des Menschen in dessen Totalität, und FRANKL machte es sich zur Aufgabe, Begriffe wie „Sinn" und „Werte" systematisch in die Psychotherapie einzuführen. „Damals", so erinnert er sich, „schob ich methodisch all das beiseite, was ich von meinen großen Lehrern gelernt hatte, und begann auf das zu hören, was meine Patienten mir zu sagen hatten – ich versuchte, *von ihnen* zu lernen."

Und er fand viele Gelegenheiten, auf Patienten zu hören. Nach seiner Promotion zum Doktor der Medizin im Jahre 1930 arbeitete er an der neuropsychiatrischen Klinik der Universität Wien, wo FREUD und der einzige Nobelpreisträger für Psychiatrie, JULIUS VON WAGNER-JAUREGG, ihre Vorlesungen gehalten hatten und wo später MANFRED SAKEL seine Insulinschocktherapie entwickelte. Neben seiner Tätigkeit an der Universitätsklinik beschäftigte sich FRANKL aber auch mit der Einrichtung von Beratungsstellen für Jugendliche in seelischer Not. Damals entstanden jene Gedanken, die der Logotherapie zugrunde liegen: daß das Dasein einen Sinn hat und daß es nie aufhört, einen Sinn zu haben; daß dieser Sinn jeweils einmalig und einzigartig ist, indem er sich von Mensch zu Mensch und für jeden Menschen von Augenblick zu Augenblick ändert; daß der Mensch ebenfalls etwas jeweils Einmaliges und Einzigartiges ist und daß sein Leben in einer Aufeinanderfolge von Lebenssituationen besteht, deren Auftragscharakter erkannt werden muß; daß der Sinn des Lebens im Erfüllen der in der jeweiligen Situation enthaltenen Aufgabe besteht; und daß Glück, Zufriedenheit und Seelenfrieden nur Begleiterscheinungen, nicht Ziel dieser Suche nach einem Sinn sind.

Viele Ratsuchende in den Jugendberatungsstellen waren verzweifelt, weil sie in der Zeit der Wirtschaftskrise keine Arbeit finden konnten. FRANKL stellte fest, daß man ihnen nur eine Aufgabe stellen mußte – etwa das Organisieren von Zusammenkünften –, um ihr „Sinnlosigkeitsgefühl" zu lindern, obwohl sie für diese Tätigkeiten nicht bezahlt wurden. Verzweiflung, erkannte FRANKL, war also ein

Leiden, in dem der Leidende keinen Sinn sehen konnte. Sinn kann aber in einem viel weiteren Bereich gefunden werden als der Leidende glaubt, und es ist die Aufgabe des Therapeuten, den Horizont des Patienten zu erweitern, ihm das ganze „Spektrum" der Sinnmöglichkeiten zu eröffnen. Die meisten jungen Leute, die mit Selbstmordgedanken in die Jugendberatungsstellen kamen, sahen den Sinn ihres Lebens nur in einer einzigen Richtung – der Arbeitslose etwa nur darin, Arbeit zu finden, die unverheiratete junge Frau darin, einen Ehemann zu ergattern, die unfruchtbare Frau darin, Kinder zu gebären. Und dann gab es noch jene, die überhaupt nirgends einen Sinn finden konnten; die sich einfach leer fühlten und ein leeres Leben nicht ertragen konnten. Das Studium dieses Phänomens der inneren Leere – des „existentiellen Vakuums", wie er es nannte – wurde FRANKL in jenen Jahren zum Lebenssinn. Er half seinen Patienten, Abstand zu gewinnen, sich über ihre engen, egozentrischen Interessen zu erheben und in ihren – bezahlten oder unbezahlten – Tätigkeiten und in ihren Beziehungen zu anderen Menschen einen Sinn zu finden. Sinn kann, FRANKL zufolge, unter Umständen darin gefunden werden, daß man das Unabänderliche akzeptiert und unabwendbares Leid gerade dadurch, daß man es hinnimmt, in eine Leistung verwandelt. Die Geschichte hat viele Beispiele für die Richtigkeit dieser Ansicht: ein Stotternder kann resignieren oder ein DEMOSTHENES werden; eine Blinde und Taubstumme kann verzweifeln oder eine HELEN KELLER werden; ein Polio-Gelähmter kann sich vom Leben zurückziehen oder Präsident der Vereinigten Staaten werden.

Feuerprobe

Auch FRANKL wurde aus seinem Paradies vertrieben, aber die Engel mit dem flammenden Schwert trugen braune Hemden mit Hakenkreuzbinden. In der Einleitung zu seinem Buch „Homo patiens" hat FRANKL später einen Ausspruch von FRIEDRICH NIETZSCHE zitiert: „Aber nicht das Leiden selbst war sein Problem, sondern: daß eine Antwort fehlte auf die Frage: *wozu* leiden?" Auch im Konzentrationslager mußte die Frage „warum mußte mir das geschehen?" zur Verzweiflung führen, weil es keine Antwort darauf gab – jedenfalls nicht in menschlichen Begriffen. Wenn der Betroffene aber imstande war, sein Martyrium hinzunehmen als etwas, das er eben durchstehen mußte, wie unverdient sein Leid auch sei, wenn er zu sich sagen konnte „Nun gut, es ist eben geschehen – was jetzt?", dann gab es noch Hoffnung. Die Hoffnung lag im Überleben, nicht bloß um des Überlebens willen, sondern um dessentwillen, was man mit seinem Leben noch anfangen wollte – seine Frau wiedersehen, ein Kind beschützen, ein Buch fertigstellen, oder einfach fliehen und den Nationalsozialismus bekämpfen. Das bloße Überleben konnte zum Daseinszweck werden, wenn dahinter, vielleicht unbewußt, die Überzeugung stand, daß es immer noch irgendeine Art von Ordnung gab und daß man auf diese Ordnung hin leben konnte, selbst noch angesichts des Chaos, in das man hineingestellt war.

Dies war FRANKLs Botschaft, die er in seinen späteren Schriften niederlegte, und das war die Überzeugung, die ihn damals überleben ließ. Es ist eine Botschaft, die für jeden Menschen in jeder Lebenssituation von Bedeutung ist. Sobald ein Mensch sich selbst nur mehr als ein hilfloses Stück Treibholz in der Sturzsee des Schicksals ansieht, gibt er sich auf und ertrinkt. Solange er sich aber als menschliches Wesen betrachtet, weiß er, daß er selbst in der hoffnungslosesten Lage noch die Möglichkeit hat, sich für oder gegen die Verzweiflung zu entscheiden. Er wird versuchen, festen Boden unter die Füße zu bekommen, denn er weiß, daß auch Zufall und unverdientes Unglück ebenso wie Leid, Schuld und Tod – „die tragische Trias", wie FRANKL sie nennt – im Leben des Menschen ihren Platz haben.

Die braunen Erzengel führten FRANKL in ein Konzentrationslager. Die nächsten zweieinhalb Jahre hat er später in seinen Büchern „Man's Search for Meaning"[1] und „Ärztliche Seelsorge" beschrieben. Das letztere Buch enthält die Theorien der Logotherapie und sollte seine Lehre in die Welt hinaustragen. Er hatte das Manuskript bei sich, als er nach Auschwitz verschleppt wurde, es ging dort verloren und mußte später wieder geschrieben werden, nachdem seine Erlebnisse in den Lagern seine Theorien bestätigt hatten. Das Manuskript war verloren, FRANKLs Familie ging zugrunde, und FRANKLs eigenes Leben schien vernichtet.

Aber seine Theorie postuliert, daß das Leben niemals aufhört, einen Sinn zu haben. „In den Konzentrationslagern", sagte er anläßlich der Gründung des „Logotherapy Institute", das die United States International University in San Diego (Südkalifornien) für ihn

---

[1] Deutsches Original: „... trotzdem Ja zum Leben sagen" (Kösel-Verlag, München 1977). Die erwähnte englische Übersetzung hat 51 Auflagen erlebt und ist in über 2 Millionen Exemplaren verkauft worden.

errichtete, „hatte ich Gelegenheit, die Logotherapie auf die Feuerprobe zu stellen. Tatsächlich war die Lektion von Auschwitz, daß der Mensch ein sinnorientiertes Wesen ist. Wenn es überhaupt etwas gibt, das ihn auch noch in einer Grenzsituation aufrechtzuerhalten vermag, dann ist es das Wissen darum, daß das Leben einen Sinn hat, und sei es auch nur, daß sich dieser Sinn erst in der Zukunft erfüllen läßt. Die Botschaft von Auschwitz lautete: der Mensch kann nur überleben, wenn er auf etwas hin lebt. Und wie mir scheint, gilt dies nicht nur vom Überleben des einzelnen Menschen, sondern auch vom Überleben der Menschheit."

Natürlich hing im KZ das Überleben keineswegs nur von der Sinnorientierung ab, sondern von vielen unberechenbaren Zufällen und der Laune der SS-Männer. Aber FRANKL fand, daß diejenigen Insassen, die sich fragten, warum ihnen dieses Schicksal beschert wurde und was sie getan hätten, um es zu verdienen, verzweifelten, da es keine Antwort auf diese Fragen gab. Diejenigen dagegen, die sich fragten, was sie selbst noch in dieser verzweifelten Situation tun könnten und was sie in der Zukunft zu tun gedächten, sahen die Umrisse von Sinnmöglichkeiten, die ihnen oft die Kraft gaben, zu überleben.

FRANKL besiegte die Verzweiflung, der so viele seiner Schicksalsgenossen zum Opfer fielen, indem er sich die Frage stellte: Hängt der Sinn meines Lebens wirklich davon ab, ob ein Manuskript „Ärztliche Seelsorge" veröffentlicht wird? „Als es, im Konzentrationslager, so aussah, als ob mein Tod unmittelbar bevorstünde" (schrieb er später in „Die Kraft zu leben"[2]), „war ich zunächst verzweifelt darob, daß dieses Manuskript, das in Auschwitz verlorengegangen war, nicht mehr hätte publiziert werden können. So war mir abverlangt, auf die Chance einer zweiten Niederschrift Verzicht zu leisten, und das hieß in der konkreten Situation, mich hindurchzuringen bis zur Überzeugung: was wäre das auch schon für ein Leben, dessen Sinn damit stünde und fiele, daß jemand ein Buch zu veröffentlichen Gelegenheit hat oder nicht. Zwar war mir weh zumute, aber – wenn auch noch so schmerzlich: Mir wurde klar, daß der Sinn des Lebens ein solcher ist, daß sich dieser Sinn selbst noch im Scheitern erfüllt – und siehe da: An Stelle der paar Dutzend Seiten, die das druckreife Manuskript meines Lebenswerkes ausge-

---

[2] Bekenntnisse unserer Zeit. Mit Beiträgen von MARTIN BUBER, THEODOR HEUSS, KARL JASPERS, GABRIEL MARCEL, ADOLF PORTMANN, ALBERT SCHWEITZER und anderen. C. Bertelsmann Verlag, Gütersloh 1963.

macht hatten, fand sich in einer Tasche des verschlissenen und abgetragenen Anzugs, den ich von einem weniger Glücklichen übernommen hatte, der in der Gaskammer von Auschwitz geendet hatte – in der Tasche fand sich ein Blatt, das aus einem hebräischen Gebetbuch herausgerissen worden war, und auf dem Blatt stand das Sch'ma Jisrael... Wie anders hätte ich den Zufall interpretieren sollen, wenn nicht als einen Aufruf, nicht mehr an die Veröffentlichung, sondern nur noch an die Verwirklichung dessen zu denken, was mir vorgeschwebt war."

FRANKL wandte sich anderen Sinnmöglichkeiten zu, die in der konkreten Situation, in der er sich befand, begründet waren. Wie er im Jahre 1952 in Amsterdam auf dem Internationalen Kongreß für Psychotherapie erklärte: „Last but not least mußten wir uns die Verhütung von Selbstmorden angelegen sein lassen: ich organisierte einen Meldedienst, und jede Äußerung von Selbstmordgedanken oder gar -absichten wurde mir unverzüglich hinterbracht. Hierbei hat sich insbesondere ein Berliner Nervenarzt namens Dr. WOLF hervorgetan. Er starb im Lager, und zwar an einer Lungentuberkulose. Selbstbeobachtungen, die er im terminalen Stadium seines Leidens gemacht hatte, protokollierte er stenographisch. Auch ich selbst habe wiederholt versucht, zu analogen Mitteln Zuflucht zu nehmen, um mich mit deren Hilfe von all dem Leid, das uns umgab, zu distanzieren, und zwar dadurch, daß ich es zu objektivieren versuchte. So erinnere ich mich daran, daß ich eines Morgens aus dem Lager herausmarschierte und den Hunger, die Kälte und die Schmerzen der durch das Hungerödem angeschwollenen und aus diesem Grunde in offenen Schuhen steckenden, erfrorenen und eiternden Füße kaum mehr ertragen konnte. Meine Situation schien mir trost- und hoffnungslos. Da stellte ich mir vor, ich stünde an einem Rednerpult in einem großen, schönen, warmen und hellen Vortragssaal und sei im Begriff, vor einer interessierten Zuhörerschaft einen Vortrag zu halten unter dem Titel ‚Psychotherapeutische Erfahrungen im Konzentrationslager', und ich spräche von alledem, was ich – soeben erlebte. Glauben Sie mir, meine Damen und Herren, in jenem Augenblick konnte ich nicht hoffen, daß es mir vergönnt sein würde, eines Tages einen solchen Vortrag wirklich zu halten." (The Affective Contact. International Congress for Psychotherapeutics. A. J. G. Strengholt, Amsterdam 1952.)

Während seiner Gefangenschaft in den Lagern festigte sich FRANKLS Überzeugung immer mehr, daß jeder Mensch einmalig und einzigartig ist und daß er sich in jeder Lage noch einen Rest von

Freiheit bewahren kann, um Stellung zu beziehen, um auch in einer Lage der äußersten Hilflosigkeit wenigstens innerlich noch Entscheidungen zu treffen. Es war ein allzu drastisches und grausames Experiment, um FREUDS Ausspruch zu widerlegen: „Man versuche es, eine Anzahl der allerdifferenziertesten Menschen gleichmäßig dem Hungern auszusetzen. Mit der Zunahme des gebieterischen Nahrungsbedürfnisses werden alle individuellen Differenzen sich verwischen und an ihrer Statt die uniformen Äußerungen des einen ungestillten Triebes treten." Wie FRANKL sagt, „war eigentlich eher das genaue Gegenteil der Fall. In den Konzentrationslagern wurden die Menschen differenzierter. Die Schweine demaskierten sich, und die Heiligen taten es ebenfalls. Der Hunger entlarvte sie. Der war derselbe, im einen wie im anderen Falle. Die Menschen aber differenzierten sich. Wie lautet doch der Bestsellertitel? ‚Calories do not count.'" (Determinismus und Humanismus, Jahrbuch für Psychologie, Psychotherapie und Medizinische Anthropologie 1960, S. 3.)

Seine Erfahrungen im Konzentrationslager bestärkten FRANKL darin, daß es eine Dimension geben muß, in der „der Mensch nicht bloß *ist*, sondern in jedem Augenblick auch entscheidet, was er *wird*". Die Lehre, die FRANKL aus seinen Erfahrungen in Auschwitz zog und die er heute in seinen Schriften und auf seinen Vortragsreisen vertritt, faßt er selbst folgendermaßen zusammen: Selbst wenn einem Menschen alles genommen wird, was er „hat" – Familie, Freunde, Einfluß, Stellung, Besitz –, so kann ihm doch niemand die Freiheit zu jener Entscheidung nehmen, einfach deshalb, weil „diese Freiheit nicht etwas ist, was er *hat*, sondern das, was er *ist*". Zu dieser Dimension der Freiheit muß der Mensch in seiner existentiellen Verzweiflung finden, und den Weg dahin muß der Logotherapeut ihm zeigen.

Nach seiner Befreiung kehrte FRANKL im Jahre 1945 in seine Heimatstadt Wien zurück. Er entschied, daß es seine Pflicht war, dort zu bleiben und zu helfen. Kein leichter Entschluß war das nach allem, was ihm und seiner Familie widerfahren war (bis auf eine Schwester waren alle umgekommen), aber er hielt an seiner Überzeugung fest, daß jeder Mensch nach seinen eigenen Tugenden und Fehlern zu beurteilen ist; daß es ein Verstoß gegen die Menschenwürde ist, wenn man eine ganze Gruppe, seien es nun Juden oder Nazis, pauschal verurteilt. Er glaubte fest daran, daß es jedem freisteht, sich über sein früheres Selbst zu erheben und anders zu werden, besser zu sein. Aber auch er war erschüttert, als er von einer dramatischen Bestätigung dieser seiner Überzeugung erfuhr:

„Das mephistophelischste, das einzige mephistophelische Wesen in Menschengestalt, das mir persönlich jemals begegnete, war der Fachkollege Dr. J., bekannt und berüchtigt als der Massenmörder vom ‚Steinhof'. War er doch der Beauftragte für die Euthanasie in der genannten Wiener Heilanstalt für Psychotische. Sein Ehrgeiz ging dahin, daß ihm auch nicht ein einziger entkommt. Er selbst jedoch schien nach der Beendigung des Zweiten Weltkrieges einer gerechten Bestrafung sehr wohl entgangen zu sein. Viele Jahre später erst suchte ein österreichischer Diplomat meine Ordination auf, um seine in jahrelanger sibirischer Gefangenschaft und Lagerhaft zugezogenen Leiden behandeln und begutachten zu lassen. ‚Kannten Sie nicht Dr. J.?', fragte er mich ganz unvermutet, und auf mein Kopfnicken hin setzte er fort: ‚Mit ihm teilte ich die Zelle im berühmten Moskauer Gefängnis L., kurz vor meiner Entlassung. Er aber starb dort, ging dort elend zugrunde, an einem Blasenkrebs, in verhältnismäßig jungen Jahren. Wie schade ist es um ihn: er war der beste Kamerad, den man sich vorstellen, den man sich wünschen kann! Er half uns Mithäftlingen, wo er nur konnte, er richtete uns auf und tröstete uns, wann immer wir trostbedürftig waren, und ich möchte sagen, er war ein Heiliger.' Selbst in diesem unikalen Falle also hätte mich ein Rückschluß, ein Vorschluß, von der scheinbaren Inkarnation eines teuflischen Prinzips auf den weiteren Lebensweg und das Ende dieses Menschen nur irregeführt." (VIKTOR E. FRANKL, Die Psychotherapie in der Praxis, S. 186f.)

Für FRANKL waren die Nachkriegsjahre sehr fruchtbar. Innerhalb vierzehn Jahren verfaßte er vierzehn Bücher. Er wurde Vorstand der Neurologischen Abteilung an der Poliklinik und habilitierte sich an der Universität. Dem Schöpfer der Logotherapie verlieh der Bundespräsident von Österreich das Ehrenkreuz erster Klasse für Wissenschaft und Kunst, und von Wiens Bürgermeister wurde FRANKL mit dem Preis der Stadt Wien für Naturwissenschaften ausgezeichnet. Seine größten Erfolge aber erreichte er auf seinen 43 Vortragsreisen nach Amerika, wo er an 136 Universitäten und Colleges sprach. An der Harvard University, der Stanford University, der Duquesne University und einer Universität in Dallas (Texas) war er Gastprofessor. Die Loyola University in Chicago, das Rockford College in Illinois und das Edgecliff College in Cincinnati (Ohio) verliehen ihm Ehrendoktorate, und 1976 wurde er zum Ehrenbürger der Hauptstadt von Texas ernannt.

Weitere Vortragsreisen führten FRANKL auch nach Australien, Asien und Afrika. Seine Bücher – insgesamt sind es 22 – sind in sechzehn Sprachen übersetzt. Es gibt aber noch kein Buch, das FRANKLs Ideen in der Sprache des Laien erklärt. Die meisten seiner Bücher und Artikel sind für den Fachmann geschrieben, und er selbst gehört zu jenen Gelehrten, die meinen, daß vereinfachte Wissenschaft eine verfälschte Wissenschaft ist.

Dieses Buch ist ein Versuch zu einem Brückenschlag. Es will vereinfachen, aber nicht übervereinfachen, nicht verfälschen. Es beruht auf Büchern von FRANKL, auf Bandaufnahmen von seinen Vorträgen, Seminaren und persönlichen Gesprächen.

„Das Ringen um Sinn" ist weder als Handbuch für Psychiater noch als Do-it-yourself-Anleitung für Patienten gedacht. Es wurde für all die Menschen geschrieben, die gesund sind und doch glauben, krank zu sein, weil sie sich innerlich leer fühlen; für jene, die ihren Lebenssinn in hektischer Aktivität suchen, im Geld, in der Macht, im Rausch der Geschwindigkeit, in Sex, Alkohol oder Drogen – oder in der Jagd nach dem Glück um des Glückes willen.

2. Die menschliche Dimension

Das Wörterbuch übersetzt das griechische Wort „logos" als „das Ordnungsprinzip des Universums" oder, in theologischen Begriffen, als „Gottes Wille". FRANKL übersetzt es mit „Sinn". Die Logotherapie ist demnach Therapie durch Sinn.

Wie alle Psychotherapien beruht auch die Logotherapie auf gewissen Annahmen über das Wesen des Menschen und seinen Platz im Universum. Die Richtigkeit dieser Annahmen wird von FRANKL selbst und von anderen Psychiatern, aber auch von Psychologen und Theologen immer wieder überprüft. Die mit Hilfe der Logotherapie erzielten Heilerfolge wurden in wissenschaftlichen Arbeiten beschrieben, von denen einige in der Bibliographie am Ende des Buches angeführt sind. Welch großen Anklang die Logotherapie gefunden hat, läßt sich daraus ersehen, daß von FRANKLs Buch „Man's Search for Meaning" nun schon mehr als zwei Millionen Exemplare verkauft wurden. Die Wirkung dieses Buches läßt sich an den erstaunlichsten Plätzen feststellen: Trappistenmönche im Süden der Vereinigten Staaten verwenden Passagen daraus in ihren täglichen Lesungen; ein junger Arzt aus Südafrika, der nach den USA gekommen war, um Geburtshelfer zu werden, las das Buch und entschloß sich, statt dessen Psychiatrie zu studieren; und in Wien schöpfte ein Mann, der zu Unrecht wegen Mordes verurteilt worden war, aus der Lektüre des Buches die Kraft, das Martyrium einer unverdienten Gefängnishaft zu tragen, bis zu dem Tage, an dem sich seine Unschuld herausstellte.

Die Grundannahmen

Die Logotherapie beruht auf der Annahme, daß dem Menschen neben der physischen und der psychischen auch eine „spezifisch menschliche Dimension" zukommt und daß man keine dieser Dimensionen vernachlässigen darf, wenn man zu einem vollen Verständnis des Menschen gelangen will. Diese menschliche Dimension, so lautet die Annahme, befähigt den Menschen, über sich hinaus zu streben und Sinn und Werte zu einem integrierenden Bestandteil menschlichen Daseins zu machen. Das Leben hat nach Auffassung der Logotherapie immer, auch noch unter den erbärmlichsten Umständen, einen Sinn, und der Mensch besitzt ein tief verwurzeltes Gewissen, das ihm hilft, den besonderen Sinn *seines* Lebens zu finden. Ferner nimmt die Logotherapie an, daß es dem Menschen nicht einzig und allein um seine Lust geht, sondern vor allem darum, Lebensaufgaben zu finden, und daß die höchste Lust gerade aus dem Erfüllen dieser Aufgaben ersteht. Sie geht davon aus, daß jeder Mensch einzigartig, daß er unersetzlich ist, und daß kein Augenblick in seinem Leben wiederholbar ist. Eine weitere Grundannahme der Logotherapie besagt, daß der Mensch – natürlich innerhalb gewisser Grenzen – die Freiheit besitzt, seine eigenen Entscheidungen zu treffen, und daß er dank dieser Freiheit dazu fähig ist, sich zu ändern: „nicht nur Erbe und Umwelt machen den Menschen aus, sondern der Mensch macht auch etwas aus sich ... Ich handle nicht nur gemäß dem, was ich bin, sondern ich werde auch gemäß dem, wie ich handle." (VIKTOR E. FRANKL, Homo patiens.) Betont wird allerdings, daß der Mensch diese Freiheit nicht willkürlich gebrauchen darf, sondern nur in verantwortlicher Weise; daß er sich „der furchtbaren und zugleich herrlichen Verantwortung", die er mit jeder Entscheidung aufs neue auf sich nimmt, bewußt sein muß. „Es ist etwas Furchtbares um die Verantwortung des Menschen – und zugleich etwas Herrliches", sagt FRANKL (... trotzdem Ja zum Leben sagen). „*Furchtbar* ist es: zu wissen, daß ich jeden Augenblick Verantwortung trage für den nächsten; daß jede Entscheidung, die kleinste wie die größte, eine Entscheidung ist ‚für alle Ewigkeit'; daß ich jeden Augenblick eine Möglichkeit, die Möglichkeit des einen Augenblicks, verwirkliche oder verwirke. Nun birgt jeder einzelne Augenblick Tausende von Möglichkeiten – und ich kann nur eine einzige wählen, um sie zu verwirklichen; alle anderen aber habe ich damit auch schon gleichsam verdammt und zum Nie-sein verurteilt – und auch dies: ‚für alle Ewigkeit'! Doch *herrlich* ist es: zu wissen, daß die Zukunft, meine eigene Zukunft und mit ihr die Zukunft der Dinge, der Menschen um mich, irgendwie – wenn auch in noch so geringem Maße – abhängig ist von meiner Entscheidung in jedem Augenblick. Was ich durch sie verwirkliche, ‚in die Welt schaffe', wie wir sagten – das rette ich in die Wirklichkeit hinein und bewahre es so vor der Vergänglichkeit."

Schließlich wird angenommen, daß das Auffinden des Lebenssinnes durch gewisse Werte und Traditionen erleichtert wird, die von Generation zu Generation weitergegeben werden; daß aber die letzte Entscheidung immer beim einzelnen Menschen liegt und daß der einzelne gerade in unserer Zeit der Umwertung aller Werte und des Zusammenbruchs aller Traditionen dazu gezwungen ist, auf sein eigenes Gewissen, seine eigene Verantwortlichkeit zu bauen.

Die erste dieser Grundannahmen – daß es eine spezifisch menschliche Dimension gibt, die keiner anderen Kreatur zukommt – findet sich in der Bibel in dem Bild von der Erschaffung des Menschen durch den Hauch Gottes wieder und ebenso in dem Wort, der Mensch sei „ein wenig niedriger als die Engel". Dieses Menschenbild der Bibel war allgemein anerkannt, bis es in jüngster Zeit mit dem Aufschwung des wissenschaftlichen Denkens dazu kam, daß der Mensch nur mehr als eine Maschine angesehen wurde, als „eine Marionette..., die bald an den inneren Drähten vitaler Kräfte, bald an den äußeren Drähten sozialer Mächte zappelt", über die er selbst keine Kontrolle mehr hat. „Die Anthropologie sinkt dann naturgemäß herab zu einem Adnex der Zoologie, und aus einer Wesenslehre vom eigentlichen Menschen wird dann die Lehre von gewissen Säugetieren, denen der aufrechte Gang zu Kopf gestiegen ist." (FRANKL, Homo patiens.)

Man *kann* den Menschen auf diese Weise beschreiben; wie aber KONRAD LORENZ in seinem Buch „Das sogenannte Böse" betont hat, sind es nur die Instinkte, die bei Mensch und Tier wie Computerprogramme fest vorgegeben sind: ein Lachs ist von der Natur darauf „programmiert", an den Platz seiner Geburt zurückzukehren, um dort seine Eier zu legen, und wir können einen Hund darauf „programmieren", Speichel abzusondern, sobald wir eine Klingel betätigen. Auch ein Mensch, so sagt FRANKL, kann programmiert werden, aber er allein besitzt auch die Freiheit, einer solchen Programmierung zu widerstehen. Und diese Freiheit erwächst ihm nicht aus seiner Physis oder seiner Psyche, sondern aus jener dritten Dimension, die FRANKL die „noetische" genannt hat.

Dieser Begriff hat anfangs Verwirrung hervorgerufen – ganz so wie die FREUDschen Begriffe des Es, der Sublimierung oder des Ödipuskomplexes einst die Öffentlichkeit verwirrten. Auch mit der Aussage, daß das Wort noetisch sich vom griechischen „noos" (Geist, eine spezifisch menschliche Eigenschaft) ableitet, ist noch nichts erklärt. Seine Bedeutung erhellt sich am besten aus einem Gleichnis von FRANKL: „Ein Flugzeug hört nicht auf, genauso wie ein Auto auf dem Flughafengelände, also in der Ebene umherfahren zu können; aber als ein wirkliches Flugzeug wird es sich erst dann erweisen, wenn es sich in die Lüfte, also in den dreidimensionalen Raum erhebt. Genauso ist der Mensch auch ein Tier; aber er ist auch unendlich mehr als ein Tier, und zwar um nicht weniger als eine ganze Dimension, nämlich die Dimension der Freiheit. Die Freiheit des Menschen ist selbstverständlich nicht eine Freiheit von Bedingungen, sei es biologischen, sei es psychologischen oder soziologischen; sie ist überhaupt nicht eine Freiheit *von* etwas, sondern eine Freiheit *zu* etwas, nämlich die Freiheit zu einer *Stellungnahme* gegenüber all den Bedingungen. Und so wird sich denn auch ein Mensch erst dann als ein wirklicher Mensch erweisen, wenn er sich in die Dimension der Freiheit aufschwingt." (FRANKL, Ärztliche Seelsorge, S. 3.)

Das ist „die Dimension der spezifisch menschlichen Phänomene", wie Liebe (im Gegensatz zu bloßem Sex); Gewissen (im Gegensatz zum bloßen Überich); Sinnfindung und Sinnerfüllung (im Gegensatz zu Trieben oder biologischen Bedürfnissen, die nach Befriedigung drängen). Einen Leib, Triebe und Bedürfnisse besitzt auch das Tier, allein der Mensch jedoch besitzt einen Noos – ja noch mehr: er *ist* Noos. Der Noos ist nichts Erworbenes, noch ist er das Produkt oder die Folge von irgend etwas anderem – er ist der innerste Kern des Menschen, sein Selbst, von den Christen als „Seele" bezeichnet, von den Hindus als „atman", von den Existentialisten als das „Ich" in der „Ich-Du"-Beziehung. Er ist das, was einen Menschen vom anderen unterscheidet. Der Noos, so könnte man sagen, ist der geistige Fingerabdruck eines Menschen.

Es muß jedoch betont werden, daß die Logotherapie den Menschen nicht als „zusammengesetzt" betrachtet in dem Sinne, daß Leib, Seele und Geist seine „Teile" wären. Der Mensch wird als eine Einheit angesehen, und um diese Einheit zu betonen, spricht FRANKL von „*Dimensionen* menschlichen Daseins". In der leiblichen Dimension ist der Mensch ein Gefangener, in der Dimension seiner Psyche ist er ein „Getriebener", in der Dimension des Noos aber ist er frei. Hier existiert er nicht bloß, hier kann er seine Existenz aktiv beeinflussen; hier ist er nicht von Trieben gelenkt, sondern ist selbst ein Lenkender; in der noetischen Dimension entscheidet er darüber, *was für ein* Mensch er ist – noch mehr: was für ein Mensch er sein *wird*. In der noetischen Dimension trifft der Mensch seine Wahl. Nur der Neurotiker, so lehrt FRANKL, mißversteht seine Existenz als ein „Nun-einmal-so-und-nicht-anders-sein-Müssen".

Der gesunde Mensch begreift sie als ein „Immer-auch-anders-werden-Können".

Der dreidimensionale Mensch

Wenn wir die noetische Dimension nicht berücksichtigen, so erhalten wir ein Zerrbild des Menschen – einen Mechanismus aus Reflexen, ein hilfloses Bündel aus Reaktionen und Instinkten, ein Produkt von Trieben, Vererbung und Umwelt. Wir erhalten eine „Projektion", ein Schattenbild anstelle eines dreidimensionalen Menschen. FRANKL bedient sich hier eines Gleichnisses aus der Darstellenden Geometrie: Betrachten wir einen Kreis in einer Ebene, so können wir nichts darüber aussagen, ob es sich dabei um die Projektion einer Kugel, eines Zylinders oder eines Kegels handelt. Um die wahre Natur des abgebildeten Körpers zu erkennen, müssen wir alle drei Dimensionen in Betracht ziehen. (Zeit und Verantwortung, S. 6.) Ebenso müssen wir einen Menschen, wollen wir ihn in seiner Gesamtheit begreifen, in allen drei Dimensionen sehen: in der physischen, der psychischen und der noetischen. Beschränken wir uns zum Beispiel auf die psychische Dimension, dann können wir in einer bestimmten Person etwa einen Schizophrenen sehen, der Halluzinationen hat und Stimmen hört. „Projiziere ich", sagte FRANKL in einem Vortrag an der Columbia-Universität, „nicht dreidimensionale Gebilde in eine zweidimensionale Ebene, sondern Gestalten wie FEDOR DOSTOJEWSKI oder BERNADETTE SOUBIROUS in die psychiatrische Ebene, dann ist für mich als Psychiater DOSTOJEWSKI nichts als ein Epileptiker wie jeder andere Epileptiker und BERNADETTE nichts als eine Hysterikerin mit visionären Halluzinationen. Was sie darüber hinaus sind, bildet sich in der psychiatrischen Ebene nicht ab. Denn sowohl die künstlerische Leistung des einen als auch die religiöse Begegnung der anderen liegt außerhalb der psychiatrischen Ebene. Innerhalb der psychiatrischen Ebene aber bleibt alles so lange mehrdeutig, bis es transparent wird auf etwas anderes hin, das dahinter stehen mag, das darüber stehen mag, gleich dem Schatten, der insofern mehrdeutig war, als ich nicht feststellen konnte, ob es der Zylinder, der Kegel oder die Kugel war, was den Schatten warf." In einer früheren Arbeit schon hatte FRANKL darauf hingewiesen, daß dann, wenn das Noetische in die bloß psychische Dimension projiziert wird, die Visionen einer BERNADETTE nicht mehr von den Halluzinationen einer Hysterikerin zu unterscheiden sind, und MOHAMMED und DOSTOJEWSKI auf derselben Stufe stehen wie irgendwelche Epileptiker. „*Alle* Pathologie bedarf erst noch der Diagnose" – sagte er –, „einer Dia-gnosis, eines Durch-blicks, des Hinblicks auf den Logos, der hinter dem Pathos steht, auf den Sinn, den das Leiden hat." (Ärztliche Seelsorge, S. 35.)

Niemals zuvor haben wir uns in einer ähnlich großen Gefahr befunden, Reduktionismen zu erliegen. Die biologischen Wissenschaften sind daraufgekommen, daß wir durch unsere Gene „programmiert", daß wir durch die Aktivität unserer Drüsen, durch unsere Chemismen und Elektrochemismen determiniert sind. Die Sozialwissenschaften lehren uns heute, daß der Mensch das Endergebnis der Einwirkung von sozialen und ökonomischen Kräften ist, von denen er wie eine Schachfigur hin- und hergeschoben wird. Und die Psychologie erzählt uns von jenen Trieben, die uns herumstoßen, ob es uns beliebt oder nicht, und über die verschiedenen Lernprozesse, die unser Verhalten bestimmen. All das erinnert an das FREUDsche Wort, daß der Mensch nicht lebt, sondern von seinen Trieben „gelebt wird". FRANKL warnt vor solchem Fatalismus. Als Existenzphilosoph macht er es sich zur Aufgabe, die menschliche Existenz vom Standpunkt der persönlichen, der inneren Erfahrung aus zu begreifen. Wie alle Existenzphilosophen geht auch er von DESCARTES' „sum" aus, von dem „ich bin". Jenes „sum" ist für ihn nicht ein biologisch determiniertes Wesen wie für DARWIN, noch ein soziologisch bedingtes wie für MARX, noch ein psychologisch determiniertes wie für FREUD. Für ihn behält der Mensch, obgleich er all diesen äußeren und inneren Bedingungen ausgesetzt ist, immer noch ein wesentliches Stück Freiheit, einen Fußbreit Boden, auf dem er Stellung nehmen kann zu jenen Bedingungen; und in diesem Stellung-Nehmen ist er frei, ist er „un-bedingt". In seinem Buch „Logos und Existenz" zeigt FRANKL an einigen Beispielen aus der jüngsten Geschichte, wohin ein überspitzter Determinismus führen kann. Die Rassenideologie zum Beispiel redet den Menschen in biologischem Kauderwelsch ein, daß sie durch ihre Erbanlagen determiniert seien. Dem deutschen Volk wurde von seinen Führern immer wieder eingehämmert, daß der Mensch durch sein „Blut" wie durch ein Naturgesetz bestimmt sei. Wenn einer ein Jude war, dann beurteilte man ihn eben nicht danach, was er für die Gemeinschaft oder für die Wissenschaft geleistet haben mochte, sondern nur nach seiner schicksalhaften Zugehörigkeit zu einer „minderwertigen Rasse". Im Falle des Marxismus wiederum zählt in erster Linie die soziale Umwelt. Die Überzeugung des Rassisten lautet, daß wir durch die

Biologie bestimmt sind; der Marxist ist in gleichem Maße davon überzeugt, daß es die soziale Schicht und die Umwelt sind, die den Menschen determinieren; und die Popularisierung der FREUDschen Ideen hat dazu geführt, daß viele Amerikaner glauben, der Mensch sei durch Triebe bestimmt, könne daher auch durch „geheime Verführer" manipuliert werden. Der Fatalismus, der notwendigerweise aus dieser Ansicht resultiert, bereitet den Psychiatern Amerikas einiges Kopfzerbrechen. FRANKL selbst erzählt von dem typischen Fall einer Kranken, die einmal nach einem Selbstmordversuch in eine Nervenklinik eingewiesen worden war. Auf die Vorhaltungen des Psychotherapeuten hin erklärte sie: „Was wollen Sie von mir haben? Ich bin eben ein typisches ‚einziges Kind' nach ALFRED ADLER!" (Ärztliche Seelsorge.) Für sie hieß das, daß ihr nicht zu helfen war, daß sie selbst am wenigsten sich helfen konnte, denn schließlich war sie ja mit „ganz bestimmten unveränderlichen Charaktereigenschaften" behaftet.

Auch FRANKL leugnet keineswegs, daß biologische, soziologische und psychologische Faktoren bei der Ausformung menschlichen Verhaltens eine große Rolle spielen, doch der Mensch ist für ihn, wie er es einmal in einem Filminterview mit Professor HUSTON SMITH formulierte, „determiniert, aber niemals pandeterminiert". In allen seinen Schriften spiegelt sich seine feste Überzeugung wider, daß der Mensch selbst unter den schwierigsten Bedingungen, bei scheinbar höchster Unfreiheit, immer noch die Möglichkeit behält, über seine Handlungen, sein Erleben oder wenigstens noch über seine Einstellungen zu entscheiden; und daß diese Freiheit zur Selbst-Bestimmung im noetischen Bereich begründet ist.

Die Freiheit, anders zu werden

Diese Freiheit ist es, die dem Menschen die Möglichkeit gibt, sich zu ändern, „sich selbst gegenüberzutreten und nötigenfalls sogar sich selbst entgegenzutreten". Sein wahres, sein „noetisches" Ich – dem es darum geht, „anderem menschlichem Sein zu begegnen und Sinn zu erfüllen" –, ist imstande, seinem „psychophysischen Organismus" entgegenzustehen, indem es kein „Nun-einmal-so-und-nicht-anders-sein-Müssen" anerkennt, sondern sich zu seinem „Immer-auch-anders-sein-Können" bekennt. (VIKTOR E. FRANKL, Die Psychotherapie in der Praxis.)

Die Logotherapie kündet uns von der „Trotzmacht des Geistes", wie FRANKL sie nennt, die den Menschen in die Lage versetzt, „stärker zu sein als äußere Umstände und innere Zustände; er hat die Macht, ihnen zu trotzen, und innerhalb des Spielraums, den das Schicksal ihm läßt, ist er frei." (VIKTOR E. FRANKL, Psychotherapie für den Laien.) „Immer und überall bleibt ihm eine restliche Freiheit, und gerade der Neuropsychiater erweist sich nicht nur als Kenner der Ohnmacht des menschlichen Geistes, sondern immer wieder auch als Zeuge von dessen Trotzmacht." (Das Menschenbild der Seelenheilkunde.)

Wenn man aber meint, solche Worte seien nichts anderes als intellektuelle Rhetorik, dann wird man durch die tiefe Wirkung, die FRANKL mit einer Rede vor den Strafgefangenen in San Quentin erzielte, eines Besseren belehrt. Dabei war das Interesse, das diesem Vortrag entgegengebracht wurde, anfangs sehr gering. Nur etwa fünfzig der rund 3000 Sträflinge hatten sich in der Gefängniskapelle eingefunden, und auch sie zeigten sich nicht sehr interessiert. Einige gingen schon während der Einleitung wieder weg, die anderen waren zurückhaltend, ja feindselig. Als er aber auf seine eigenen Erlebnisse im Konzentrationslager zu sprechen kam, begannen sie aufzuhorchen. Er sprach ihnen von der Verzweiflung des Gefangenen, und sie hörten ihm zu. Die abgebrühtesten Verbrecher Kaliforniens, viele von ihnen schon mehrfach rückfällig, zeigten sich tief bewegt, als FRANKL ihnen sagte, daß es niemals zu spät sei, daß sie bis zu ihrem letzten Atemzug die Freiheit hätten, anders zu werden – daß sie nicht „geborene Verlierer" wären, hoffnungslos im Bösen verstrickt. „Es liegt in eurer Macht", so sagte er ihnen, „von eurem früheren, schuldigen Ich abzurücken, gleichgültig was euch in eurem Leben widerfahren ist." Das waren unbekannte Töne für diese Männer. „Die Psychologen fragen uns immer nach unserer Kindheit aus und nach all dem Schrecklichen, das es in der Vergangenheit gegeben hat", so erzählte mir einer der Häftlinge später (ich hatte FRANKL hinbegleitet). „Immer die Vergangenheit – es ist nicht mehr auszuhalten – immer die Vergangenheit – sie drückt uns nieder wie ein Mühlstein, den wir mit uns herumschleppen. Die meisten von uns hören sich gar nicht mehr die Vorträge der Psychologen an. Ich hab' mir den Vortrag von FRANKL nur angehört, weil ich gelesen hab', daß auch er einmal ein Gefangener gewesen ist." – „Sie behandeln uns immer wie hoffnungslose Verbrecher oder wie Psychopathen", meinte ein anderer zu mir, „hier im Gefängnis und auch draußen, und so geben wir schließlich auf, es einmal anders herum zu probieren. Wozu auch? FRANKL hat etwas ganz anderes gesagt. Nach dem, was er sagt, liegt es durchaus an mir, mich zu ändern. Er muß es wissen. Er hat das alles selbst einmal mitgemacht."

Aus dieser Episode folgt noch nicht, daß FRANKL mit seinen Ideen recht hat, sondern nur, daß der Weg, den er aufzeigt, für den heutigen Menschen gangbar ist, selbst dann, wenn dieser Mensch im Einzelfall von der Gesellschaft verstoßen und psychisch belastet sein sollte. Das war ein ganz neuer Gedanke für die Gefangenen von San Quentin, daß sie es trotz ihrer offenkundigen charakterlichen Mängel noch in ihrer Hand hatten, ihr Schicksal selbst zu bestimmen. Daß sie zu jeder Zeit neu beginnen konnten; daß sie all das, was ihnen an ihrer eigenen Persönlichkeit nicht paßte, auch über Bord werfen konnten, daß sie es nicht hinnehmen mußten wie einen „Mühlstein, den man mit sich herumschleppt". Und um so fruchtbarer waren FRANKLS Worte, als dieses „Wunder der Bekehrung" sich nicht auf religiöse Gedankengänge stützte, die für die meisten Gefangenen ohne Inhalt gewesen wären. Unabhängig von jeder traditionellen Religiosität war es hier zu einem geistigen Aufbruch, zu einer Art von „noetischer Erhebung" gekommen.

Welch tiefe Wirkung FRANKL mit seinem Vortrag erreicht hatte, zeigt sich auch in einem Brief, den er von einem der Häftlinge, dem Redakteur der Gefängniszeitung „San Quentin News", erhielt. Ein Artikel, den dieser Mann über FRANKLS Besuch in dem Gefängnis geschrieben hatte, wurde später in einem Wettbewerb, an dem „Zuchthaus-Journalisten" aus allen Teilen der USA teilnahmen, preisgekrönt. In dem Brief hieß es unter anderem: „Ich bekam über meinen Artikel einige Kritiken zu hören, etwa nach der Art, ‚in der Theorie ist das alles ganz schön, aber in Wirklichkeit sieht die Sache eben doch anders aus. Ich habe vor, einen Leitartikel zu schreiben, in dem ich an Hand unserer eigenen Situation zeigen werde, daß die Sache in Wirklichkeit eben doch so aussieht. Ich werde denen an einem bestimmten Beispiel aus unserem Gefängnis zeigen, wie ein Mann es geschafft hat, aus der Tiefe der Verzweiflung und Hoffnungslosigkeit heraus zu einem sinnerfüllten Leben vorzustoßen. Sie wollten auch nicht daran glauben, daß ein Mensch aus dieser Situation heraus eine innere Wandlung erfahren könnte, die – wie FRANKL sagt – ‚das Leiden in eine Leistung verwandelt'. Ich will versuchen, ihnen zu beweisen, daß dies nicht bloß eine Möglichkeit, daß es vielmehr eine Notwendigkeit ist."

Der Noos kann nicht krank werden

Der Begriff der noetischen Dimension verhilft dem Menschen zu einem besseren Verständnis seiner selbst. Er versetzt ihn in die Lage, sich zum Besseren zu wandeln, und er hilft in ganz besonderem Maße dem Psychotherapeuten, seelisches Gesundsein zu verstehen und zu fördern. Der Arzt muß es sich angelegen sein lassen, bei seinem Patienten bis zu dieser menschlichen Dimension vorzustoßen, denn nach Ansicht der Logotherapie bildet sie den Kern seines Menschseins und ist darüber hinaus das einzige an ihm, das niemals krank sein kann. Der Leib des Menschen und seine Seele können krank werden, nicht aber sein Noos. Das ist es, was FRANKL als sein erstes, sein „psychiatrisches Credo" bezeichnet: „Den unerschütterlichen Glauben an die geistige Personalität auch noch des psychotisch Erkrankten" (Das Menschenbild der Seelenheilkunde). Die noetische Person besteht auch dann noch weiter, wenn die Symptome einer Geisteskrankheit sie scheinbar verschüttet haben. Wenn dem nicht so wäre, so betont FRANKL, dann wäre es gar nicht der Mühe wert, den psychophysischen Organismus zu „reparieren". Jener Arzt, der nur das Psychophysikum seines Patienten, nicht aber die noetische Person dahinter sieht, ist nichts weiter als ein medizinischer Mechaniker und gesteht damit ein, daß er in dem Patienten nichts als eine Maschine sieht. Der verstorbene Psychoanalytiker FRANZ ALEXANDER warnte die Ärzte davor, in eine „Spenglermentalität" zu verfallen und den Menschen reparieren zu wollen wie einen defekten Wasserhahn.

Der Logotherapeut aber holt sich seine Hilfe aus dem noetischen Zentrum des Patienten, selbst dann, wenn dieses Zentrum unter einem Berg von psychophysischen Symptomen verschüttet liegt. Er appelliert an die „Trotzmacht des Geistes", um den scheinbar übermächtigen Einflüssen der Psyche und der Physis zu begegnen. Und dies ist FRANKLS zweites, sein „psychotherapeutisches Credo": die feste Überzeugung, daß die noetische Mitte des Menschen nicht nur gefeit ist gegen jede Erkrankung, von der die psychophysische Peripherie befallen sein mag, sondern daß dieses noetische Selbst darüber hinaus die Fähigkeit besitzt, sich über alle Pathologie des Psychophysischen zu erheben. Es liegt oft nicht in der Macht des Menschen, die Umstände zu ändern, immer jedoch kann er seine Einstellung zu seinem eigenen, auch kranken Psychophysikum ändern.

Auf einer seiner amerikanischen Vortragsreisen stellte man FRANKL eine Frau vor, die infolge einer unbeeinflußbaren endokrinen Störung mehr als 150 Kilo wog. Sie schämte sich, in Gesellschaft zu gehen, blieb an keinem Arbeitsplatz sehr lange, ihre Ehe war zerbrochen. Eine psychiatrische Behandlung war ohne Erfolg geblieben. FRANKL hatte natürlich keine Zeit, sie zu behandeln, aber er verbrachte eine Stunde im Gespräch mit ihr. Zu ihrem Erstaunen kümmerte er sich gar nicht um ihre Krankheit, nachdem er erst einmal erkannt hatte, daß sie kaum zu beeinflussen gewesen wäre. Statt dessen versuchte er – wenn wir dem Tonband folgen, auf dem ein Universitätsprofessor in Berkeley das Gespräch aufgenommen hatte – der Patientin zwei Dinge klarzumachen: daß es nicht in ihrer Macht lag, ihre Situation zu ändern, daß sie aber nur um so mehr ihre Aufmerksamkeit jenen Dingen zuwenden sollte, die ihr auch in dieser Lage noch offenstanden. Niemals in diesem Gespräch verwendete er Begriffe wie „noetisch" oder auch nur „geistig", und dennoch brachte er sie zu der Einsicht, daß jenseits von all ihrem „Fett" und jenseits von all den Depressionen, mit denen sie auf ihr organisches Leiden reagiert hatte, ihr wahres Selbst lag, das immer noch imstande sein müßte, ein erfülltes Leben zu leben, allem leiblichen Handikap zum Trotz. „Muß man sich denn von sich auch alles gefallen lassen?" sagte ihr FRANKL, und zeigte ihr, daß sie es ja eigentlich schon recht gut angefangen hatte: Andere Leute wären in ihrer Lage vielleicht zu Alkoholikern geworden oder hätten Selbstmord begangen. Er ermutigte sie, ihre Krankheit als eine Aufgabe anzusehen. Er forderte sie auf, sich weniger auf ihren vergeblichen Wunsch nach Schlankheit zu konzentrieren, vielmehr all die anderen Werte zu sehen, die das Leben sonst noch zu bieten hatte. Immerhin konnte sie doch durch ihr Beispiel andere Frauen ermutigen, die sich in der gleichen Lage befanden wie sie. Ein Jahr später, als sich FRANKL wieder in Berkeley aufhielt, besuchte ihn die Frau, um ihm zu danken. Das Gespräch mit ihm hatte ihr mehr geholfen als jahrelange Behandlungen, sagte sie mir später. Sie hatte ihren Frieden wiedergefunden und fühlte sich „mit der Menschheit ausgesöhnt". Und außerdem hatte sie – fünfzehn Kilogramm abgenommen.

Das noetische Unbewußte

In dem Bestreben, die noetische Dimension des Menschen auszuloten, ist FRANKL auch auf das Gebiet des Unbewußten vorgestoßen, dessen Bedeutung für das menschliche Verhalten zuerst von SIGMUND FREUD erkannt und das dann von CARL GUSTAV JUNG eingehend erforscht wurde. FREUD war sich selbst darüber im klaren, daß seine Erkenntnisse über die menschliche Natur und über die Krankheiten der Seele nur ein Anfang waren. „Ich habe mich immer nur im Parterre und Souterrain des Gebäudes aufgehalten", schrieb er einmal seinem Freund LUDWIG BINSWANGER (LUDWIG BINSWANGER, Erinnerungen an SIGMUND FREUD, Bern 1956, S. 115). FRANKL hat auch die oberen Stockwerke erforscht, darüber hinaus aber hat er auch neue Erkenntnisse über das Parterre, über das Unbewußte, gewonnen. In einem der ersten Sätze auf der ersten Seite seines ersten Buches „Ärztliche Seelsorge" stellt er fest, daß „ein Zwerg, der auf den Schultern eines Riesen stehe, weiter und mehr sehen könne als der Riese selbst". Auf den Schultern von Riesen stehend, hat FRANKL bis dahin unentdeckte Regionen des Unbewußten zu Gesicht bekommen. Von FREUDS Schultern herab sieht er, daß das Unbewußte nicht nur aus dem Psychologischen besteht, sondern auch eine Region des Noetischen, des Geistigen, mit einschließt. Und auf CARL GUSTAV JUNGS Schultern stehend, sieht er in dem „geistigen Unbewußten" nicht das „kollektive Unbewußte" oder die unbewußten „Archetypen", sondern etwas Personales, etwas Existentielles. Nach FRANKLs Auffassung ist der noetische Teil des Unbewußten ein Bereich, in dem der Mensch nicht ein vom Es getriebenes Ich ist, sondern ein Selbst, eine Person, die in der Lage ist, andere Menschen zu lieben und zu verstehen, und nicht nur sie zu gebrauchen und zu manipulieren.

In diesem noetischen Bereich unseres Unbewußten wurzeln unsere Entscheidungen, in ihm ruhen unsere Überzeugungen und Meinungen. Hier ersteht dem Künstler seine Eingebung, dem religiösen Menschen sein Glaube. Hier ist auch der Sitz einer weiteren spezifisch menschlichen Fähigkeit, nämlich unseres Humors. Und hier ertönt jene innere Stimme, die uns den Sinn unseres Lebens erkennen hilft und die wir unser Gewissen nennen. Und so wie der Psychoanalytiker in den psychologischen Bereich des Unbewußten vorstößt, um von hier aus das Leiden des Patienten zu erkennen und Krankheiten zu heilen, die in der Psyche ihren Ursprung haben, so stößt der Logotherapeut in den noetischen Bereich des Unbewußten vor, um von hier aus jene Krankheiten zu heilen, die aus dem Geist des Menschen, seinem Noos, entstehen. Hier macht sich der Arzt die zutiefst menschlichen Kräfte zunutze, die im Noos des Kranken beheimatet sind: sein Gewissen, seinen Schöpferdrang, seine Überzeugungen, seinen Glauben, seine Intuition, seinen „Willen zum Sinn" und sogar seinen Humor. Mit ihrer Hilfe kann der

Patient erkennen, was er als wichtig erachtet, welche Vorstellungen er von seinem Leben hat, was für ein Mensch er wirklich ist – und was für einer er werden sollte... FREUD hatte als erster zwischen dem Bewußtsein des Menschen und dessen Unbewußtem unterschieden. FRANKL fügt nun eine weitere Unterscheidung hinzu – die zwischen Noos und Psyche, also zwischen dem Geistigen und dem Triebhaften.

Sinnfrage und existentielles Vakuum

Die Suche des Menschen nach dem Sinn seines Lebens ist das zentrale Anliegen der Logotherapie. Damit ist die Logotherapie eine der beiden großen Schulen der existenzphilosophisch orientierten Psychiatrie – gemeinsam mit LUDWIG BINSWANGERS Daseinsanalyse, in der auf die persönliche Art und Weise des In-der-Welt-Seins des Patienten eingegangen wird. Im Gegensatz zu anderen Verfechtern einer existentiellen Psychiatrie hat FRANKL jedoch eine eigene therapeutische Methodik und Technik entwickelt, und im Gegensatz zu den meisten amerikanischen Psychologen baut er seine Methode bewußt auf einer phänomenologisch-anthropologischen Basis auf. Diese Verbindung von Praxis und Theorie ist wohl der Grund für das lebhafte Interesse, das der Logotherapie einerseits von vielen führenden Existenzphilosophen, wie MARTIN HEIDEGGER, KARL JASPERS, GABRIEL MARCEL und MARTIN BUBER, andererseits aber auch von vielen Psychologen in allen Teilen der Welt entgegengebracht wird.

Das größte Problem des modernen Menschen ist nicht mehr die Unterdrückung seines natürlichen Strebens nach Lust, insbesondere nach geschlechtlicher Lust, wie zur Zeit FREUDS; in unserer freisinnigen, wissenschaftsorientierten, skeptischen und fatalistischen Wohlstandsgesellschaft leidet der Mensch unter der Verdrängung eines anderen natürlichen Dranges – seines Strebens nach einem Lebenssinn. Die Unterdrückung seines „Willens zum Sinn" (FRANKL) gibt dem Menschen das Gefühl, daß sein Leben ohne Inhalt, ohne Ziel, ohne Aufgabe ist; daß es ganz gleichgültig ist, was er tut, daß er so maßlos unbedeutend ist wie die Ameise, die man achtlos zertritt. Er fühlt sich eingezwängt von Umständen, die seiner Kontrolle entzogen sind, er glaubt sich in einer Tretmühle gefangen, am Leben gescheitert, und er verspürt eine grenzenlose innere Leere – das von FRANKL beschriebene „existentielle Vakuum".

Diese Leere kennen der Reiche und der Arme, der Junge und der Alte, der Erfolgreiche und der Gescheiterte. Der Geschäftsmann versucht, sie durch rastloses Arbeiten auszufüllen, seine Frau sucht sich durch Parties zu betäuben, Studenten versuchen es mit Marihuana oder LSD. Sex, Alkohol, schnelle Autos, ehrenamtliche Geschäftigkeit, Fernsehen, Üppigkeit, ja sogar solch respektable Betätigungen wie Politik, Psychoanalyse und Religion dienen einem Menschen oftmals nur dazu, sein existentielles Vakuum irgendwie auszufüllen. Besonders verbreitet ist dieses Gefühl einer inneren Leere unter der Jugend. 40 Prozent von FRANKLs österreichischen Studenten bekannten sich dazu, und von seinen amerikanischen Studenten waren es sogar 81 Prozent; ähnliche Zahlen liegen von anderen Universitäten vor. Bei einer Umfrage unter 100 erfolgreichen Absolventen der Harvard University bekannte ein Viertel der Befragten, daß sie daran zweifelten, daß ihr Leben einen Sinn habe; und aus verschiedenen Studien, die in tschechischen psychiatrischen Zeitschriften veröffentlicht wurden, geht hervor, daß auch die Menschen hinter dem Eisernen Vorhang nicht von solchen Zweifeln verschont sind.

Das existentielle Vakuum selbst ist aber noch keine Krankheit. Die Frustration des Willens zum Sinn führt nicht notwendigerweise zu einer Neurose, ebenso wie die Frustration des Willens zur Lust nicht automatisch schon die Krankheit hervorbringt. Seit FREUD wissen wir ja, daß diese Unterdrückung des geschlechtlichen Begehrens ein Zeichen menschlicher Größe sein kann, wenn sie um einer höheren Sache willen vollbracht wird – aus Hochachtung für ein geliebtes Mädchen oder zur höheren Ehre Gottes. Im Gegensatz zu FREUD, der einmal gesagt hat, daß jemand, der am Sinn seines Lebens zweifelt, auch schon seelisch krank sei, vertritt FRANKL die Ansicht, daß es gerade diese Zweifel sind, die einen Menschen zur Suche nach dem Sinn anregen können; und die Logotherapie macht sich eben dieses Bedürfnis nach einem sinnerfüllten Dasein bei der Erhaltung oder Wiederherstellung der geistig-seelischen Gesundheit zunutze.

Für viele unter FRANKLs Zuhörern mag es eine Erleichterung sein zu hören, daß jenes wohlbekannte Gefühl der inneren Leere keineswegs ein Symptom seelischen Krankseins ist. „Der menschliche Anspruch auf ein möglichst sinnerfülltes Dasein ist so wenig an sich auch schon etwas Krankhaftes, daß er im Sinne eines Therapeutikums mobilisiert werden kann – und muß. Dies zu besorgen, ist ja eines der vornehmsten Anliegen der Logotherapie – als einer am Logos – und dies hieße im konkreten Zusammenhang: am Sinn orientierten (und den Patienten re-orientierenden!) Behandlung. Wobei es unter Umständen nicht nur darum geht, den Sinnwillen zu mobilisieren; sondern dort, wo er verschüttet, wo er unbewußt, wo er verdrängt war, gilt zunächst einmal, ihn überhaupt erst zu evozieren. Darüber hinaus aber wird es eine Aufgabe logotherapeutischer Bemühung sein, konkrete Sinnmöglichkeiten zu ekphorieren; hierzu jedoch bedarf es einer Analyse des konkreten Daseins, der personalen Existenz des betreffenden Patienten – mit einem Wort: einer Existenzanalyse." (VIKTOR E. FRANKL, Das Menschenbild der Seelenheilkunde.)

In der heutigen Zeit, in der gerade in den USA so viele Menschen zu seelischen Hypochondern werden – immer auf der Suche nach verdrängten Kindheitserlebnissen und anderen psychologischen Ausreden für ihre Mißerfolge und Verirrungen –, ist es für viele eine frohe Botschaft, daß ihr Sinnlosigkeitsgefühl nicht ein Symptom irgendeiner Krankheit, sondern eine Manifestation ihres Menschseins ist: nur ein Mensch kann einen Mangel an Sinn empfinden, denn nur er ist imstande, Sinn zu erkennen.

Und doch droht Gefahr. Neurosen können in dieses existentielle Vakuum hineinwuchern. Der Zweifel am Sinn des Lebens kann zu Verzweiflung führen, zu Depressionen und zu einer besonderen Art von Neurosen, für die FRANKL einen besonderen Namen geprägt hat – „noogene" Neurosen. Damit sind solche Neurosen gemeint, die nicht im Triebleben des Menschen ihre Ursache haben und durch verdrängte Sexualität, Kindheitstraumen oder Triebkonflikte hervorgerufen werden, sondern in der noetischen Dimension des Menschen entstehen und durch Wert- oder Gewissenskonflikte oder durch ein erfolgloses Streben nach dem höchsten aller menschlichen Werte – einem Lebenssinn – verursacht werden. An der Harvard University und im Bradley Center in Columbus, Georgia, wurden psychologische Tests entwickelt, die es erlauben, zwischen diesen noogenen Neurosen und den übrigen Neurosetypen zu unterscheiden. Die Untersuchungen in Georgia, die an einer Gruppe von 1200 Patienten durchgeführt wurden, untermauern FRANKLS Behauptung, daß wir es hier mit einem neuartigen Krankheitsbild zu tun haben (J. C. CRUMBAUGH and L. T. MAHOLICK, „An Experimental Study in Existentialism: The Psychometric Approach to FRANKL's Concept of Noogenic Neurosis", Journal of Clinical Psychology, 1964, 20:200). In Fällen von noogener Neurose muß die herkömmliche psychoanalytische Behandlung, bei der man nach längst vergangenen, im Triebleben vergrabenen Ursachen sucht, natürlich ohne Erfolg bleiben. Solche Fälle sprechen nur auf eine Behandlung an, bei der die Aufmerksamkeit des Menschen nicht auf die Vergangenheit, sondern auf die Gegenwart und Zukunft gelenkt wird – auf menschliche Beziehungen, auf Aufgaben, die es zu erfüllen, auf den Sinn, den es zu finden gilt.

Ein neuartiger Typ von Neurosen

Nach FRANKLS Überzeugung ist jeder Mensch, als „noetische Person", prinzipiell in der Lage, mit Gewissens- und Wertkonflikten selbst fertig zu werden; die Aufgabe des Therapeuten kann in solchen Fällen nur darin bestehen, den Hilfesuchenden darauf aufmerksam zu machen, daß er eben *nicht* ein hilfloser Spielball seiner Umwelt, seiner Triebe und inneren Bedürfnisse ist, daß er seine Entscheidungen vielmehr in Freiheit treffen kann. Es kann aber doch geschehen, daß Wertkonflikte und „existentielle Frustration" einen Menschen dermaßen überwältigen, daß er schließlich eine Neurose entwickelt.

In einer sich rasch verändernden Welt ist der Mensch immer wieder gezwungen, sich zwischen „alten" und „neuen" Werten zu entscheiden: zwischen der – von der Kirche als löblich empfohlenen – Tugend, viele Kinder in die Welt zu setzen, und dem Bestreben, eine vielleicht katastrophale Bevölkerungsexplosion verhindern zu helfen; zwischen dem Wert, in seinem Beruf Karriere zu machen (selbst um den Preis des Jasagens) und dem Wert der Unabhängigkeit; zwischen einer gutbezahlten Stellung, die einen unbefriedigt läßt, und der Aufgabe, seiner künstlerischen Berufung zu folgen. Viele der inneren Konflikte, unter denen der moderne Mensch leidet, haben mit derartigen Entscheidungen zu tun. Die Psychiater haben festgestellt, daß sogar die sogenannten endogenen Depressionen in den letzten Jahren eine Veränderung erfahren haben. Früher fühlten sich viele Patienten schuldig, vor ihrem eigenen Gewissen, vor Vater und Mutter, vor der Gesellschaft oder vor Gott. Wie FRANKL in „Psychotherapy and Existentialism" feststellt, beziehen sich die Ängste der endogen-depressiven Patienten von heute viel eher auf die Gesundheit, auf die Fähigkeit, Geld zu verdienen, auf den Beruf im allgemeinen und auf das Altwerden. Dem depressiven Patienten unserer Tage, so drückt es FRANKL einmal aus, „hat es weniger die Schuld – die Schulden haben es ihm angetan".

Die Logotherapie wurde in dem Bestreben entwickelt, die noogene Neurose zu verstehen und zu heilen. Darüber hinaus erlauben uns aber die Konzepte, die im Zusammenhang mit der Logotherapie entwickelt wurden, den Menschen in einem neuen Licht zu sehen – nicht nur den neurotischen Menschen, sondern den Menschen an sich, mit seinen inneren Kämpfen, seinen Niederlagen und seinen Siegen, mit seinem lebenslangen Ringen um Sinn.

3. Was ist der Sinn des Lebens?

Ein typisches Mißverständnis, dem FRANKL immer wieder begegnet, drückt sich in der Frage aus, die ihm nach seinen Vorträgen oft gestellt wird: „Und was *ist* denn nun der Sinn des Lebens?" – verständlich, daß ein Mann, der sein Leben der Beantwortung dieser Frage gewidmet hat, über eine derart naive Formulierung des Problems nicht sehr erbaut ist. Er weiß natürlich, daß die Ängste des heutigen Menschen zumeist ihren Ursprung in dieser Frage haben, und die Logotherapie ist ja nichts anderes als der Versuch, diese Frage beantworten zu helfen. Es gibt aber, und das betont FRANKL immer wieder, keine allgemeingültige Antwort. Jeder Mensch kann diese Frage nur für sich selbst, und zwar immer nur für seine augenblickliche Situation, beantworten. Denn der Mensch verändert sich unaufhörlich, und ebenso ändern sich auch die Situationen, angesichts deren er seine Entscheidungen treffen muß; damit ist aber auch der „einmalig-einzigartige" Sinn, den es zu erfüllen gilt, von Augenblick zu Augenblick verschieden.

Sinn bedeutet Verantwortung

Manche seiner Schriften vermitteln den Eindruck, daß FRANKL das Wort „Sinn" in Zusammenhängen verwendet, in denen man herkömmlicherweise „Gottes Wille" geschrieben hätte. In den meisten Fällen aber meint er damit, wie er selbst einmal sagt, die Verantwortung für eine Sache, „die Hingabe an eine Aufgabe". Es ist eine wesentliche Leistung der Logotherapie, daß sie dem Sinnstreben des Menschen neue Gebiete eröffnet hat. Jahrhundertelang war die Sinnfindung auf den Bereich der Religion beschränkt, und auch hier zumeist auf ein ganz bestimmtes Glaubenssystem, auf einen bestimmten Satz von Dogmen; der Ungläubige (ungläubig in bezug auf ein spezielles Gebäude von Glaubenswahrheiten) war zu der

Hölle der Sinn-losigkeit verdammt. Die Psychiatrie aber, als eine Sparte der Medizin, darf sich nicht darauf beschränken, nur den religiösen Menschen oder gar nur den Anhänger einer bestimmten Glaubensrichtung zu heilen. Wie FRANKL immer wieder betont, ist der Arzt allein schon durch seinen hippokratischen Eid dazu verpflichtet, allen seinen Patienten in gleichem Maße beizustehen. Wenn aber die Heilung, wie uns die Logotherapie lehrt, darin besteht, dem Patienten den Sinn seines Lebens finden zu helfen, dann hat der irreligiöse Mensch nicht weniger Anspruch auf ärztlichen Beistand als der religiöse. Und nichts gibt dem religiösen Arzt das Recht, den atheistischen Patienten bei dessen Suche nach Sinn auf den Weg des Glaubens zu drängen; ebenso wie der gottferne Arzt nicht das Recht hat, den religiösen Patienten davon abzubringen, seinen Lebenssinn durch den Glauben zu finden. Die Aufgabe des Therapeuten kann nur darin bestehen, dem Patienten die ganze Skala von Sinnmöglichkeiten vor Augen zu führen, die ihm in seiner besonderen Situation zugänglich sind, ihn dazu zu ermutigen, seine Wahl zu treffen, und ihn dazu zu erziehen, die Wahl in verantwortlicher Weise zu treffen. Als ,,Erziehung zur Verantwortlichkeit" hat FRANKL einmal die Logotherapie bezeichnet – und das in einer Zeit, in der die traditionelle Wissenschaft den Menschen immer mehr als ein Bündel von Reaktionen ansieht und ihm jede Verantwortlichkeit abspricht.

Was die religiösen Führer, was die Philosophen und Künstler von jeher gewußt haben, das versucht die Logotherapie in wissenschaftliche Begriffe zu fassen: Der Mensch ist immer auf der Suche nach etwas, das außerhalb seiner selbst liegt. Er verspürt den Drang, sich auf etwas hin zu bewegen, das größer ist als er selbst, und er findet seine Erfüllung darin, diesem Ruf Folge zu leisten. – ,,Menschliches Dasein", so sagt FRANKL, ,,weist immer schon über sich selbst hinaus – auf etwas, das nicht wieder es selbst ist: sei es auf einen Sinn, den zu erfüllen es gilt, oder aber auf anderes menschliches Sein, dem liebend zu begegnen es gilt."

Unser Wissen über die Welt, in der wir leben, hat sich innerhalb einer einzigen Generation radikal verändert. Die Welt, in der wir sterben werden, ist nicht dieselbe wie die Welt, in die hinein wir geboren wurden. Unsere Eltern, geboren in der Zeit des Pferdewagens, konnten noch das Düsenzeitalter erleben. Unsere eigene Generation reicht von der Zeit der ersten Benzinkutschen bis über die Ära der Mondraketen hinaus. Unsere Kinder können sich das Leben in der Zeit vor SIGMUND FREUD ebensowenig vorstellen, wie wir uns das Leben der Menschen vor Sir Isaac Newton vorstellen können. Sogar die Art und Weise, in der wir neues Wissen erwerben, hat sich von Grund auf geändert. Der Mensch des wissenschaftlichen Zeitalters ist gewöhnt, sich neue Wahrheiten nicht auf dem Wege des Glaubens, sondern durch exakte Untersuchungsmethoden zu erarbeiten. Wir sind nicht mehr bereit, „vorgefertigte Wahrheiten" zu akzeptieren, wie sie uns in den heiligen Büchern von den weisen Männern der Vergangenheit überliefert werden. Der moderne Mensch sucht nach Wahrheiten, die sich in wiederholbaren Experimenten konstatieren lassen. Wir wissen noch nicht genau, was dies für die Religion bedeutet, die ja auf nicht wiederholbarer persönlicher Erfahrung beruht. Der Einfluß der wissenschaftlichen Denkungsart läßt uns dazu kommen, daß wir jene Dinge gering erachten, die nicht meßbar, sondern persönlichem Urteil und Glauben unterworfen sind. Auf den ersten Blick will es scheinen, als ob die Religion durch eine solche Entwicklung geschwächt werden müßte, auf lange Sicht aber kann sie dadurch nur gewinnen – beruht sie doch auf Grundlagen, die nicht nur im Halbdunkel der alten Kirchen, sondern auch im hellen Licht der Laboratorien bestehen können. Und wir beginnen zu verstehen, daß all das, was wir durch unsere Teleskope und unter dem Mikroskop sehen können, die Grundfesten unseres uralten Glaubens eher stärkt als schwächt, da es uns dazu zwingt, unsere Überzeugungen und Glaubenswahrheiten mit den neuen Realitäten in Einklang zu bringen, mit denen uns unser Zeitalter konfrontiert.

In unserem wissenschaftsorientierten Zeitalter gesellen sich zu den Erleuchteten vergangener Zeiten, den Propheten, den Weisen und den Künstlern, die Männer der Wissenschaft, an denen es nun liegt, neue Antworten auf die uralten Fragen zu finden. Die Antworten des Psychiaters Frankl gründen sich auf die Erkenntnis, daß der einzelne Mensch selbst in dieser Zeit des Zweifels und des Unglaubens eine feste Grundlage braucht, um seine Existenz zu begreifen, um den Mut zu allen seinen Entscheidungen und Handlungen zu finden, und daß diese Basis nur so gefunden werden kann, daß die alten Wahrheiten mit den neuen Vorstellungen der Naturwissenschaft, der Existenzphilosophie und der Psychiatrie zu einer sinnvollen Synthese verbunden werden.

Drei Lehrsätze der Logotherapie

Die Logotherapie beruht auf drei Lehrsätzen, die durch innere, persönliche Erfahrung belegbar sind. Vertreter der verschiedensten weltanschaulichen Richtungen – von Jesuiten und orthodoxen Juden bis zu Atheisten und Agnostikern – haben sich zu ihnen bekannt. Diese Lehrsätze lauten: Das Leben hat einen Sinn, und es behält ihn unter allen Bedingungen und Umständen; der Mensch hat einen „Willen zum Sinn", und wirklich glücklich ist er erst dann, wenn er das Bewußtsein hat, den Sinn seines Lebens erfüllt zu haben; und der Mensch hat auch die Freiheit, diesen seinen Lebenssinn zu erfüllen.

Jede der hunderttausend Situationen, aus denen mein Leben besteht, birgt einen ganz bestimmten Sinn für mich, und nur für mich. Meine Aufgabe ist es, den „einmalig-einzigartigen" Sinn jeder Situation herauszuspüren. FRANKL spricht davon, „daß es schlechterdings nichts gebe, was den Menschen so sehr in den Stand setzt, Schwierigkeiten zu überwinden, wie dieses eine: das Bewußtsein, einer Aufgabe zu dienen" (Psychotherapie für den Laien). Ob der einzelne Mensch diesen Sinn nun in dem Bezugssystem einer speziellen Religion, eines Humanismus, eines Atheismus oder Agnostizismus findet, ist dabei völlig gleichgültig – wesentlich ist nur das Wissen darum, daß es ihm freisteht, den Sinn seines Lebens zu suchen, daß es seine Verantwortung ist, dies zu tun, und daß niemand anderer es für ihn tun kann. Und diese Suche nach dem einzigartigen Sinn seines eigenen Lebens ist es, was jeden Menschen zu einer einzigartigen Persönlichkeit macht – zu einem Auserwählten gewissermaßen, auserwählt aber nun nicht deshalb, weil er einem bestimmten Volk oder einer bestimmten Glaubensgemeinschaft angehört, sondern auserwählt auf Grund seiner wesentlichen Unersetzbarkeit als Person.

FRANKL beruft sich hier gerne auf HILLEL, einen Zeitgenossen JESUS CHRISTUS'. Von HILLEL wird berichtet, daß er zu seinen Schülern sagte: „Wenn nicht ich es tue – wer soll es tun? Und wenn ich es nicht jetzt tue – wann soll ich es tun? Wenn ich es aber nur um meiner selbst willen tue – was bin ich dann?" In diesen drei Fragen, so sagt FRANKL, ist eigentlich das Wesen der Logotherapie enthalten. Der erste Teil sagt uns, „ich bin unersetzlich". Der zweite, „jeder Augenblick ist einmalig und geht unwiderruflich vorüber". Und der dritte Teil schließlich erinnert uns daran, daß wir dem Wesen unseres Menschseins nicht gerecht werden, wenn wir etwas nur um unser selbst willen tun. Besonders gern erinnert sich FRANKL an einen Ausspruch von SHLOMO BARDIN, dem Direktor des „Brandeis-Instituts" in der Nähe von Los Angeles, der einmal gesagt hat, die Menschen seien „Treuhänder des Lebens". Es ist die ureigenste Aufgabe jedes Menschen, das, was ihm anvertraut ist, nach bestem Können zu verwirklichen, die Fähigkeiten und Talente, die in ihm schlummern, zu entwickeln, sein Leben als eine große Möglichkeit anzusehen, in Einklang mit dem Wort HEBBELS, „das Leben ist nicht etwas, es ist immer nur die Gelegenheit zu etwas".

Des Menschen Wille zum Sinn, oft unerkannt, oft auch wegerklärt von Ideologien, die nur subhumane Phänomene gelten lassen, ist für FRANKL der primäre, der ursprüngliche menschliche Antrieb. In einem Seminar kritisierte einmal ein Student FRANKLS Ansicht, daß der Wille zum Sinn eine ursprünglichere, tiefer verwurzelte Bewegkraft darstelle als der von der Psychoanalyse so sehr hervorgehobene Wille zur Lust. Das Neugeborene, so sagte der Student, besitze ganz offensichtlich einen Willen zur Lust, aber keinen Willen zum Sinn. Diese Argumentation, so antwortete FRANKL, ist gerade so sinnvoll, wie wenn man behaupten wollte, das Schreien entspreche der Natur des Menschen mehr als die Sprache, weil doch ein Baby, lange bevor es sprechen kann, ganz ausgezeichnet schreit. „Eine Sache kann wesentlich menschlich sein und sich dennoch erst in einer späteren Phase der Entwicklung manifestieren", so schloß FRANKL.

Ein Schritt nach dem anderen

Die Suche des Menschen nach dem Sinn seines Lebens beginnt bei der einfachsten Tätigkeit, in der alltäglichsten Situation. Einem amerikanischen Journalisten, der ihn in seinem Arbeitszimmer in der Wiener allgemeinen Poliklinik interviewte, sagte FRANKL: „Eine bestimmte Situation ist in diesem Augenblick drei Personen gemeinsam – nämlich Ihnen, der Stationsschwester und mir. Der Sinn dieser Situation sieht aber für jeden von uns anders aus. Für mich liegt er darin, Ihnen die Logotherapie verständlich zu machen. Für Sie besteht der Sinn der Situation darin, meine Ausführungen gut zu verstehen, so daß Sie nachher in der Lage sind, die Information an Ihre Leser weiterzugeben. Für Schwester Hilde schließlich bedeutet er die Aufgabe, Besucher von uns fernzuhalten und alle Telephonate zu übernehmen, so daß wir ungestört miteinander sprechen können. Und in einer Stunde befinde ich mich vielleicht in einer Situation, die von mir fordert, einen Patienten zu untersuchen, während für Sie der Sinn dieses künftigen Augenblicks darin bestehen mag, die Sehenswürdigkeiten Wiens zu besichtigen, und für Schwester Hilde darin, mit einem Patienten einen Behandlungstermin zu vereinbaren."

Die pragmatische Art, in der FRANKL an die Sinnfrage herangeht, war einmal Thema einer von mir in Berkeley veranstalteten Diskussion, an der kalifornische Wissenschaftler aller Fachrichtungen teilnahmen. Ein Chemiker erklärte damals, daß FRANKLs Vorgangsweise durchaus die Methode der Naturwissenschaft sei. „Er stellt die Hypothese auf, daß das Leben einen Sinn hat. Dann ermutigt er den Patienten, eine Laterne zu nehmen und in das Dunkel hinauszutreten. Der Kranke folgt dem Rat, aber alles, was er sieht, ist ein kleiner Kreis von Licht unmittelbar zu seinen Füßen. Da rät ihm FRANKL, seine Lampe höher zu halten und einige Schritte weit zu gehen – einen Schritt nach dem anderen, soweit er eben sieht. Und auf diese Weise ertastet sich der Patient nach und nach seinen Weg."

Dies ist die Aufgabe des Logotherapeuten: das allernächste Stück Weg zu erleuchten, den Sinn „aufleuchten" zu lassen. Hinter den einfachen Sinngehalten dieses einen Augenblicks aber liegen wieder größere Aufgaben. Denken wir etwa wieder an das eben erwähnte Interview, so lagen ja hinter den Forderungen, die diese Situation an die beteiligten Personen stellte, noch allgemeinere Aufgaben: FRANKLs Verantwortung gegenüber seiner Lebensarbeit war es, die Logotherapie einer größeren Zahl von Menschen zugänglich zu machen; für den Journalisten hieß es, eine Artikelserie zu schreiben; und die Krankenschwester fand ihren Sinn darin, dem Arzt FRANKL bei seiner Arbeit beizustehen. Und noch weiter draußen lagen noch umfassendere, noch universellere Aufgaben: die Nöte und Krankheiten des Menschen unserer Zeit zu lindern; ein verantwortungsbewußter Reporter zu sein; eine gewissenhafte Krankenschwester zu sein. Immer aber muß man mit dem unmittelbar nächsten Schritt beginnen: Niemand wird ein großer Arzt, ohne seine Aufmerksamkeit den Aufgaben dieses Augenblicks, dem Leiden dieses besonderen Patienten zuzuwenden.

FRANKL, ein passionierter Alpinist, der in den Felswänden des Raxgebirges ebenso zu Hause ist (zwei Klettersteige vom 4. bis 5. Schwierigkeitsgrad sind nach ihm benannt) wie in den Vortragssälen kalifornischer Universitäten, vergleicht das schrittweise Vorgehen in der Welt der Sinngehalte mit einer Grundregel der Kletterei: Auf dem schmalsten Felsband, im steilsten Kamin schere dich niemals um die Tiefe unter dir oder die Schwierigkeiten, die noch vor dir liegen – kümmere dich immer nur um den nächsten „Griff", um den nächsten „Tritt".

Schöpferische Werte

Wenn FRANKL auch darauf verzichtet, seinen Patienten einen bestimmten Lebenssinn zu „verordnen", zu „verschreiben" oder gar vorzuschreiben, so hat er doch die Summe seiner Erfahrung als Mensch und Psychiater in einer systematischen Wertlehre niedergelegt, in der er drei Möglichkeiten der persönlichen Sinnfindung unterscheidet: die Verwirklichung „schöpferischer Werte" in einem Werk, in beruflicher Arbeit, in der Hingabe an eine Sache; die Verwirklichung von „Erlebniswerten" in der Begegnung mit einem Kunstwerk, im Naturerlebnis oder in der liebenden Begegnung mit einem Menschen; und die Verwirklichung von „Einstellungswerten", die darin besteht, daß ein Mensch angesichts einer ausweglosen Situation von jener inneren Freiheit Gebrauch macht, die darin liegt, daß er immer noch seine Haltung einem unabänderlichen Schicksal gegenüber selbst bestimmen kann.

Es wird für den modernen Menschen immer schwieriger, in einer sinnvollen beruflichen Tätigkeit Erfüllung zu finden. In den meisten Berufen wird ihm nur eine weitgehend spezialisierte Arbeitsleistung abverlangt – er hat zu „funktionieren" als ein Teil einer Arbeitsmaschinerie; die Frucht seiner Arbeit ist kein vollendetes Produkt schöpferischer Tätigkeit, das er zufrieden betrachten könnte wie der Handwerker früherer Tage, sondern das Ergebnis routinierter, aller Kreativität beraubter „Beschäftigung". Und doch kann jeder Mensch an jedem Arbeitsplatz – ein Fabrikarbeiter, ein Büroangestellter, eine Verkäuferin, eine Hausfrau – in seiner Arbeit einen Sinn finden, ebensogut wie der Angehörige jener Professionen, die man gemeinhin als ganz besonders „befriedigend" ansieht – also wie der Wissenschaftler, der Arzt, der leitende Angestellte, der Lehrer oder der Künstler. Ein Patient, dem FRANKL vom Sinn seiner Arbeit gesprochen hatte, faßte seine Zweifel in folgende Worte: „Sie haben leicht reden, Herr Professor. Sie sind ein Psychiater, Sie können in Ihrer Arbeit schon einen Sinn finden. Aber was kann ich, als Tischler, in meiner Arbeit schon finden?" – FRANKL hielt ihm vor, daß ein Tischler, der seinem Beruf nach bestem Können nachkommt, in seiner Arbeit ebensoviel Sinn finden kann wie ein Arzt, der all seine Fähigkeiten in den Dienst seiner Tätigkeit stellt; und daß die Arbeit einer Hausfrau ebenso sinngebend sein kann wie die eines Künstlers. Was zählt, ist nicht die Art der Tätigkeit, sondern mit welchem Ziel, mit welchen Absichten sie ausgeführt wird. Der Künstler, der nur das Ziel vor Augen hat, möglichst viel Geld zu verdienen, und der dabei sein Talent nicht voll ausschöpft, wird in seinem Leben weniger Sinn finden als die Hausfrau, die für ihren Mann und ihre Kinder tätig ist. „Worauf es ankommt", so sagte FRANKL immer wieder, „ist nicht, wie groß der Radius unseres Pflichtenkreises ist, sondern bloß in welchem Maße wir ihn erfüllen".

Der Mensch von heute ist aber auch immer weniger darauf angewiesen, seine Erfüllung in beruflicher Tätigkeit zu finden. Die zunehmende Verkürzung der Arbeitszeit gibt ihm die Möglichkeit, jene Befriedigung, die ihm in seinem Beruf vielleicht doch versagt bleibt, in allerlei außerberuflichen Aktivitäten zu finden. Ein Mensch, dessen intellektuelle Fähigkeiten sonst unausgenützt bleiben würden, kann sich etwa in Abendkursen weiterbilden; ein anderer wird sich in seiner Freizeit künstlerisch betätigen und so weiter. Es kann allerdings geschehen, daß Freizeitbeschäftigung zum „Freizeitbetrieb" entartet, daß das existentielle Vakuum nicht ausgefüllt, sondern durch hektische Betriebsamkeit kaschiert wird.

Es mag scheinen, als läge die Lösung zu all diesen Problemen darin, daß man gegebenenfalls einen anderen Beruf ergreift. Eine solche Entscheidung schafft aber oft nur neue noogene Konflikte, und zwar nicht nur bei dem Betroffenen selbst, sondern auch bei seinen engsten Angehörigen. In den modernen Großkonzernen ist es gang und gäbe, jene Angestellten, die befördert werden sollen, tatsächlich zu „befördern" – nämlich nicht nur auf einen besser bezahlten Posten, sondern zugleich auch an einen Arbeitsplatz am anderen Ende der Vereinigten Staaten oder gar im Ausland. Der Verkaufsdirektor einer Automobilfabrik, der alle paar Jahre auf diese Weise umgesiedelt wurde, erlitt einen Nervenzusammenbruch, dessen noogener Ursprung leicht zu erkennen war: in einem immer wiederkehrenden Traum sah er sich selbst als einen Wagen, der jedes Jahr gegen ein neues Modell eingetauscht wurde. Ein anderer Fall: Die Frau eines Ingenieurs wurde von einer Depression befallen, als ihr Mann in seiner Firma avancierte und zugleich in eine Zweigstelle in einem kleinen Städtchen versetzt wurde, wo die Frau niemanden kannte – und gerade zu einer Zeit, da auch ihre Kinder das Haus verließen, um zu heiraten und zu studieren. Oder: Die siebenjährige

Tochter eines leitenden Angestellten einer Erdölfirma begann zu stottern, nachdem ihr Vater innerhalb von zwei Jahren dreimal in eine neue Stadt versetzt worden war. Solche Fälle von „berufsbedingten" noogenen Konflikten lassen sich aber nicht nur auf der Ebene des höheren Angestellten nachweisen; auch der einfachste Beruf kann zu einem Konflikt zwischen materiellen und menschlichen Werten führen. Wie oft geschieht es, daß jemand einen Beruf ergreift, der ihn befriedigt, solange er jung ist, der ihn aber später nicht mehr auszufüllen vermag. Und dann muß er sich entscheiden, ob er den Kreis seiner Tätigkeit ausfüllen oder in einen neuen Beruf hinüberwechseln soll, der seinen Fähigkeiten und Interessen besser angepaßt ist. Ein 35jähriger frischgebackener Lehrer sagte mir einmal: „Wie ich jenen 18jährigen Knaben hasse, der entschied, daß ich Werkzeugmacher werden sollte! Nicht daß es mir mißglückt wäre – ich war der beste Werkzeugmacher, den man sich denken kann, und wenn ich geheiratet und Kinder gehabt hätte, dann wäre ich meiner Familie zuliebe wahrscheinlich auch bei diesem Handwerk geblieben. Aber ich fühlte, daß ich eher zum Lehrer geschaffen war, und so hängte ich meinen Beruf an den Nagel und ging wieder zur Schule." Ein Biochemiker, 42 Jahre alt, verheiratet und Vater dreier Kinder, gab die Sicherheit einer Universitätsprofessur auf und wurde Priester – später setzte er es durch, daß man ihm eine Pfarre in einem Slumgebiet zuteilte. Ein Komponist, der in Hollywood monatlich 4000 Dollar verdient hatte, lebt nun mit seiner Frau und vier Kindern in einem kleinen Städtchen an der Pazifikküste, schreibt und komponiert Lieder über jene Probleme, die die Menschen in Amerika bewegen, wie Bürgerrecht und Vietnamkrieg; und verzichtet sogar darauf, diese Kompositionen zu Geld zu machen. „Wer meine Lieder hören will", so meint er, „der muß mich eben in sein Haus oder in seine Kirche einladen." – All diese Beispiele aus dem Amerika unserer Tage untermauern FRANKLs Ansicht, daß der Mensch zwar nicht den Sinn seines Lebens, wohl aber jene Aufgaben wählen kann, in deren Erfüllung er seinen Lebenssinn findet.

Erlebniswerte

Wenn ich mir gerade eine besonders gute Aufführung meiner Lieblingssymphonie anhöre, und es kommt jemand und fragt mich, ob mein Leben einen Sinn hat – kann es da über die Antwort einen Zweifel geben? – Dies ist, um bei FRANKLs systematischer Wertlehre zu bleiben, die zweite Möglichkeit, im Leben einen Sinn zu finden: das Erlebnis des Schönen, der Wahrheit oder der Liebe. Frankl entsinnt sich noch des tiefen geistigen Glücksgefühls, das ihn überkam, als er im Alter von 16 Jahren Freuds „Jenseits des Lustprinzips" las. Maslow würde von einem „peak experience" sprechen, von einem Gipfelerlebnis. Jedenfalls handelte es sich um das Erlebnis einer Begegnung mit der Wahrheit. Daß die Begegnung mit dem Schönen das Leben ebenfalls mit Sinn erfüllen kann, erfuhr Frankl wieder, als ihn einmal sogar im Konzentrationslager der Anblick eines Sonnenunterganges (durch den Stacheldraht hindurch!) so sehr überwältigte, daß er ihm über eine verzweifelte Stimmung hinwegzuhelfen vermochte. Das höchste Sinnerlebnis für den Menschen aber ist die Liebe, und lieben heißt das Wesen eines anderen Menschen, in dessen ganzer Einmaligkeit und Einzigartigkeit, zutiefst erfassen. Lieben bedeutet, auf einen ganz bestimmten unter all den drei Milliarden Menschen zugehen und sagen, „du und niemand sonst". Ich würde meinen, Liebe ist angewandte Logotherapie: der Liebende sieht in dem „Du" nicht nur die gegenwärtige Person des Geliebten, sondern auch die unendliche Vielfalt von Möglichkeiten, die dem geliebten Menschen in jedem Augenblick offenstehen. „Lieben heißt du sagen können zu jemandem", so drückt Frankl es aus, „aber auch ein anderes: ja sagen können zu ihm; also nicht nur einen Menschen in seinem Wesen erfassen, sondern ihn auch in seinem Wert bejahen. Das heißt, sehen nicht nur, wie er wirklich ist, sondern auch, was alles er werden kann. Liebe verhilft dem geliebten Menschen zur Verwirklichung dessen, was der Liebende vorwegnehmend schaut."

Als Beispiel hierfür mag eine Episode aus meinem eigenen Leben dienen: 1938 kam ich mit einem Flüchtlingsschiff in New York an, ohne einen Pfennig in der Tasche, ein Arbeitsloser in der Spätzeit der Weltwirtschaftskrise, ein Rechtsanwalt mit einer profunden Kenntnis von Gesetzen, die nicht einmal mehr in meinem eigenen Land Geltung besaßen, ein Schriftsteller ohne Sprache. Da traf ich eine Frau, die sich nicht darum kümmerte, was ich hatte oder nicht hatte, die nur das sah, was ich war – was ich werden konnte, wenn jemand an mich glaubte. Und all das sagte sie mir nicht in Worten, sondern mit der Tat: sie wurde meine Frau.

Einstellungswerte

Es ist nicht schwer einzusehen, daß schöpferische Tätigkeit oder ein tiefes Erlebnis dem Leben einen Sinn verleihen kann. Auf den ersten Blick nicht ganz so selbstverständlich erscheint FRANKLS Ansicht, daß der Mensch darüber hinaus auch noch auf eine andere Weise Sinn finden kann: in seiner Einstellung gegenüber einem unabänderlichen Schicksal. Natürlich bedeutet das nicht, daß man nun hingehen und nach Leid suchen soll; das wäre nichts als sinnloser Masochismus. Begegnet ein Mensch aber der von FRANKL so genannten „tragischen Trias" – unabänderlichem Leid, untilgbarer Schuld und Tod –, dann hat er immer noch die Möglichkeit, durch die Haltung, mit der er sein Schicksal trägt, „das Leid in eine Leistung auf menschlicher Ebene zu verwandeln", um mit FRANKL zu sprechen, „und Zeugnis abzulegen, wessen der Mensch auch noch im Scheitern fähig ist".

Die Haltung, mit der ein JESUS, mit der ein SOKRATES in den Tod ging, blieb für die Menschheit durch die Jahrtausende eine Inspiration – und eine Demonstration dessen, wessen ein Mensch um der Liebe oder um der Wahrheit willen fähig ist. Daß auch der „Mann auf der Straße" zum Helden werden kann, wenn er nur ein Ziel vor Augen hat, das zeigen Beispiele aus der jüngeren und jüngsten Geschichte – die zähe Kameradschaft der Londoner während des Luftkrieges, der heitere Mut der Berliner während der Blockade von 1948/49, der disziplinierte Widerstand der tschechoslowakischen Bevölkerung nach der Besetzung durch „befreundete" Truppen. All diese Menschen sahen einen Sinn in ihrem Leiden, und sie waren sich bewußt, daß sie durch ihr Handeln der übrigen Welt ein Beispiel gaben.

Keine Geburt ist ohne Geburtswehen – im wörtlichen wie im übertragenen Sinn. Die Geschichte menschlichen Schöpfertums erzählt uns von diesem Schmerz – von MICHELANGELOS „Agonie und Ekstase" bis zu HÄNDELS völliger körperlicher Erschöpfung nach der Fertigstellung seines „Messias". Und es fragt sich, ob die Augenblicke höchsten Glücklichseins in einer Liebesbeziehung möglich wären ohne die „Geburtswehen" des Zweifels und des Streites. Und doch würde kein Künstler nur deshalb auf das Kunstwerk, kein Liebender auf seine Liebe verzichten, weil er mit Schmerzen dafür bezahlen mußte. Und ebensowenig würde eine Mutter darauf verzichten, ihr Kind zu gebären, weil sie dafür jenen uralten Schmerz erleiden muß. Ganz im Gegenteil: Sie nimmt freudig alle Schmerzen auf sich, um ein Kind zu haben. Doch denken wir nun an das Leid jener Mutter, die sich damit abfinden muß, daß ihr Neugeborenes unheilbar schwachsinnig sein wird. Ein unabänderliches Schicksal und eine fast übermenschliche Prüfung – und doch: wie viele Frauen haben in dieser Lage gezeigt, daß man „Leiden in eine Leistung verwandeln" kann, indem sie ihre ganze Liebe diesem Kind zuwandten und damit ein Beispiel gaben für alle Eltern, die sich einem ähnlichen Schicksal gegenübersehen. Es ist nicht die Last, die uns erdrückt – diese Lehre können wir aus der Logotherapie ziehen –, sondern die Art, in der wir sie tragen.

„Leiden in eine Leistung verwandeln", ein Beispiel geben, sich für andere aufopfern – das sind nicht bloß fromme Ratschläge einer mißverstandenen Morallehre, sondern wichtige Hilfsmittel einer wohlverstandenen Psychotherapie. Der Erfolg der „alcoholics anonymous", einer amerikanischen Vereinigung von Alkoholsüchtigen, die sich dazu verpflichten, einander in der Beherrschung ihrer Sucht beizustehen, gründet sich auf dem Gedanken, daß das Beispiel eines Alkoholikers, der seine Sucht zu beherrschen weiß, anderen Menschen, die sich in der gleichen Lage befinden, Kraft verleihen kann. Und wie oft haben Eltern, die den Tod ihres Kindes betrauerten, darin Trost gefunden, daß sie beispielsweise ein Stipendium stifteten, das es anderen jungen Leuten ermöglicht, jene Bildung zu erwerben, die ihrem eigenen Kind vorenthalten blieb. Ein großartiges Beispiel für diese Geisteshaltung war die Stiftung der Stanford University durch einen trauernden Vater, der dem frühen Tod seines Sohnes dadurch einen Sinn zu geben vermochte, daß er die Voraussetzung für die Erziehung ganzer Studentengenerationen schuf.

Menschliches Leid in der Sicht der Logotherapie

„Es gibt keine Lage, die man nicht veredeln könnte entweder durch Leisten oder Dulden" – mit diesem Wort hat GOETHE eine Grundidee der Logotherapie vorweggenommen. Die Logotherapie kann unabänderliches Leid nicht verhindern, wohl aber kann sie einen Menschen vor Verzweiflung bewahren: FRANKL definiert die Verzweiflung ja geradezu als ein Leid, in dem der Leidende keinen Sinn sehen kann. Wenn das Leid an sich auch keinen Sinn haben kann, so steht es einem Menschen doch frei, eine sinnvolle Haltung gegenüber sonst sinnlosen Ereignissen einzunehmen.

Denn Sinn seines Leidens kann der Leidende aber immer nur im

Koordinatensystem seiner eigenen Begriffswelt, nicht aber in den Ansichten seines Ratgebers oder seines Arztes finden. Dem irreligiösen Menschen hilft vielleicht die Überzeugung, daß er für ein Kind, einen Freund, für sein Land, für eine wissenschaftliche Entdeckung oder zur Ermutigung anderer Menschen leidet. Aber auch dem religiösen Menschen stehen hier viele Wege offen, und es wäre allzu einfach zu sagen, daß er den Sinn seines Leidens in Gott finde. Auch hier muß der Arzt dem Patienten die Möglichkeit lassen, diesen Sinn im Rahmen seiner eigenen Anschauungen zu finden. Als Beispiel hierfür zitiert FRANKL den Fall eines orthodoxen Rabbis, der seine Frau und seine sechs Kinder im Konzentrationslager Auschwitz verloren hatte. Er hatte wieder geheiratet und war nun zutiefst verzweifelt, weil seine zweite Frau unfruchtbar war und er also keinen Sohn haben würde, der nach seinem Tod die vorgeschriebenen Gebete sagen würde. FRANKL versuchte ihn zu trösten, indem er auf seine religiösen Überzeugungen einging und ihn fragte, ob er nicht seine Kinder im Himmel wiederzusehen hoffte. Daraufhin brach der Patient in Tränen aus, und nun kam der eigentliche Grund für seine Verzweiflung zum Vorschein: seine Kinder waren als unschuldige Märtyrer zum Ruhme Gottes gestorben und würden daher im Himmel den höchsten Platz einnehmen. Der Patient dagegen, als sündiger alter Mann, konnte nicht erwarten, daß er dereinst einer solchen Erhöhung für würdig befunden werde. Da hielt ihm FRANKL vor Augen, daß vielleicht gerade dies der Sinn seines Überlebens gewesen sein mochte: daß er damit die Möglichkeit erhalten habe, sich durch die Jahre der Trauer und des Leids von seinen Sünden zu reinigen, so daß auch er, obgleich nicht so unschuldig wie seine Kinder, vielleicht einmal würdig sein werde, sie im Himmel wiederzusehen. Stand nicht in den Psalmen geschrieben, daß Gott all unsere Tränen aufbewahrt? – Zum erstenmal sah nun der Rabbi die Möglichkeit eines Sinnes hinter all seinem Leid, und zwar in seinen eigenen religiösen Begriffen. Und er verließ FRANKLs Sprechzimmer mit der neu gewonnenen Hoffnung, daß sein Leid vielleicht doch nicht umsonst gewesen war.

Wie der Logotherapeut sich gegenüber dem Problem des unabänderlichen menschlichen Leides verhält, wird auch durch den Fall der Schwester MICHAELA aus dem strengen Orden der Karmeliterinnen illustriert. Sie litt unter schweren Depressionen und hatte sogar schon an Selbstmord gedacht. Besonders stark waren ihre Schuldgefühle, weil sie meinte, daß ihr Glaube stark genug sein sollte, um ihre Krankheit zu überwinden. FRANKL erkannte ihr Krankheitsbild als das einer „endogenen", d.h. einer letzten Endes organisch bedingten Depression. Dementsprechend verschrieb er ihr jene Drogen, die die moderne Pharmakopsychiatrie für solche Fälle bereithält. Im Gespräch mit der Patientin betonte er aber auch, daß ihre Krankheit eben organischen Ursprungs sei; die Tatsache, daß sie unter einer solchen Depression litt, so betonte er, bedeute also keineswegs, daß sie in irgendeiner Weise versagt hätte. Wohl aber könnte es eine Leistung bedeuten, wenn sie ihre Krankheit in der richtigen Weise ertrug.

Nach wenigen therapeutischen Sitzungen erfolgte ein Umschwung. Sie sagte, „ich bin dankbar und mit mir im reinen. Ich habe dieses Kreuz auf mich genommen." Später zeigte sie FRANKL eine Eintragung in ihrem Tagebuch, die er als ein *document humain* – und als ein Zeugnis für die von ihm gelehrte „Trotzmacht des Geistes" in Ehren hält. Die Stelle aus diesem Tagebuch sei hier auszugsweise wiedergegeben:

„Die Traurigkeit ist mein ständiger Begleiter. Was immer ich auch tue, sie lastet wie ein Bleigewicht auf meiner Seele. Wo sind meine Ideale, all das Große, Schöne, all das Gute, dem einst mein Streben galt? Nur gähnende Langeweile hält mein Herz gefangen. Ich lebe wie hineingeworfen in ein Vakuum. Denn es gibt Zeiten, da selbst der Schmerz sich mir versagt. In dieser Qual ruf' ich zu Gott, dem Vater aller. Doch auch er schweigt. So möchte ich eigentlich nur noch eines: sterben – heute noch, wenn möglich gleich. Wenn ich nicht das gläubige Bewußtsein hätte, daß ich nicht Herr über mein Leben bin – ich hätte es wohl schon oftmals fortgeworfen. In diesem Glauben beginnt die ganze Bitterkeit des Leidens sich zu wandeln. Denn wer da meint, ein Menschenleben müsse ein Schreiten von Erfolg zu Erfolg sein, der gleicht wohl einem Toren, der kopfschüttelnd an einer Baustelle steht und sich wundert, daß da in die Tiefe gegraben wird, da doch ein Dom entstehen soll. Gott baut sich einen Tempel aus jeder Menschenseele. Bei mir ist Er gerade daran, die Fundamente auszuheben. Meine Aufgabe ist es nur, mich willig Seinen Spatenstichen hinzuhalten."

Wenn FRANKL die Sinnmöglichkeit des Leidens betont, so trifft er damit in Amerika auf den Widerstand einer Gesellschaft, die so erfolg- und glückorientiert ist, daß die Menschen dazu neigen, ihr Leid zu verbergen, als ob es etwas Beschämendes wäre. In einem Land, in dem jedermann die Frage „Wie geht es Ihnen?" automatisch und gedankenlos mit einem Lächeln und einem „Danke, gut!" beantwortet, hat man einen schweren Stand, wenn man behauptet, daß Leid zu einer Leistung werden kann. Als FRANKL zum ersten Mal in Amerika vor einem wissenschaftlichen Auditorium einen Vortrag hielt, sprach er auch von dem Sinn, den Menschen darin finden können, daß sie Leid und Tod mutig und mit Würde auf sich nehmen, und er fühlte, daß seine Zuhörer diese Vorstellung nicht akzeptierten. Nach dem Vortrag sagte einer der führenden Psychiater, der Präsident der „Gesellschaft zur Förderung der Psychoanalyse", zu ihm: „Professor FRANKL, seien Sie nicht überrascht, wenn diese Leute gegen Sie sind – sie beneiden Sie, weil Sie gelitten haben, sie selbst aber nicht." Und das gleiche sagte ihm auch jemand nach einem Vortrag, den er an der Harvard-Universität gehalten hatte.

Inzwischen hat bereits eine Reihe von amerikanischen Psychiatern FRANKLS Auffassung von der Unausweichlichkeit des Leidens, gleichzeitig aber auch von der im Leiden gelegenen Sinnmöglichkeit, von der „Sinnträchtigkeit" (PAUL POLAK) des Leidens, akzeptiert. EDITH WEISSKOPF-JOELSON von der University of Georgia hat darauf hingewiesen, daß FRANKLS Wertsystem „mithelfen könnte, um gewissen Tendenzen in unserer modernen Gesellschaft entgegenzuwirken, die es dem unheilbar Kranken fast unmöglich machen, sein unabänderliches Leiden eher als adelnd denn als erniedrigend zu empfinden" („Logotherapy and Existential Analysis", Acta Psychotherapeutica 6, 1958, 193–204).

Der Sinn des Leidens kann vielleicht nicht allein vom Verstand her begriffen werden; er muß erlebt werden. Gerne zitiert FRANKL ein Wort von JEHUDA BAKON, der als Kind das Todeslager Auschwitz überlebte und nun als Künstler in Israel lebt. Nach seiner Befreiung aus dem Lager hatte er seine Aufgabe darin gesehen, allen Menschen zu erzählen, was geschehen war, damit es niemals wieder geschehen könne; so wollte er seinen Beitrag zur Verbesserung der Welt leisten. Bald aber mußte er erkennen, daß die Menschen gar nichts von dem hören wollten, was er zu erzählen hatte. Er begriff, daß sein Leid, zumindest was die Verbesserung des Menschengeschlechts betraf, umsonst gewesen war. Und doch konnte er einen Sinn darin finden. „Leiden kann einen Sinn haben", so schrieb er einmal, „wenn du selbst dadurch besser wirst."

Der „Über-Sinn"

FRANKL lehrt also, daß die Einstellungen des Menschen, noch mehr als seine Handlungen und Erlebnisse, ihm die Möglichkeit geben, den tiefsten Sinn des Lebens zu finden. Wenn es auch möglich ist, durch schöpferisches Handeln und durch persönliches Erleben Sinn zu finden, so ist es doch unsere Haltung gegenüber einem unabänderlichen Leid, die es uns erlaubt, unseren Glauben an einen letzten Sinn oder, um mit FRANKL zu sprechen, an einen „Über-Sinn"[1] zum Ausdruck zu bringen, an einen Sinn auf höchster Ebene. Wahrscheinlich kann uns nur solch ein Glaube, selbst wenn er unbewußt bleibt, dazu befähigen, „Leiden in eine Leistung zu verwandeln". Vielen Menschen glückt es, in ihrer Arbeit erfolgreich zu sein oder in der Liebe Erfüllung zu finden, aber es ist schon eine besondere Leistung, angesichts eines Leides einen Sinn zu sehen; wahrscheinlich ist ein Mensch aber nur dann dieser Leistung fähig, wenn er fest an die Existenz eines letzten Sinnes glaubt, auch dann, wenn scheinbar alles dagegen spricht. In unserem Leid sind wir aller Äußerlichkeiten entkleidet, wir kümmern uns nicht mehr darum, welchen Eindruck wir auf andere Menschen machen, wir befassen uns nicht mehr mit Kompromissen oder mit Plänen für die Zukunft. Die leidvolle Erfahrung führt uns zu den Wurzeln unseres Lebens zurück und kann zu einem Wendepunkt werden, an dem wir uns gegen alles Oberflächliche entscheiden und dem Wesentlichen zuwenden. Nur angesichts einer tragischen Situation erweist es sich, ob die Sinngehalte, denen wir uns unser Leben lang gewidmet haben, Gültigkeit besitzen.

Daß er von einem letzten, höchsten Sinn spricht, hat FRANKL von der agnostisch eingestellten Wissenschaft den Vorwurf eingetragen, er schwindle die Religion durch die Hintertür wieder herein. Wenn wir unter Religion den Glauben an einen letzten Sinn, in einer höheren, der Erfahrung des Menschen nicht zugänglichen Dimension verstehen, dann besteht der Vorwurf zu Recht. Aber die Ansicht, daß es mehr in der Welt gibt als den Menschen und seine Dimension, wurde nicht nur von den großen Männern der Religion, sondern auch von atheistischen Philosophen vertreten. Die Überzeugung, daß es etwas geben müsse, das bloß menschliche Existenz wesentlich transzendiert, ist auf viele Arten ausgedrückt worden, von NIETZSCHES Wort, der Mensch müsse sich selbst überwinden und zum

---

[1] FRANKL hat mehr als einmal betont, daß dieser Begriff eines „Über-Sinnes" mit sogenannten „übersinnlichen" Erscheinungen natürlich nicht das geringste zu tun hat. Im Englischen bestehen ja derartige Möglichkeiten eines Mißverständnisses gar nicht, da ein Ausdruck wie „ultimate meaning" oder das von FRANKL selbst geprägte Wort „supra-meaning" von vornherein nicht zu einer Verwechslung mit „extrasensory phenomena" Anlaß gibt. (Anmerkung des Übersetzers.)

Übermenschen werden, bis zu TILLICHS und BARTHS Feststellung, daß der Mensch niemals der ontologische „Grund" seiner eigenen Existenz sein kann. Wenn FRANKL „das Phänomen der Gläubigkeit nicht als ein Glauben an Gott, sondern als den umfassenderen Sinnglauben auffaßt", dann ist es durchaus legitim, wenn er sich mit dem Phänomen des Glaubens befaßt und beschäftigt. Er hält es dann eben mit ALBERT EINSTEIN, nach dem die Frage nach dem Sinn des Lebens stellen religiös sein heißt.

Beobachtungen brachten FRANKL zu der Überzeugung, das menschliche Sein sei „immer schon ein Sein auf den Sinn hin, mag es ihn auch noch so wenig kennen: Es ist da so etwas wie ein Vorwissen um den Sinn; und eine Ahnung vom Sinn liegt auch dem in der Logotherapie so genannten Willen zum Sinn zugrunde. Ob er es will oder nicht, ob er es wahrhat oder nicht – der Mensch glaubt an einen Sinn, solange er atmet. Noch der Selbstmörder glaubt an einen Sinn, wenn auch nicht des Lebens, des Weiterlebens, so doch des Sterbens. Glaubte er wirklich an keinen Sinn mehr – er könnte eigentlich keinen Finger rühren und schon darum nicht zum Selbstmord schreiten." („Logotherapie und Religion", in: „Psychotherapie und religiöse Erfahrung", herausgegeben von WILHELM BITTER, Stuttgart 1965.)

FRANKL stellte auch fest (und seine Befunde wurden von WALTER RITTER VON BAEYER, dem Direktor der Psychiatrischen Klinik der Universität Heidelberg, vollauf bestätigt), daß Atheisten, die nur mehr Stunden oder Tage zu leben hatten, eine seltsame Ruhe und Sicherheit ausstrahlten, die sich nicht aus ihren atheistischen Ansichten erklären ließ, sondern nur durch einen Glauben an einen letzten Sinn – einen Glauben, der auch die Rationalisierungen in den Begriffen ihres Atheismus überstieg.

FRANKLS „Übersinn" ist ein Axiom, das nicht bewiesen werden kann. Es ist der Glaube an eine geordnete Welt, dem offenkundigen Faktum zum Trotz, daß das Leben des Menschen irrational und voll von Kapriolen des Zufalls ist. ALBERT EINSTEIN kleidete seinen Glauben an diesen höchsten Sinn in die Worte, er könne sich nicht vorstellen, daß Gott mit dem Universum Würfel spiele.

Sinn wird gefunden, nicht erfunden

Wenden wir uns nun vom letzten, höchsten Sinn ab und dem konkreten Sinn zu, wie er jeder einzelnen Lebenssituation eignet, dann stoßen wir auf die Feststellung FRANKLS, daß Sinngehalte immer nur gefunden, nicht aber erfunden werden können – und zwar müssen sie jeweils von uns selbst gefunden werden. Andere Menschen können uns zwar ein Beispiel geben, können uns in unserer Suche ermutigen, aber sie können uns den Sinn nicht „geben". Weder Eltern noch Lehrer, noch Freunde können das; kein Vorgesetzter kann uns einen Sinn vorschreiben, kein Arzt kann ihn uns verschreiben. Und niemand kann sich aus eigener Willkür einen Sinn geben. Es genügt eben nicht, daß ich eines Tages erkläre: „Schluß mit diesem sinnlosen Leben! Von nun an will ich Sinn haben!" – Nach FRANKLS Ansicht können wir in dieser allgemeinen Weise ebensowenig einen Sinn „wollen", wie wir etwa Glaube oder Liebe „wollen" können. So wie diese, muß auch der Sinn als eine Antwort auf etwas oder jemanden außerhalb unser selbst zustande kommen. Er muß als Antwort auf den „Forderungscharakter" erfolgen, der jeder Situation zugrunde liegt und den schon MAX WERTHEIMER, einer der Begründer der Gestaltpsychologie, betont hat. An uns liegt es nur, offen zu sein für diesen Sinn, die bewußte Anstrengung zu machen, alle möglichen Sinngehalte einer bestimmten Situation zu erkennen und dann jenen auszuwählen, den wir, soweit unser begrenztes Wissen eben reicht, als den wahren Sinn dieser besonderen Situation ansehen.

Hier, so scheint es, gerät FRANKL in ein Dilemma. Einerseits vertritt er die Auffassung, daß der Sinn etwas in höchstem Maße Subjektives sei – jedem Menschen obliegt es selbst, den für ihn, und nur für ihn, richtigen Sinn in jeder einzelnen Situation seines Lebens herauszufinden; und das, was er findet, betrifft nur ihn und niemanden sonst. Andererseits aber betrachtet FRANKL den Sinn auch als etwas Objektives, als etwas, das der Situation „da draußen" innewohnt, als etwas, das nicht in uns selbst liegt, das zu erreichen vielmehr ein Über-uns-Hinausgreifen erfordert. Es handelt sich hier natürlich um ein rein intellektuelles Problem, und niemand, der jemals ein tiefes religiöses Erlebnis gehabt hat oder ein sinnerfülltes Leben führt, wird sich davon beunruhigen lassen. FRANKL aber hat (ebenso wie andere Psychologen, z. B. RUDOLF ALLERS oder MAX WERTHEIMER) versucht, eine Antwort darauf zu finden:

FRANKL unterscheidet genau zwischen Subjektivität und Relativität und meint in bezug auf den Sinn, daß er wohl relativ sei – schließlich betont er ja, daß sich Sinn immer auf eine konkrete Person und ihre jeweilige Situation bezieht. Andererseits jedoch wird er nicht müde, nachdrücklich darauf hinzuweisen, daß auch dieser durchaus relative Sinn etwas Objektives darstellt, insofern nämlich, als er nicht aus rein subjektiven Motiven heraus, mehr oder minder willkürlich, einer Situation einfach zugeschrieben wird, sondern eben wirklich in der Situation „drinsteckt". Für FRANKL birgt jede Situation eine ganz einmalige, einzigartige Sinnmöglichkeit in sich, und es ist Aufgabe dessen, der mit ihr jeweils konfrontiert ist, diese gleichsam schlummernde Sinn-„Gestalt" zu erfassen – und hinzugehen und sie zu verwirklichen.

Im Theater verwendet man oft zur Erzielung eines besonderen Effekts einen dünnen Schirm aus Gaze, der nach Art eines Vorhangs die Bühne in halber Tiefe überspannt. Projiziert man eine Landschaft oder ein Interieur auf diese Wand, so kann sie als Hintergrund für die vor ihr gespielten Szenen dienen. Sobald man aber den hinter dem Gazeschirm befindlichen Bühnenteil erhellt, wird der Schirm durchsichtig, ja sogar unsichtbar. Ich glaube, man kann das, was wir die Wirklichkeit nennen, mit einem solchen Gazeschirm vergleichen: sie ist, was den Sinn anlangt, völlig leer und neutral. Und wir können nun unseren subjektiven, selbstfabrizierten Sinn darauf projizieren und dann glauben, daß dies ein wahres Abbild der Welt sei; wir können aber auch jenes Licht einschalten, das uns durch den Schirm hindurchsehen und die Wirklichkeit und ihre echten Sinngehalte erkennen läßt.

Der erste Standpunkt entspricht dem des französischen Existentialismus, wie er etwa von CAMUS und SARTRE vertreten wird: der Mensch sei imstande, den Sinn aus sich heraus zu erschaffen und auf den leeren Schirm, das Dasein, zu „projizieren". Sie kommen zu Feststellungen wie „der Mensch erfindet sich selbst" oder „der Mensch projiziert seine Werte". Solche Ansichten stehen aber in deutlichem Widerspruch zu dem, was FRANKL über die Objektivität von Sinn und Werten zu sagen hat. Wenn dem so wäre, so betont er, würden alle Ideale und Wertvorstellungen, zu deren Erfüllung wir uns aufgerufen glauben, notwendigerweise ihren „Forderungscharakter" verlieren: wenn Ideale und Werte nichts anderes wären als die Projektionen des Menschen auf die leere Wand des Daseins, dann könnte es niemals eine sinnvolle Lebensaufgabe sein, ihnen zu folgen; und wenn die Wirklichkeit wirklich nichts anderes wäre als die Wunschvorstellungen des Menschen, projiziert auf einen leeren Schirm, dann wäre ja das ganze Leben, wie FRANKL sagt, nichts als ein einziger großer Rorschachtest, in dem jeder Mensch dieselben Tintenkleckse auf seine besondere Weise interpretiert. „Einer Rorschach-Tafel wird ein Sinn gegeben – eine Sinngebung, auf Grund deren Subjektivität sich das Subjekt des (projektiven) Rorschach-Tests entlarvt; aber im Leben geht es nicht um Sinngebung, sondern um Sinnfindung. Das Leben ist kein Rorschach-Test, sondern ein Vexierbild." (VIKTOR E. FRANKL, Psychotherapie für den Laien.)

Der Sinn wäre sonst nichts als ein Mittel des Sich-selbst-zum-Ausdruck-Bringens. Dem widerspricht aber doch die Erfahrung: wer von uns würde ein Werterlebnis oder die Erkenntnis einer Sinnmöglichkeit mit den Worten beschreiben, „die Widerspiegelung der momentanen Gegebenheiten meines Innenlebens besteht in diesem oder jenem"? Nach FRANKLs Ansicht erlebt der Mensch Sinngehalte und Werte als etwas, das ihn „in sinnvollen Anspruch nimmt", als „das Angefordert-Sein von einem Daseinssinn her" (Die Psychotherapie in der Praxis, 2. Auflage, Wien 1961, Seite XIV), und nicht als etwas, das er selbst hervorbringt. Auch FRANKL spielt auf den indischen Seiltrick an, indem er die Existentialisten mit Gauklern vergleicht, da sie uns einreden wollen, der Mensch könne seine eigenen Vorstellungen in das „Nichts" hinein projizieren, er könne das Seil gleichsam ins Leere werfen und dann daran hinaufklettern. „Beim Sinn und bei den Werten jedoch handelt es sich um etwas, das mich an-geht, das an mich herantritt, und zwar von der Welt her an mich herangetragen wird, und nicht etwa bloßer Ausdruck meiner selbst ist oder wieder nur Projektion meiner eigenen Triebe und Bedürfnisse: auf diese Art und Weise aber wird der Sinn und werden die Werte seitens des Existentialismus verstanden und gedeutet, wenn er etwa die Welt in bloße Weltentwürfe auflöst und aufgehen läßt, so daß vom existentialistischen Schlagwort In-der-Welt-Sein nicht viel mehr übrigbleibt als ein solipsistisches Sein, während die korrelative Welt vor lauter Entwürfen nicht mehr gesehen wird." (VIKTOR E. FRANKL, Die Psychotherapie in der Praxis.)

Die Frage nach der objektiven Realität

Wir wissen nun, daß der Mensch die Fähigkeit besitzt, über seine subjektive Perspektive hinauszusehen und die objektive Wirklichkeit dahinter wahrzunehmen. Der Mensch erblickt die Welt nicht durch ein Kaleidoskop, sondern durch ein Teleskop: „Durch ein Kaleidoskop hindurch wird wieder nur es selbst sichtbar – im Gegensatz zu einem Fernglas, durch das hindurch ja je nachdem Theaterstücke oder Sterne betrachtet werden können. Nach dem Modell des Kaleidoskops nun versteht und deutet der Existentialismus menschliches Erkennen insofern, als der Mensch dasteht als einer, der jeweils eine, jeweils seine Welt nur entwirft, das heißt als einer, der in all seinen Weltentwürfen wieder nur sich selbst ausdrückt, so daß ihm durch die jeweils entworfene Welt hindurch wieder nur er selbst, der Entwerfende, sichtbar wird. Genauso wie im Kaleidoskop, je nachdem, wie die bunten Steine geworfen werden, so oder so ein Muster sichtbar wird – so entspricht nach dem Existentialismus der Geworfenheit des Seins die Entworfenheit der Welt. Unserer Meinung nach ist jedoch der Weltentwurf in Wirklichkeit nicht der subjektive Entwurf einer subjektiven Welt, sondern zwar ein subjektiver Ausschnitt, aber der Ausschnitt einer objektiven Welt. Mit anderen Worten: diese Welt ist wesentlich mehr als bloßer Ausdruck meines Seins." (VIKTOR E. FRANKL, Die Psychotherapie in der Praxis.)

In einer seiner Vorlesungen an der Harvard-Universität im Jahre 1961 deutete FRANKL auf das Fenster des Hörsaals, durch das man die nebenan gelegene Harvard Chapel sehen konnte, und sagte: „Diese Kirche da draußen zeigt sich jedem von Ihnen in einer anderen Perspektive, je nachdem wo Sie sitzen. Wenn zwei von Ihnen behaupten wollten, daß sie die Kapelle ganz genau gleich sehen, dann müßte ich Ihnen sagen, daß einer von Ihnen phantasiert. Und dennoch, trotz dieser von Mensch zu Mensch verschiedenen und höchst subjektiven Perspektive wird niemand leugnen, daß die Harvard Chapel da draußen ein und dieselbe objektive Realität darstellt. Das ist ja gerade die Bedeutung des Wortes Perspektive – perspicere bedeutet hindurchschauen."

Und was für die Harvard Chapel gilt, ist auch für die einzelnen Situationen unseres Lebens richtig. Verschiedene Menschen interpretieren den in einer Situation liegenden Sinn auf verschiedene Weise. Während aber keine der verschiedenen Ansichten des Kirchturms von Harvard „richtiger" war als die andere, können die verschiedenen Interpretationen des in einer Situation liegenden Sinngehaltes sehr wohl von unterschiedlicher Validität sein. FRANKL vergleicht die Aufgabe, die richtige unter allen Sinnmöglichkeiten herauszuspüren, mit der Aufgabe eines Quizkandidaten. Auf eine gegebene Frage gibt es mehrere mögliche Antworten, aber nur eine davon ist richtig; und so sind auch verschiedene Interpretationen einer Situation möglich, aber nur eine davon ist die richtige.

Um diesen Punkt zu illustrieren, schildert FRANKL in einem seiner Artikel („What Is Meant by Meaning", Journal of Existentialism, Winter 1966) die folgende Episode: Bei einer der üblichen Fragestunden im Anschluß an einen Vortrag half ihm der Diskussionsleiter dabei, die eingesammelten Fragezettel zu ordnen. Dabei legte er einen der Zettel als „offensichtlichen Blödsinn" beiseite. Auf FRANKLs Frage las er ihm den Text vor: „Doctor FRANKL, how do you define 600 in your theory?" (Wie definieren Sie 600 in Ihrer Theorie?) Als FRANKL den Zettel dann selbst in Augenschein nahm, stellte er fest, daß der in Blockbuchstaben geschriebene Text lautete: „HOW DO YOU DEFINE GOD IN YOUR THEORY?" (Wie definieren Sie Gott in Ihrer Theorie?) Man konnte also eine bestimmte Stelle in diesem Text auf zwei verschiedene Arten lesen – es handelte sich gewissermaßen um einen unbeabsichtigten projektiven Test, dessen Ausgang, wie FRANKL spöttisch räsonierte, um so bemerkenswerter war, als der Diskussionsleiter, ein Theologe, „600" gelesen hatte, während der Neurologe FRANKL dasselbe Wort als „GOD" interpretiert hatte. Natürlich war aber nur eine der beiden Interpretationen richtig, denn der Fragesteller hatte ja einzig und allein „Gott" gemeint, und richtig verstanden hatte die Frage einzig und allein, wer das betreffende Wort als „Gott" interpretiert hatte.

Und nun verstehen wir, was FRANKL mit seiner Definition des Wortes „Sinn" ausdrücken will: Er sagt, mit den Worten spielend, „meaning is what is meant". Diese englische Definition ist im Deutschen natürlich schwer wiederzugeben; am ehesten ließe sie sich wie folgt übersetzen: Sinn ist, was gemeint ist – was die jeweilige Situation „meint", und zwar im Sinne eben jenes „Mich-Ansprechens", „Mich-in-Anspruch-Nehmens", jenes „Mich-Anforderns", das bereits MAX WERTHEIMER mit seinem Hinweis auf den Forderungscharakter von Situationen anvisiert hat. Nach FRANKL bedeutet jede Situation, die einen Menschen konfrontiert, einen Anruf, auf den er so oder so zu antworten hat. Von wem der Anruf ergeht – ob es das Leben ist oder die menschliche Gesellschaft, ob es das eigene Gewissen ist oder Gott – dies zu entscheiden ist jedem einzelnen Menschen abverlangt und bleibt ihm allein vorbehalten. Eines steht für FRANKL fest: auf keinen Fall kann es je Sache des behandelnden Psychotherapeuten sein, dem Patienten die Beantwortung dieser Frage, die Verantwortung für seine Antwort, auch nur im geringsten abzunehmen. So versteht man auch, warum KARL DIENELT, der die Logotherapie auf die Pädagogik anzuwenden gelehrt hat, einem seiner diesbezüglichen Bücher den programmatischen Titel „Erziehung zur Verantwortung" gegeben hat – und als solche versteht sich die Logotherapie in ihrem wesentlichen Anliegen ja auch schon bei FRANKL.

4. Vom Wert der Werte

Die Unterscheidung zwischen den beiden Begriffen Sinn und Wert entwickelte sich im Werk FRANKLs erst nach und nach. In seinen frühen Schriften verwendete er noch beide Begriffe nebeneinander, und zwar oftmals als Synonyme; wenn er aber einmal zwischen ihnen unterschied, dann bedeutete „Wert" immer etwas Umfassenderes, Allgemeineres. Diese Trennung wird in seinen jüngeren Arbeiten sehr scharf herausgearbeitet: Wir erinnern uns, daß er den Sinn als das definiert, „was gemeint ist", wozu der Mensch in jeder einzelnen Situation seines Lebens aufgefordert ist. Dieser „einmalig-einzigartige Sinn" betrifft nur diese eine Person und diese eine Situation: niemand kann sich einen Sinn anmaßen, der für jemand anderen gemeint ist, und ebensowenig kann jemand, wenn er einmal den Sinn einer Situation verfehlt hat, ein anderes Mal darauf zurückkommen und versuchen, ihn zu erfüllen. Wir erinnern uns an eine der Grundannahmen der Logotherapie, die da lautet, daß jeder Mensch einzigartig ist – er lebt sein einzigartiges Leben, hat seine einzigartigen Möglichkeiten und Potentialitäten, aber auch seine einzigartigen Schwächen; er geht einzigartige Bindungen zu anderen Menschen ein und übernimmt ganz bestimmte, einzigartige Aufgaben; für ihn gibt es in der Welt ein ganz besonderes, einzigartiges Leid, eine besondere Schuld, einen besonderen Tod. Die Suche nach dem Sinn ist für den einzelnen Menschen eine höchst persönliche Aufgabe, die kein anderer mit ihm teilt.

Aber die Lebenssituationen, denen der Mensch begegnet, wiederholen sich oft, und viele Menschen reagieren auf ähnliche Situationen in ähnlicher Weise. Daher kommt es, daß der einzelne Mensch, obgleich es immer seine Aufgabe bleibt, seinen persönlichen, einzigartigen Sinn zu finden, doch von anderen Menschen lernen kann, die sich einmal in der gleichen Lage befunden haben. Für viele der typischen Lebenssituationen haben sich daher universelle Sinngehalte, oder, um einen von FRANKL geprägten Ausdruck zu verwenden, „Sinn-Universalien" herauskristallisiert, die für viele Menschen Geltung haben (VIKTOR E. FRANKL, „Aphoristische Bemerkungen zur Sinnproblematik", Archiv für die gesamte Psychologie 116 [Wellek-Festschrift], 1964, 336–345). Diese Sinnuniversalien bezeichnet FRANKL auch als „Werte". Von wesentlicher Bedeutung ist es aber, daß die Allgemeingültigkeit dieser Werte nicht, wie im Sinne einer überkommenen Morallehre, in einer apriorischen Allgemeinverbindlichkeit besteht, sondern als empirischer Befund zu betrachten ist. Die Folgerungen sind klar: zum ersten ist es durchaus möglich, daß eine Person einen anderen als den herkömmlichen, den universellen Sinn in einer bestimmten Situation wahrnimmt. Und zweitens kann es geschehen – und wie gut kennen wir Heutigen diesen Vorgang –, daß diese Sinnuniversalien sich langsam verändern, aus welcher Ursache immer, vielleicht mit dem Auftauchen neuer Erkenntnisse über die Welt und den Menschen, mit der Entwicklung eines neuen Lebensgefühls und so weiter.

Werte als Lebenshilfe

Der Unterschied zwischen dem „einzigartigen Sinn" und den „universellen Werten" läßt sich an Hand eines Vorfalls illustrieren, der sich bei einem von mir veranstalteten Diskussionsabend über Logotherapie abspielte. Eine der Teilnehmerinnen, eine religiöse junge Frau, war ganz verstört, weil sie erfahren hatte, daß eine ihrer Bekannten tags zuvor Selbstmord begangen hatte. Sie fühlte sich schuldig an dem Tod dieser Frau, weil sie sich erinnerte, daß sie sie noch kurz vor ihrem Selbstmord gesprochen hatte; die ältere Frau hatte einen deprimierten Eindruck gemacht und hatte ihr davon erzählt, daß ihre Tochter das Haus verlassen würde, um in Denver einen Posten anzutreten. „Wenn ich ein wenig Interesse gezeigt hätte, sie vielleicht zu dem Gemeinschaftsabend unserer Kirche mitgenommen hätte, zu dem ich unterwegs war, so hätte ich den Selbstmord vielleicht verhindern können. Dies war die Aufgabe, die mir in diesem Augenblick gestellt war, aber ich habe den Sinn der Situation nicht erkannt." In der Diskussion, die sich nun entspann, erinnerten sich mehrere der Anwesenden an ähnliche Vorfälle in ihrem Leben. Ein älterer Mann erzählte, wie er vor Jahren den Sohn eines Nachbarn dabei beobachtet hatte, wie er in einem Laden etwas mitgehen ließ; aus Bequemlichkeit hatte er geschwiegen. Der Junge beging später einen Raubüberfall und kam ins Gefängnis, und unser

Mann fühlte sich schuldig, weil er damals die Gelegenheit hatte vorübergehen lassen, mit dem Vater des Jungen oder mit diesem selbst zu sprechen. Ein anderer Teilnehmer, ein Mann von etwa vierzig Jahren, sagte traurig: „Als Kind bin ich immer der Zärtlichkeit meiner Mutter ausgewichen. Heute wünschte ich, ich könnte sie umarmen, aber sie ist tot."

Lauter Beispiele dafür, wie der einzigartige Sinn einer Situation verfehlt und unwiederbringlich verloren werden kann. Und doch hätte in jedem dieser Fälle der richtige Sinn gefunden werden können, hätte sich der Betreffende nur an den universellen Werten, an den uralten Regeln menschlichen Verhaltens, orientiert. Die junge Frau wäre vielleicht mehr auf die Nöte ihrer Bekannten eingegangen, hätte sie das alte Gebot befolgt, das da lautet: „Liebe deinen Nächsten." Der ältere Mann hätte sich seiner Verantwortung, mit dem Vater des Jungen zu sprechen, vielleicht nicht entzogen, wenn er bedacht hätte, wie überzeugt er selbst immer an dem alten Wert der Ehrlichkeit festgehalten hatte. Gewiß, solche Ratschläge, Regeln und Gebote wurden für die Menschheit als Ganzes formuliert, aber unter gewöhnlichen Umständen kann der einzelne sehr wohl einen Vorteil aus ihnen ziehen. FRANKL erklärt ihre Funktion folgendermaßen: Sie können uns helfen, im Zusammentreffen mit den Situationen unseres alltäglichen Lebens unsere Entscheidungen zu treffen. Manchmal ersparen es die universellen Werte dem einzelnen sogar überhaupt, eine eigene Entscheidung zu treffen: er handelt einfach so, wie es Millionen von Menschen in ähnlichen Situationen für richtig befunden haben.

Wertkonflikte

Allgemeine Werte, so haben wir gesehen, können uns bei unserer täglichen Suche nach dem Sinn helfen. Und doch wäre es falsch, wollte man jede persönliche Entscheidung durch die Anwendung allgemeingültiger Prinzipien ersetzen: allzuoft überlappen sich verschiedene Wertkonzepte oder widersprechen einander sogar. Konflikte zwischen solchen widersprüchlichen Sinnuniversalien mögen für manchen erst ein rechter Ansporn zu verantwortlichen eigenen Entscheidungen sein, sie können aber auch eine Neurose auslösen.

FRANKL, dessen Stärke, wie wir schon wissen, in geometrischen Gleichnissen liegt, stellt die Sinngehalte, die ja für jede Person und jede Situation *eindeutig bestimmt* – wenn auch oft nur *schwer be-*

stimmbar – sind, als Punkte dar, wogegen er die Werte, Gesamtheiten allgemein anerkannter Sinngehalte, mit Flächengebieten vergleicht, die jeweils eine ganze Menge von „Punkten" – individuellen Entscheidungen – umfassen. Zum Unterschied von den ausdehnungslosen Punkten können sich aber die den Werten zugeschriebenen Flächengebiete gegenseitig überlappen. Denken wir nur an den inneren Konflikt des Wehrdienstverweigerers aus Überzeugung, der sich in einem Zwiespalt zwischen seinen pazifistischen Überzeugungen und seinem Patriotismus befindet; oder an jenen jungen Mann, von dem erwartet wird, daß er den Betrieb oder das Geschäft seines Vaters übernimmt, der sich selbst aber zur Kunst hingezogen fühlt; oder an den Konflikt des Geschäftsmannes, der sich zwischen Karriere und Familie zu entscheiden hat; an den Zwiespalt des Politikers, für den Parteiloyalität und Ehrlichkeit einander entgegenstehen; an das Kind, das sich zwischen den vielleicht unterschiedlichen Wertkonzepten seiner Eltern nicht zurechtfindet.

FRANKL wird aber nicht müde zu betonen, daß Gewissenskonflikte oder geistige Probleme an und für sich noch keine Krankheit darstellen. Er erzählt von einem Fall eines amerikanischen Diplomaten, der zu ihm kam, nachdem er sich in New York fünf Jahre lang einer Psychoanalyse unterzogen hatte. FRANKL fragte ihn, warum er denn überhaupt zu dem Psychoanalytiker gegangen war. Es stellte sich heraus, daß der Patient mit seinem Beruf nicht zufrieden war und daß es ihm insbesondere schwergefallen war, sich mit der amerikanischen Außenpolitik jener Zeit zu identifizieren. Sein Analytiker hatte ihm daraufhin geraten, sich um ein gutes Einvernehmen mit seinem Vater zu bemühen. Die amerikanische Regierung stellte nämlich, so glaubte der Arzt zu wissen, für den Patienten eine Vaterimago dar, wie auch seine Vorgesetzten für ihn lauter Vaterbilder sein mußten. Seine Unzufriedenheit mit seinem Beruf und der amerikanischen Außenpolitik konnte daher ihre Ursache nur in seinem unbewußten Haß gegen seinen Vater haben. Der Patient hatte die Erklärung des Analytikers akzeptiert und war im Laufe der folgenden Analyse so tief in das Gestrüpp psychodynamischer Interpretationen hineingeraten, daß er, wie FRANKL es ausdrückte, schließlich vor lauter Bäumen der Symbole und Imagines nicht mehr den Wald der Realität sehen konnte. Nach zwei Unterredungen war es für FRANKL klar, daß des Patienten Wille zum Sinn in seinem Beruf keine Erfüllung fand. Er sehnte sich nach irgendeiner anderen Arbeit. Es gab ja auch keinen Grund, warum der „Patient" – der ja eigentlich keiner war – *nicht* seinen Beruf hätte wechseln sollen. –

Nachdem er sich dazu entschlossen hatte, verschwanden auch tatsächlich alle neurotischen Symptome. „Ich bezweifle", kommentiert FRANKL diesen Fall, „daß dieser Mann überhaupt je eine Neurose gehabt hatte. Er benötigte daher auch keine Behandlung, auch nicht eine logotherapeutische. Es ist eben nicht jeder innere Konflikt gleichbedeutend mit einer Neurose."

Da aber Wertkonflikte an sich gar keine Krankheit darstellen, versucht die Logotherapie auch gar nicht, sie zu vermeiden: ebenso wie die Suche nach Sinn stellen auch derartige Konflikte ein spezifisch menschliches Phänomen dar und müssen als ein unabdingbarer Bestandteil menschlicher Existenz angesehen werden. Nur unter ganz besonderen Umständen führen Wertkonflikte zu Neurosen – die dann von FRANKL als „noogene Neurosen" bezeichnet werden, da sie nicht in der psychologischen Dimension menschlichen Daseins ihren Ursprung haben, sondern in der noologischen Dimension. Die Methode der Logotherapie besteht in solchen Fällen darin, dem Patienten seinen Konflikt voll bewußt zu machen; dabei muß es aber streng vermieden werden, dem Patienten seine Entscheidung abzunehmen. Er selbst ist es, der frei, verantwortlich und seinem eigenen Gewissen gemäß entscheiden muß.

Der folgende Fall möge den Begriff der noogenen Neurose und den logotherapeutischen Ansatz in der Behandlung eines solchen Falles illustrieren: Eine junge Frau wandte sich an einen Logotherapeuten, weil sie unter schweren neurotischen Depressionen litt. Wie sich herausstellte, lag die Ursache ihrer Krankheit in einem Konflikt zwischen den Werten ihrer Religion und ihrem Ehegelübde. Als religiöser Mensch fühlte sie sich dazu verpflichtet, ihre Kinder im Glauben zu erziehen, während ihr Ehemann – ein Atheist – dies ablehnte. Auch hier lag wieder ein Konflikt auf noetischer Ebene vor, der auf psychosomatischer Ebene zu einer neurotischen Symptomatik geführt hatte. Zur Behandlung dieser Symptomatik – also der *Folgen* ihres ethischen Konfliktes – verschrieb ihr der Psychiater erst einmal entsprechende Drogen. Danach begann er mit der eigentlichen Therapie, mit der Behandlung der *Ursachen* ihrer Neurose. Dies war aber nicht möglich, ohne die Sinn- und Wertkonzepte der Patientin zu diskutieren. Wie sie bei einer solchen Gelegenheit feststellte, hätte sie zu jeder Zeit alle ihre Probleme dadurch lösen können, daß sie sich den Wertvorstellungen ihres Mannes und seiner Umgebung anpaßte. An ihr aber lag es, zu entscheiden, ob sie sich diesen Werten anpassen konnte und sollte, und ob sie darüber ihr eigenes Wertsystem aufgeben sollte. Gerade das aber hatte sie für unmöglich befunden. „Meine religiösen Anschauungen widerrufen", so sagte sie einmal, „das würde bedeuten, daß ich mir selbst untreu werde – daß ich mein Selbst vergewaltige." Diese Bemerkung war für die weitere logotherapeutische Behandlung von wesentlicher Bedeutung: wäre sie nicht ausgesprochen worden, dann hätte der Arzt der Patientin keinen konkreten Rat geben können – er hätte ihr weder raten können, sich der Lebensanschauung ihres Mannes anzuschließen, noch hätte er sie in ihrem Bestehen auf ihren eigenen Ansichten bestärken können. Da aber nun die existentielle Verwurzelung ihrer Religiosität artikuliert worden war, konnte ihr der Arzt klarmachen, daß ihre Neurose von dem Versuch herrührte, ihre geistigen Anliegen hintanzustellen, und daß sie daher nicht anders geheilt werden konnte als dadurch, daß sie ihrem eigenen Selbst eben treu blieb. Die Patientin sah auch ein, daß sie ihre religiösen Überzeugungen keineswegs ihrem Ehemann zum Opfer zu bringen brauchte, andererseits aber, gerade um sich diese Überzeugungen zu bewahren, jeden Streit über religiöse Fragen zu vermeiden hätte – freilich nicht, ohne gleichzeitig ihrem Mann die Möglichkeit zu geben, ihre eigene Weltanschauung besser kennen und verstehen zu lernen.

Auf diesem Punkt besteht FRANKL immer wieder – daß es nicht Sache des Arztes sei, dem Patienten seine eigene Philosophie aufzudrängen, und daß es auch umgekehrt dem Patienten auf keinen Fall erlaubt werden dürfe, die Verantwortung für seine Entscheidungen auf den Psychotherapeuten abzuwälzen. Kernpunkt der logotherapeutischen Methode sei es vielmehr gerade, dem Patienten diese seine Eigenverantwortung bewußt zu machen. In dem soeben erwähnten Fall jedoch verhalf die Logotherapie der Patientin auch dazu, daß sie ihr Selbstvertrauen wiederfand; wie sich später zeigte, war es ihr tatsächlich gelungen, von ihrem Mann die Einwilligung zu einer religiösen Erziehung der Kinder zu erhalten. Es erwies sich sogar, daß die religiösen Überzeugungen der Frau sich noch vertieft hatten, wenn auch nicht im Sinne einer institutionalisierten Religion. Vor allem aber konnte sie die Ansichten ihres Mannes, ja selbst die so oberflächliche Lebensauffassung seines so ganz und gar nicht religiösen Freundeskreises, die sie früher schmerzlich empfunden hatte, nunmehr dank ihrer neu erworbenen Selbstsicherheit mit viel mehr Toleranz ertragen.

Die Hierarchie der Werte

Im Laufe der Jahre, in denen FRANKL seine Wertlehre immer wieder kritisch überprüfte und neu formulierte, kamen ihm Zweifel an der Annahme, daß Wertkonflikte wirklich unvermeidlich sein sollen. In einer neueren Arbeit („What is Meant by Meaning", Journal of Existentialism) vertritt er nun die Ansicht, daß die Werte nur dann einander zu überlappen oder gar zu widersprechen scheinen, wenn man sie sozusagen als Kreise in einer zweidimensionalen Ebene betrachtet. Wäre es aber nicht vorstellbar, so fragt FRANKL, daß sie in Wirklichkeit, um die geometrische Analogie fortzusetzen, eher von einander getrennten Kugeln in einem dreidimensionalen Raum entsprechen – Kugeln, die dann miteinander weder kollidieren noch sich überlappen können; vielmehr sind es nur ihre Projektionen in die zweidimensionale Ebene, die einander überschneiden. Aus diesem Gleichnis zieht FRANKL die Folgerung, daß Wertkollisionen nichts anderes sind als die Folge der Vernachlässigung einer ganzen Dimension, nämlich jener Dimension, in der es ein Höher- bzw. Tieferstehen, mit einem Wort, eine Hierarchie der Werte gibt. In dieser Dimension besitzen die einzelnen Werte einen verschieden hohen Rang, und unsere Entscheidungen bestehen ja letzten Endes – wie MAX SCHELER in seiner Phänomenologie des Wertens bereits erkannte – darin, daß wir jeweils den einen Wert einem anderen – eben auf Grund einer gleichzeitig mit ihnen erfaßten Rangordnung – vorziehen. So wird es denn auch verständlich, daß sich alle sogenannten Wertkollisionen auflösen, sobald wir uns der Hierarchie der Werte bewußt geworden sind.

Daß diese etwas abstrakt wirkenden Überlegungen keineswegs nur von akademischer Bedeutung sind, mag an Hand einer Episode gezeigt werden: FRANKL kannte ein jung verheiratetes Paar, das in das Konzentrationslager Auschwitz gebracht worden war; als nun die beiden voneinander getrennt werden sollten, sagte der Mann im letzten Moment zu seiner Frau – indem er jedes Wort betonte, damit sie auch das recht verstünde, was er nicht aussprechen wollte – „um jeden Preis am Leben bleiben – verstehst du mich? Um jeden Preis ..." Es war ihm zu Bewußtsein gekommen, daß es ihm in diesem Augenblick abverlangt war, ihr im voraus gleichsam eine „Absolution" zu erteilen für alles, was sie möglicherweise würde tun müssen, um ihr Leben zu retten. Sie war, was man „eine Schönheit" nennt, und es hätte wohl sein können, so dachte er, daß vielleicht ein SS-Mann an ihr Gefallen findet und daß dies ihre einzige

Überlebens-Chance ist – vorausgesetzt, daß sie sich dann nicht durch den Gedanken an ihren Mann davon abhalten läßt, diese Chance auch zu nützen! Er aber wollte nicht – dadurch, daß er es verabsäumte, sie im Augenblick der Trennung von jeder Verpflichtung ihm gegenüber freizusprechen – gegebenenfalls mitschuldig werden an ihrem Tod; und er wäre es geworden, wenn er, wie FRANKL es formulierte, „aus Narzißmus den Wert ehelicher Treue höher gestellt hätte als das Leben seines Partners". Jedenfalls war der Mann vor die Wahl zwischen zwei Werten gestellt, die beide im ältesten Kodex der westlichen Zivilisation, den Zehn Geboten, fixiert sind: hier das Verbot des Ehebruchs, dort das Verbot des Tötens. Allerdings fügte FRANKL hinzu, daß eigentlich auch ein Theologe dieses Dilemma lösen könnte, indem er sich nämlich auf den Standpunkt stellt, daß es auch noch innerhalb der Zehn Gebote so etwas wie eine Hierarchie gebe; denn sie seien zwar von 1 bis 10 numeriert, doch sei die wirkliche Rangordnung der durch sie repräsentierten Werte mit dieser ihrer numerischen Reihung nicht notwendig identisch. Freilich, meinte FRANKL abschließend, müsse jeder einzelne Mensch diese Rangordnung jeweils erst noch selber und selbständig herausfinden, und zwar gemäß den spezifischen Erfordernissen der konkreten Situation, in die er hineingestellt ist. Was etwa den zitierten Mann aus dem Konzentrationslager Auschwitz anlangt, so habe der in der konkreten Situation insofern seine Wahl getroffen, als er einen allgemeingültigen Wert wie den der ehelichen Treue hintanstellte zugunsten der einzigartigen Forderung einer einmaligen Situation, und diese Forderung lautete, seiner Frau im voraus die „Absolution" zu erteilen, um ihr damit gegebenenfalls zu helfen, sich das Leben zu retten. „Hier handelte es sich aber eben um eine *einmalige* Situation", kommentierte FRANKL, „denn es ist doch zu hoffen, daß sich diese Situation nicht wiederholt: daß da jemand in Auschwitz von seiner Frau Abschied nehmen muß auf immer..."

Mit scheinbaren Wertkonflikten wird nun der Mensch unentwegt konfrontiert. Besteht doch das Leben, wenn man so will, aus einer einzigen Kette von Entscheidungen – Entscheidungen zwischen einander scheinbar widersprechenden Werten. Die meisten dieser Entscheidungen betreffen triviale Fragen. Soll ich heute, an diesem Sonntagmorgen, in die Kirche gehen, an den Ozean hinausgehen um zu fischen, den Tag mit meiner Familie verbringen, oder soll ich überhaupt zu Bett bleiben?

Ein Beispiel für diese banalen Wertkonflikte, wie sie ihm in seinem eigenen Alltagsleben begegnen, gab mir FRANKL selbst: „Da ist ein Morgen, an dem ich mir, sagen wir, die Frage stellen muß, ob ich mich meiner Familie widmen oder nicht lieber nach einem bestimmten Patienten sehen soll, der gerade in meiner Klinik liegt. Nun, normalerweise ist das kein echter Konflikt, da ich doch darum weiß, daß der Wert eines beruflichen Einsatzes im Dienste der Kranken im allgemeinen einen höheren Rang einnimmt als der des Familienlebens. Aber nehmen wir einmal an, meine Frau wäre an diesem Tag auf mich angewiesen, weil sie selber krank ist. Die mir abverlangte Entscheidung würde dann darin bestehen, daß ich den einen kranken Menschen gegen den anderen ‚abzuwägen' habe. In Wirklichkeit aber habe ich dann gar keine Wahl; denn ich brauche ja bloß zu bedenken, daß ich in dem einen Fall ersetzbar bin, während ich dies im anderen keineswegs wäre. Im Falle meines Patienten auf der Klinik kann ich ja schließlich auch einem meiner Assistenten den Auftrag geben, sich um ihn zu kümmern." Wie wir daraus ersehen, spielt die Frage „wer ist jeweils ersetzbar?" bzw. „wer ist in der jeweiligen Situation unersetzbar?" bei der Entscheidung eines Wertkonflikts eine große Rolle.

Im Gespräch mit mir illustrierte FRANKL diesen Sachverhalt schließlich an Hand des folgenden Beispiels: „Ein Arzt, der zugleich Forscher ist und Bücher schreibt, wird sich unter Umständen vor die Frage gestellt sehen: Soll ich den Kreis meiner Privatpatienten vergrößern, oder soll ich die Zeit nicht lieber darauf verwenden, meine Erfahrungen in Vorträgen und Vorlesungen auf Reisen im In- und Ausland weiterzugeben? Soll ich mich persönlich um eine größere Zahl von Patienten kümmern, oder soll ich sie nicht lieber meinen Assistenten anvertrauen und die Zeit aufwenden, um ein Buch zu schreiben – ein Buch, das vielleicht andere Ärzte in die Lage versetzt, meine Erfahrungen bei einer noch viel größeren Zahl von kranken Menschen anzuwenden? Jedenfalls bleibt es unserem Urteil überlassen, an welcher Stelle wir uns für (zumindest relativ) unersetzbar halten und wann wir umgekehrt glauben, daß andere an unsere Stelle treten könnten."

Und so sehen wir denn wieder einmal, daß die Entscheidung beim einzelnen Menschen, bei uns selbst liegt. Wenn es auch allgemeingültige Werte gibt, die es uns sicherlich leichter machen, uns in einer gegebenen Situation zurechtzufinden, so bleibt uns doch immer noch die Entscheidung vorbehalten über den Rang, den wir den verschiedenen, einander widersprechenden oder doch zumindest scheinbar widersprechenden Werten zusprechen wollen; und es gibt

Augenblicke, in denen diese Entscheidung auch gegen all die überlieferten Werte zu erfolgen hat. Die Logotherapie lehrt nun, daß die Freiheit, mit der wir solche Entscheidungen treffen, keineswegs gleichbedeutend ist mit Willkür! Ebensowenig wie der Sinn einer Situation kann nämlich auch die Werthierarchie – die ja diesen Sinn überhaupt erst bestimmt – einfach nach Belieben festgesetzt werden. Auch sie muß durch eine persönliche, ehrliche Anstrengung gefunden werden. Es genügt nicht, daß wir willkürlich unsere eigene Wertordnung auf den leeren Bildschirm des Lebens projizieren; wir müssen uns um eine Erhellung der Realität *hinter* dem Schirm bemühen. Ob diese Realität nun von Gott dorthin gestellt wurde oder vom „Leben", das ist eine Frage, die jeder für sich selbst beantworten muß. Die wichtigste Erkenntnis aber lautet, daß es eine Werthierarchie *gibt,* und daß jeder Mensch in jedem Augenblick dazu aufgerufen ist, sie zu finden.

Es ist sogar höchst gefährlich, solch eine Werthierarchie in Willkür aufzustellen. Selbst allerhöchste, allgemein anerkannte Werte dürfen nicht beliebig herausgehoben und ohne Bezug zu allen übrigen Werten angebetet werden. Das ist nichts als Vergötzung und nach FRANKLS Überzeugung trägt jede Vergötzung ihre eigene Strafe in sich – nämlich insofern, als sie zwangsläufig in die Verzweiflung führt. Und ebenso, meint FRANKL, ist Verzweiflung in jedem Fall letztlich darauf zurückzuführen, daß ein Wert über alle anderen hinaus vergötzt wurde. FRANKL zitiert in diesem Zusammenhang ein Wort seines Lehrers RUDOLF ALLERS, demzufolge der Götzenanbeter gerade dort bestraft wird, wo er gegen die Hierarchie der Werte verstoßen hat. Im nationalsozialistischen Deutschland, exemplifiziert und kommentiert FRANKL ALLERS' Hinweis, habe man die Werte von „Blut und Boden" zu Idolen erhoben, denen alle anderen Werte untergeordnet waren. Und genau damit habe Deutschland seine Fehler bezahlen müssen – mit Blut und Boden: mit dem Blut seiner Jugend und mit großen Teilen seines Territoriums.

Niemand, weder der Staat noch der Psychiater, kann darüber befinden, worin die für mich relevanten Sinngehalte und die für mich geltende Werthierarchie zu bestehen hat. Wohl aber kann der Psychiater – und in der Logotherapie tut er genau das – dem einzelnen dessen Fähigkeit bewußt machen, Sinngehalte und Werthierarchien zu erkennen; und er kann ihn auf das Werkzeug verweisen, mit dessen Hilfe er seine existentiellen Entscheidungen treffen kann – das Gewissen.

5. Das „Sinn-Organ"

FRANKL hat einmal gesagt, die einzig möglichen Antworten auf die Frage nach dem letzten Sinn des Lebens seien die des HIOB (daß wir nichts wissen) und die des SOKRATES (das einzige, was wir wissen, ist, daß wir nichts wissen). Und die Frage ist auch dann nicht leichter zu beantworten, wenn wir sie im Sinne der Logotherapie formulieren: Wie können wir den Sinn einer Situation erkennen? Nur in wenigen Fällen werden wir allein mit unserem Verstand eine Antwort finden können. Erinnern wir uns an die Anekdote von der „Definition von 600": Sobald einmal die Möglichkeit aufgetaucht war, daß es nicht „600", sondern „GOD" heißen könnte, war es selbstverständlich klar, daß der Fragesteller nur „GOD" gemeint haben konnte. Die Alternative war erkannt, und es bestand die Möglichkeit einer rationalen Entscheidung. Die Fragen, die das Leben an uns stellt, sind aber sehr oft rational gar nicht lösbar. FRANKL betont immer wieder, daß der Sinn einer Situation einmalig und einzigartig ist, daß er daher nicht aus einem allgemeinen Gesetz ableitbar sein kann und daß wir daher bei unserer Suche nach diesem Sinn mit dem Verstand allein nicht auskommen können. Andererseits aber können wir uns nicht, wie die Tiere es tun, auf unsere Instinkte verlassen. Der Instinktsicherheit seiner tierischen Vorfahren vielmehr beraubt und mit einem Verstand ausgestattet, der ihm bei der Sinnfindung nicht weiterhilft, muß sich der Mensch auf die Kräfte seiner Intuition stützen – eben auf sein Gewissen, das allein – FRANKL zufolge – den Menschen in die Lage versetzt, den Sinn einer Situation „herauszuspüren", und das FRANKL deshalb als das „Sinn-Organ" des Menschen bezeichnet.

Die Wiederentdeckung des Gewissens

Unser Gewissen also soll uns in unserem Verhalten leiten – das ist sicherlich keine neue Weisheit. Es ist eigentlich die älteste Antwort auf eine der ältesten Fragen des Menschen. Es ist keine Entdeckung – eher eine Wiederentdeckung, aber immerhin eine, der zu diesem Zeitpunkt eine ungemein große Bedeutung zukommen mag.

Dieser Begriff eines „Gewissens", der gar nicht immer religiös gefaßt war, wurde in jüngster Zeit das Opfer einer weitverbreiteten reduktionistischen Geisteshaltung. Weil es weder in der physischen noch in der psychischen Dimension des Menschseins zu lokalisieren war, sah man es nicht als echten Bestandteil menschlicher Wirklichkeit an: man begann, von Lernprozessen zu sprechen, deren Ergebnis eben das früher so genannte Gewissen sein sollte; oder aber man ersetzte den leidigen Gewissensbegriff durch das psychodynamische „Überich". Wenn man diesen Interpretationen glauben darf, dann handelt ein Mensch nur deshalb „ethisch", weil er dieses Verhalten eben gelernt hat, oder aber, weil er mit seiner Vaterimago in gutem Einvernehmen stehen möchte. Auf diese Weise wird ein Phänomen, das der noetischen, also der eigentlich menschlichen Dimension angehört, durch Prozesse „wegerklärt", die sich in den niedrigeren Dimensionen menschlicher Existenz, in der sub-humanen Ebene, abspielen. FRANKL weist solche Interpretationen als reduktionistische Erklärungsversuche zurück; er definiert ja den Reduktionismus geradezu als einen „Sub-humanismus". Im Gewissen dagegen sieht er ein „spezifisch humanes Phänomen", das sich nicht aus Lernprozessen, Vaterimagines und dergleichen ableiten beziehungsweise auf sie zurückführen, eben „reduzieren" läßt. Und so definiert er das Gewissen als unsere intuitive Fähigkeit, die einmalig-einzigartige „Sinngestalt", die jeder einzelnen Situation eignet, aufzuspüren; so erklärt sich die gleichnishafte Bezeichnung „Sinn-Organ", die FRANKL oft für diesen unseren „Spürsinn" verwendet.

Seine These, daß das Gewissen ein spezifisch menschliches Phänomen sei, verteidigt FRANKL einmal – in seinem Vortrag anläßlich der Verleihung des Ehrendoktorats der Chicagoer Loyola-Universität – folgendermaßen: „Eine typisch reduktionistische Theorie betrachtet das Gewissen als das bloße Resultat konditionierender Prozesse. Nun, ein Hund, der sich nicht zimmerrein verhält und mit eingezogenem Schwanz unters Bett kriecht, legt tatsächlich ein Verhalten an den Tag, das sich ohne weiteres als das Resultat konditionierender Prozesse auffassen läßt. Ist es doch von einer Art

Erwartungsangst diktiert, nämlich der ängstlichen Erwartung von Strafe. Das Gewissen jedoch hat mit dergleichen Ängsten nichts zu tun. Solange Furcht vor Strafe, Hoffnung auf Lohn oder der Wunsch, dem Überich zu gefallen, menschliches Verhalten bestimmen, ist ja das wirkliche Gewissen noch gar nicht zu Worte gekommen."

FRANKL bezeichnet die „Moral" eines Menschen, der nur deshalb „moralisch" ist, weil er sein unzufriedenes Überich beruhigen will, als Pseudomoral. Wirklich moralisches Verhalten beginne nämlich erst dort, wo ein Mensch sich dazu entschließt, im Dienste an einer Sache oder in der Liebe zu einem anderen Menschen zu handeln, nicht aber um seiner selbst willen – etwa eben nur um ein ruhiges Gewissen zu haben oder um das Quengeln eines unzufriedenen Überichs loszuwerden.

Der Rabbi und die Katze

FRANKL stützt sich bei der Analyse der menschlichen Erfahrungswelt auf die phänomenologische Methode nach HUSSERL und SCHELER, wie sie ja auch der Existenzphilosophie HEIDEGGERS zugrunde liegt. Und zwar definiert FRANKL die phänomenologische Methode als einen Denkansatz, in dem versucht wird, die Art und Weise zu beschreiben, in der wir die Welt und uns selbst erleben, ohne daß man sich bei dieser Beschreibung von vorgefaßten Meinungen und Modellen der Interpretation leiten läßt; gerade das aber würden wir tun, wenn wir die humanen Phänomene nicht als etwas Echtes hinnähmen, sondern sie um jeden Preis umdeuten, nämlich auf sub-humane Phänomene reduzieren, in die sub-humane Dimension hineinprojizieren würden. Ein Beispiel für solches Vorgehen ist die Annahme, Werte seien „nichts als" Abwehrmechanismen und Reaktionsbildungen, das Gewissen sei „nichts als" das Überich, Liebe sei „nichts als" Sex. Wenn wir dieserart jede Erklärung humaner Phänomene innerhalb ihrer eigenen Dimension von vornherein ausschalten, dann darf es uns aber auch nicht wundern, wenn wir am Ende den Menschen aus dem Blick verlieren und nur mehr das Tier oder gar nur mehr den Computer zu Gesicht bekommen.

FRANKL, der die Weisheit des jüdischen Witzes liebt, karikiert die reduktionistische Geisteshaltung mit folgendem Bild: Zwei Männer kommen zum Rabbi und bitten ihn um sein Urteil. Der eine klagt, die Katze des anderen habe ihm seine Butter aufgefressen. „Meine

Katze macht sich überhaupt nichts aus Butter", behauptet der andere. „Wieviel Butter, sagst du, soll die Katze gefressen haben?" fragt der Rabbi. „Zwei Kilo", antwortet der Mann. „Man bringe eine Waage!" spricht der Rabbi. Man bringt eine Waage. „Man wäge die Katze!" Man wägt die Katze. Sie wiegt genau 2 Kilo. „Die Butter hätt' ich nun", überlegt der Rabbi, „aber wo ist jetzt die Katz'?" – Der Rabbi, erläutert FRANKL diese Story, „war von der apriorischen Annahme ausgegangen, wenn es zwei Kilo gibt, dann kann es sich nur um zwei Kilo Butter handeln. Aber ergeht es denn den Reduktionisten unter den vergleichenden Verhaltensforschern nicht ähnlich? Gehen nicht auch sie von der apriorischen Annahme aus, menschliches Verhalten müsse sich durch angeborene Auslösemechanismen erklären lassen, und zwar vollinhaltlich erklären lassen? Diese Verhaltensforscher", bemerkt FRANKL abschließend, *„finden* dann ihre Auslösemechanismen – die hätten sie dann; wo aber ist jetzt der Mensch? müssen sie sich dann fragen – genau so wie sich der Rabbi fragen mußte, wo jetzt die Katze sei…".

Die phänomenologische Methode bewahrt uns nun vor der reduktionistischen Versuchung, indem sie die Wirklichkeit unverkürzt läßt – die Wirklichkeit, wie sie vom Mann auf der Straße erlebt wird, vom Häftling im Konzentrationslager ebenso wie vom Menschen im Alltag. Und im Rahmen eines solchen, eines umfassenden Wirklichkeitsbegriffes ist das Gewissen – eines der humanen Phänomene, die wir eben nur in der noetischen Dimension antreffen – ein ebenso wesentlicher Aspekt der menschlichen Realität wie die psychophysischen Grundlagen unserer Existenz.

Um den Standort der Logotherapie aber genauer zu bestimmen, müssen wir uns daran erinnern, daß die Wissenschaft zunächst einmal die leibliche Dimension des Menschen und dann auch seine seelische Dimension aufzuhellen bemüht war. Für das Geistige, das in einer dritten Dimension beheimatet ist, war aber in einer Wissenschaft, von der die Grenzen der Realität solcherart eingeengt wurden, kein Platz. Die Wissenschaft vergaß immer wieder, daß die theoretischen Konzepte nur einseitige Modelle sind und daß der Mensch in seiner wirklichen Existenz nicht aus Leib, Seele und Geist besteht, sondern eine unteilbare Einheit ist. Und es ist FRANKLs Überzeugung, daß ein Menschenbild, das die Unteilbarkeit der menschlichen „Dreieinheit" auch noch angesichts des zunehmenden Pluralismus im wissenschaftlichen Denken aufrechterhält, ein dringliches Anliegen unserer Zeit ist. So ist es zu verstehen, wenn er, als er gelegentlich des 600jährigen Jubiläums der Universität

Wien im Jahre 1965 als einziger Vertreter der medizinischen Fakultät vor einem weltweiten akademischen Auditorium einen Festvortrag zu halten hatte, für diesen Vortrag den Titel wählte: „Der Pluralismus der Wissenschaften und die Einheit des Menschen."

Das Gewissen gehört also wesentlich mit zur menschlichen Wirklichkeit. Echtes Gewissen ist nicht einfach das, was der Vater, die Religion oder die Gesellschaft uns anschaffen. All diese Kräfte beeinflussen uns natürlich weitgehend; aber tief in unserem Innern haben wir außerdem noch dieses eigenartige Organ, das uns zur Sinnorientierung dient. Es spielt eine zentrale Rolle in unserem Leben: die Art und Weise nämlich, wie wir auf unser Gewissen hören und wie wir uns nach dem richten, was wir da vernehmen, kann unser Leben entweder sinnerfüllt oder sinnleer machen; sie ist es, die letzten Endes zu Glück und Erfüllung zu führen vermag – oder aber zu inneren Spannungen, Konflikten, Frustrationen, wenn nicht zu seelischem Siechtum.

Die Stimme des Gewissens

Die Bedeutung, die dem Gewissen von der Logotherapie zugesprochen wird, bringt einige praktische Konsequenzen mit sich, die uns alle angehen. Eine davon bezieht sich auf unsere Aufgabe, die Ohren gehörig aufzumachen und auf das zu hören, was uns unser Gewissen zu sagen haben mag. Wir wissen schon, daß es einer Aufgabe bedarf, wenn wir ein sinnerfülltes Leben führen wollen. Es mag nun sehr wohl sein, daß unsere Aufgabe nicht zuletzt darin besteht, auf unser Gewissen zu hören. Handeln wir doch eigentlich nur dann als menschliche Wesen, wenn wir aus eigenem Entschluß handeln und nicht bloß, weil wir uns zu einer Handlung getrieben fühlen oder weil wir uns vor Strafe fürchten. Zwar beinhalten Gesetze und Gebote immer auch die Androhung einer Strafe; aber ein Mensch, der nur nach Gesetzen und Geboten lebt, und dies nur, um der angedrohten Strafe zu entgehen, würde sich selbst als menschliches Wesen auch schon disqualifiziert haben. Die Zehn Gebote mögen in ihrer Einfachheit noch so brauchbare Richtlinien für unser Handeln abgeben – es würde nicht genügen, sie und nur sie zu befolgen; FRANKL meint vielmehr, „in einem Zeitalter, in dem die Zehn Gebote für so viele ihre Geltung zu verlieren scheinen, muß der Mensch instandgesetzt werden, die 10 000 Gebote zu vernehmen, die in den 10 000 Situationen verschlüsselt sind, mit denen ihn sein

Leben konfrontiert", also die 10 000 einmalig-einzigartigen Sinngehalte zu verstehen, die den 10 000 einmalig-einzigartigen Situationen innewohnen, die sich zu einem Menschenleben zusammenfügen.

Nun geschieht es nicht selten, daß das, was wir da vernehmen, in Widerspruch zu einem der Zehn Gebote steht – wie es etwa jenem Manne geschah, der im Konzentrationslager von seiner Frau Abschied nehmen mußte. Besäßen wir nicht ein Gewissen, nach dem wir uns richten können, dann wären Regeln und Vorschriften die einzigen Richtlinien, denen wir in unserem Handeln zu folgen vermöchten; aber Regeln sind ihrer Natur nach zu allgemein und vor allem zu starr, um zu jeder Zeit auf jeden Einzelfall anwendbar zu sein. Bloße Vorschriften ersticken uns, wenn wir sie nicht aus eigenem, freiem Willen akzeptieren können. Dieser freie Wille aber muß in verantwortlicher Weise, nicht bloß nach Belieben, gebraucht werden. Wir müssen uns dabei von dem leiten lassen, was uns eine leise Stimme vernehmen läßt hinsichtlich eines letzten Sinnes und einer nirgends festgelegten Hierarchie der Werte. Die Bilder haben sich jedenfalls gewandelt: In biblischen Zeiten handelte der Mensch gerecht, weil er das Auge im Himmel fürchtete; heute folgt er aus eigenem Entschluß dem, was eine innere Stimme ihm vermittelt. Das Auge im Himmel war eine äußere, unentrinnbare Drohung; die Stimme in unserem Innern dagegen klingt gar nicht drohend – es steht uns vielmehr durchaus frei, wenn wir wollen, über sie auch hinwegzuhören. Unser geistiger Kompaß gibt nur Richtungen an, zwingt uns aber nicht, sie auch einzuhalten!

So ist es denn unsere Pflicht, auf die Stimme unseres Gewissens zu hören. Wir dürfen uns aber nicht darüber täuschen, daß wir auch ein großes Risiko eingehen, wenn wir dieser inneren Stimme gehorchen. FRANKL betont immer wieder, daß unser Gewissen als echt menschliches Phänomen auch eine typisch menschliche Eigenschaft aufweist, nämlich die Fähigkeit zu irren: „Das Gewissen kann den Menschen nicht nur führen, es kann ihn unter Umständen auch irreführen. Mehr noch: wir können niemals sicher sein, nicht einmal auf unserem Totenbett, ob es der richtige Sinn war, dem wir unser Leben verschrieben haben. Aber wenn unser Gewissen auch noch so sehr irren kann – wir haben ihm dennoch zu gehorchen. Die Möglichkeit des Irrtums enthebt uns nicht der Notwendigkeit eines Versuches." Und FRANKL zitiert in diesem Zusammenhang gerne ein Wort von GORDON W. ALLPORT: „Wir können gleichzeitig unserer Sache nur halb sicher sein – und uns doch aus ganzem Herzen an sie hingeben."

Persönliches Gewissen und staatliche Indoktrination

Ein weit größeres Risiko aber geht der ein, der sich dafür entscheidet, die Stimme seines Gewissens überhaupt zu unterdrücken. Immer wieder wird FRANKL, wann immer er zu uns nach Amerika kommt, gefragt, was er von dem Gewissen jener Menschen halte, die im Deutschland des Nationalsozialismus zum Wohle des Staates ihre Eltern denunzierten, jüdische Geschäfte plünderten, Massenmorde begingen. Sagte auch ihnen das Gewissen, daß sie so handeln sollten? FRANKLS stete Antwort lautet, daß er nicht glauben könne, Hitler habe jemals seinem Gewissen gehorcht; es sei nämlich undenkbar, so argumentiert er weiter, daß es das wahre Gewissen eines Menschen sei, das ihm befehle, Dinge zu tun, wie Hitler sie getan hatte. „Wenn Hitler wirklich auf die Stimme seines Gewissens gehört hätte, dann wäre aus ihm gar nicht ‚der' Hitler geworden", pflegt FRANKL solche Diskussionen abzuschließen.

Die Geschichte Hitlerdeutschlands zeigt, was geschehen kann, wenn an die Stelle des persönlichen Gewissens die Indoktrination durch ein diktatorisches Regime tritt. Die Tragödie der Deutschen bestand darin, daß sie Staatsideologie mit persönlichem Gewissen verwechselten. Wenn sie auf ihr je eigenes Gewissen gehört hätten, dann hätten sie entscheiden können, ob sie eher dieser Stimme oder lieber dem folgen wollten, was ihnen täglich von einer Propagandamaschinerie eingehämmert wurde. Und es gab viele, die tatsächlich ihrem Gewissen gehorchten, so gefährlich das in einer solchen Zeit auch gewesen sein mag. Vor einigen Jahren gründete der Rabbi HAROLD SCHULWEIS in Oakland, Kalifornien, das „Institute for the Righteous Acts" (Institut für die gerechte Tat), das sich zur Aufgabe macht, Deutsche auszuforschen, die unter dem NS-Regime ihr Leben riskierten, indem sie Juden und anderen Verfolgten halfen und sie verbargen. Und es ist auch gelungen, eine ganze Anzahl von „Gerechten" zu finden – von denen einige noch am Leben sind, während andere die Treue zu ihrem Gewissen mit dem Leben zu bezahlen hatten. FRANKL selbst kennt eine Reihe von Menschen, die, eben ihrem Gewissen gehorchend, der Widerstandsbewegung beitraten, verhaftet wurden und schließlich im Konzentrationslager umkamen oder unter dem Fallbeil endeten. In Amerika hört er oft die Frage, warum er denn nach all dem, was er im Konzentrationslager erlebt hatte und was dort seiner Familie widerfahren war, wieder nach Wien zurückkam. Dann erzählt er von der katholischen Baronesse, die während der Kriegsjahre unter Lebensgefahr eine seiner

Cousinen bei sich verbarg, und von dem sozialistischen Rechtsanwalt, den er nur flüchtig gekannt hatte und der ihn im Jahre 1942, als alle Lebensmittel streng rationiert waren und jeder Kontakt mit Juden gefährlich war, mit Kartoffeln und Tomaten versorgte. Gewiß, das waren mehr oder weniger Ausnahmen; aber Ausnahmen waren schließlich auch die Mörder und Denunzianten! Jedenfalls wird das Konzept einer Kollektivschuld von FRANKL strikt abgelehnt. In diesem Zusammenhang erwähnt er oft auch den Fall einer bekannten Wiener Schauspielerin, die von GOEBBELS dazu gezwungen worden war, die Hauptrolle in einem nationalsozialistischen Propagandafilm zu übernehmen. Es ist später oft gesagt worden, daß sie sich hätte weigern müssen, daß sie eher hätte riskieren müssen, in ein Konzentrationslager verschickt zu werden, statt ihr Prestige und ihre Popularität in den Dienst des Nationalsozialismus zu stellen. Im Prinzip gibt FRANKL solchen Kritikern auch recht; wer aber, so setzt er hinzu, ist berechtigt, einen solch extremen Heroismus von anderen zu verlangen? Doch eigentlich nur derjenige, der für seine eigene Person unter Beweis gestellt hat, daß er selbst lieber ins Konzentrationslager ging, als daß er Kompromisse eingegangen wäre! Und dann verweist FRANKL darauf, daß gerade die Überlebenden aus den Konzentrationslagern im allgemeinen sogar viel toleranter sind in dieser Hinsicht und noch am ehesten Verständnis aufbringen – wohl deshalb, weil sie aus eigener Erfahrung die Konsequenzen solchen Heroismus am besten einzuschätzen wissen...

Der Weg führt ins Ungewisse

Das Gewissen spricht also zu uns; unser aber ist die Freiheit, zu dieser Stimme auch „nein" zu sagen. Und so sind wir denn von unserem Gewissen her keineswegs determiniert; von ihm werden wir vielmehr jeweils nur geleitet – beziehungsweise, wie wir gesehen haben, zuweilen auch irregeleitet. Dies ist nun eine weitere Konsequenz aus der Wiederentdeckung des personalen Gewissens: das Wissen darum, daß wir unsere Entscheidungen immer nur angesichts einer nicht einholbaren Ungewißheit treffen können. Wir müssen die Möglichkeit in Betracht ziehen, daß wir, wenngleich wir eine umfassende Ordnung und einen letzten Sinn als notwendige Axiome betrachten müssen, ohne die wir unser Leben nicht vorstellen können, nicht in der Lage sind, diese umfassende Ordnung und diesen letzten Sinn auch mit unserem menschlichen Verstand zu begreifen, daß vielmehr der einzige Weg zu einem Erahnen solcher Ordnung eben über unser intuitives, von Irrtümern so bedrohtes Gewissen führt. Es gehört zur „condition humaine", daß wir alle unsere Entscheidungen notwendigerweise aufgrund unvollständigen Wissens treffen müssen. Hätte KOLUMBUS so lange mit seiner Expedition zugewartet, bis er wirklich alles gewußt hätte, was man wissen muß, um sich zu einer Fahrt wie der seinen zu entschließen – er hätte niemals Amerika entdeckt. Und kein Mensch könnte sich jemals für einen Beruf, eine Heirat oder zur Elternschaft entschließen, wenn er darauf bestünde, vorher jeden Rest von Ungewißheit zu beseitigen! Wir befinden uns in jedem Augenblick in der Lage eines KOLUMBUS, der in ein Meer der Ungewißheit hinaussegelt. Und dies lehrt uns die Logotherapie: obgleich wir niemals sicher sein können, ob das, was uns unser Gewissen sagt, auch richtig ist, haben wir keine andere Wahl, als seiner Stimme zu folgen. FRANKL verweist uns aber auch auf einen positiven Aspekt solcher Ungewißheit, auf eine Konsequenz, die wir aus ihr zu ziehen haben: Da wir nie sicher sein können, daß unser Gewissen uns in einer bestimmten Situation auch wirklich den richtigen Weg gewiesen hat, können wir auch nicht wissen, ob nicht das Gewissen eines anderen Menschen, das *ihm* in der gleichen Situation etwas *Anderes* eingab, den gegebenen Sinngehalt mit größerer Schärfe erkannt hat als unseres. Eine solche Haltung, so warnt FRANKL, darf uns aber nicht zum Indifferentismus verleiten, sie soll uns vielmehr nur eines lehren, und das ist: Toleranz. Indifferentismus würde bedeuten, daß jeder in gleicher Weise recht hätte. Das ist Unsinn. „Es kann nur eine Wahrheit geben", sagt FRANKL dezidiert, „aber niemand kann wissen, ob er es ist – und nicht jemand anderer –, der diese Wahrheit besitzt!" (Der Wille zum Sinn.) Daher heißt es, tolerant sein. „Toleranz bedeutet ja nicht", definiert FRANKL, „daß wir von unserer eigenen Überzeugung auch nur im geringsten ablassen und den Glauben eines anderen etwa teilen; sehr wohl bedeutet Toleranz aber, daß wir diesen anderen als menschliches Wesen anerkennen und ihm als solchem auch das Recht zubilligen, zu seinem Glauben zu stehen – und *seinem* Gewissen zu folgen."

Konflikte überall

Eine weitere Konsequenz, die sich aus einem solchen Gewissensbegriff ergibt, ist nun die Unvermeidbarkeit von Spannungen. Für

FRANKL (und dies soll im nächsten Kapitel noch genauer ausgeführt werden) sind Spannungen ein unveräußerliches Merkmal des Menschseins; die Spannung nämlich zwischen dem, was ein Mensch ist, und dem, was er – nach dem Wort seines Gewissens – sein sollte; die Spannung zwischen einem Ideal und der Wirklichkeit. Diese Spannungen vermindern hieße den Menschen seiner Menschlichkeit berauben. Spannungen können das Gewissen eines Menschen schärfen; ein schlechtes Gewissen kann ein Geschenk des Himmels sein, wenn es zu mehr Selbstkritik, einem besseren Selbstverständnis und schließlich zu einer wirksamen Selbsterziehung führt.

Wer Gelegenheit hat, sich eine Weile in FRANKLs Umgebung aufzuhalten, der bemerkt sehr bald, daß dieser Mann der Stimme seines Gewissens sogar sehr aufmerksam lauscht – was oft zu überraschenden Entschlüssen führt. Nach einem Vortrag in Palo Alto, Kalifornien, erzählte ihm jemand von einem Häftling des Gefängnisses San Quentin, der FRANKLs Buch „Man's Search for Meaning" gelesen und unter dem Einfluß dieser Lektüre seine Lebenseinstellung von Grund auf geändert hatte. Der Direktor von San Quentin habe davon gehört, daß FRANKL in der Nähe, eben in Palo Alto, einen Vortrag halte – ob es nicht möglich wäre, sich mit dem Häftling wenn auch nur für kurze Zeit zu treffen? Zum hellen Entsetzen all derer, die FRANKLs kalifornische Vortragsreise minuziös eingeteilt und vorbereitet hatten, warf FRANKL den gesamten Terminplan für den nächsten Tag über den Haufen, um einen Besuch in der Strafanstalt doch noch unterzubringen. Ein anderes Mal bot ihm eine Filmgesellschaft in Hollywood einen selbst für amerikanische Begriffe ansehnlichen Betrag für die Filmrechte an dem genannten Buch. FRANKL jedoch bestand darauf, zunächst einmal einige Filme aus dem Produktionsprogramm der betreffenden Gesellschaft vorgeführt zu bekommen, und lehnte, als er nur Szenen voller Gewalttätigkeit und Proben billiger Sensationshascherei zu sehen bekam, das Angebot ab. Es kommt vor, daß er in seiner Entschlossenheit, der Stimme seines Gewissens zu folgen, die Gesetze der Höflichkeit verletzt. Auf seinen Vortragsreisen in Amerika (und nur von diesen kann ich berichten) lehnt er fast immer alle gesellschaftlichen Einladungen, selbst solche zu einem kurzen Gespräch bei einer Tasse Tee, rundweg ab, da nach seinem Dafürhalten die Vorbereitung des nächsten Vortrags – oder vielleicht auch nur das Ausruhen zwischen zwei Vorträgen – zur Erfüllung seines Lebenssinnes mehr beiträgt als die Einhaltung gesellschaftlicher Regeln. Andererseits fehlt es ihm nicht an Toleranz dem Gewissen anderer gegenüber. Bei meinem ersten

Aufenthalt in Wien nach einer Abwesenheit von 27 Jahren geschah es, daß er mich für einen bestimmten Abend, den er sich dazu freigehalten hatte, zu sich einlud, um mir noch einmal Gelegenheit zu geben, ihm Fragen zu stellen. Zufällig hatte ich gerade für diesen Abend Theaterkarten gekauft, und zwar für die Burgtheateraufführung eines Stückes, das ich besonders gerne sehen wollte. Er wußte um meine – so lange unerfüllt gebliebene – Liebe zum Wiener Theater, und als ich ihm zu verstehen gab, wie unangenehm es mir war, unser Gespräch wegen eines Theaterstückes abzusagen, fiel er mir ins Wort, indem er zum Scherz die zünftige philosophische Terminologie verwendete: „Dies ist das einzige Mal während Ihres Wiener Aufenthalts, daß man dieses Stück aufführt? – Nun, dann handelt es sich also um eine einmalige Gelegenheit; für Sie liegt also der einmalige Sinn dieser Situation – so recht ein einmaliger ,Situationswert' im Sinne von MAX SCHELER – darin, sich das Stück anzusehen. Unser Gespräch ist hiemit auf morgen verschoben, Herr Doktor!"

Gewissenskonflikte können zuweilen so übermächtig werden, daß sie eine noogene Neurose hervorrufen. Neurosen, die aus Gewissenskonflikten heraus entstehen, haben – ebenso wie die durch Wertkollisionen hervorgerufenen – ihren Ursprung in der noetischen Sphäre unseres Unbewußten, in jenem Bereich, in den hinein wir die von uns unbeachteten Ratschläge unseres Gewissens verdrängt haben. Und wie der Psychoanalytiker versucht, seinem Patienten dadurch zu helfen, daß er dessen triebhaft Unbewußtes ins Bewußtsein hebt, so versucht der Logotherapeut, dem Patienten seine unbewußte Geistigkeit bewußt zu machen. Das kann in einem bestimmten Fall so aussehen, daß der Logotherapeut den Patienten dazu bringt, sich seine unbewußte Sehnsucht nach einem höheren oder gar letzten Lebenssinn – seinen verdrängten „Willen zum Sinn" – bewußtzumachen, oder aber der Stimme seines Gewissens, die er verdrängt hatte, Gehör zu verschaffen. Und so wie die verdrängten Triebe, so drängt sich auch unser unterdrücktes Gewissen manchmal in symbolischer Verkleidung in unsere Träume. Die klassische psychoanalytische Traumdeutung sucht in den Träumen nach Manifestationen der unbewußten Triebhaftigkeit; der Logotherapeut dagegen sucht in ihnen nach Äußerungen des geistig Unbewußten. Die Tatsache, daß die Logotherapie sich solcherart der gleichen Methode bedient wie die Psychoanalyse, nämlich der von FREUD eingeführten Methode der freien Assoziationen, aber mit einer ganz anderen Zielsetzung – diese Tatsache hat FRANKL einmal zu der Bemerkung veranlaßt: „Wir marschieren vereint, aber wir schlagen getrennt."

Die Stimme aus dem Unbewußten

Wir haben schon einmal bemerkt, daß wir die Wahrheit, daß wir den Sinn einer Situation nicht immer durch rationale Überlegungen erschließen können. In solcher Lage vermag jedoch sehr wohl das intuitiv vorgehende Gewissen uns an die Wahrheit heranzuführen. FRANKL neigt sogar der Ansicht zu, daß wir alle großen, existentiell großen Entscheidungen in unserem Leben auf Grund solcher Intuitionen treffen, auch wenn wir sie vielleicht hinterher mit rationalen Überlegungen begründen, also „sekundär rationalisieren". Ein lupenreines Beispiel eines solchen existentiellen Entschlusses finden wir in FRANKLs Buch „Psychotherapy and Existentialism":
„Ich hatte jahrelang auf ein Visum warten müssen, das mir die Einreise in die USA möglich gemacht hätte. Endlich wurde ich kurz vor dem Eintritt der Vereinigten Staaten in den Krieg schriftlich aufgefordert, im Konsulat der USA zu erscheinen und mir das Visum ausfertigen zu lassen. Da stutzte ich: Sollte ich meine Eltern allein zurücklassen? Ich wußte doch um das Schicksal, das ihnen bevorstand, nämlich die Deportation in ein Konzentrationslager. Sollte ich also ihnen adieu sagen und sie einfach ihrem Schicksal überlassen? Aber meine Eltern hatten ja mit nichts anderem gerechnet. Unschlüssig verlasse ich das Haus, gehe ein wenig spazieren und denke mir:, Ist das nicht die typische Situation, in der ein Wink vom Himmel not täte?' Dann komme ich heim, und mein Blick fällt auf ein kleines Marmorstück, das auf einem Tisch liegt. ‚Was ist das denn', wende ich mich an meinen Vater. ‚Das? Das habe ich heute auf einem Trümmerhaufen aufgelesen, dort wo früher die Synagoge gestanden ist, die niedergebrannt worden ist. Das Marmorstück ist ein Stück von den Gesetzestafeln. Wenn es dich interessiert, kann ich dir auch sagen, auf *welches* der 10 Gebote sich der eingemeißelte hebräische Buchstabe da bezieht; denn es gibt nur *ein* Gebot, dessen Initiale er ist.', Und zwar?' dringe ich in meinen Vater. Und die Antwort lautet: ‚Ehre deinen Vater und deine Mutter, auf daß du lange lebest im Lande...' Und so blieb ich im Lande, bei meinen Eltern, und ließ das Visum verfallen. Das ist die Geschichte vom kleinen Marmorstück", schließt FRANKL und folgert: „Mag sein, daß mein Entschluß zu bleiben zutiefst längst feststand und das Orakel in

Wirklichkeit nichts als ein Echo der Stimme des Gewissens war. Mit anderen Worten, es handelte sich um einen projektiven Test. Ein anderer hätte an meiner Stelle in dem Marmorstück vielleicht nichts als $CaCO_3$ gesehen – aber wäre das dann nicht ebenso ein projektiver Test gewesen, wenn auch nur die Projektion – seines existentiellen Vakuums …?"

Die Frage, ob FRANKLs Entscheidung richtig war, wird sich natürlich kaum jemals rational beantworten lassen; man kann sie als eine fruchtlose Geste ansehen oder aber als eine Tat, die mithalf, aus ihm jenen Menschen zu formen, der er heute ist. So oder so: Der intuitive Charakter des Gewissens weist immer über das Rationale hinaus in eine Dimension, in der die Realität nicht einfach „ist", sondern durch unsere Entscheidungen immer schon gestaltet ist.

In gewissem Sinne, so meint FRANKL, ist es übrigens mit unserem Gewissen so wie mit der Liebe: Die Liebe lasse uns der Potentialitäten des geliebten Menschen, seiner inneren Möglichkeiten ansichtig werden, die er noch nicht aktualisiert, die er noch nicht in die Wirklichkeit umgesetzt hat. Diese Potentialitäten seien nun einmalig und einzigartig; und alles, was einmalig und einzigartig ist, lasse sich mit den begrifflichen Werkzeugen diskursiven Denkens nicht mehr fassen – wir können es nur noch intuitiv erfassen. Nicht anders ergeht es uns nun, meint FRANKL, mit den ebenso einmaligen und einzigartigen Sinnmöglichkeiten, mit der uns jede einzelne Lebenssituation konfrontiert: auch ihrer können wir nur durch unser intuitives Gewissen ansichtig werden – um dann hinzugehen und etwas zu verwirklichen, was sonst für immer eine bloße Möglichkeit geblieben wäre.

Ein Werkzeug menschlichen Fortschritts

Eine solche Interpretation des Gewissens als ein persönliches, intuitives Ausgreifen in eine Welt von einmalig-einzigartigen Sinnmöglichkeiten läßt uns in diesem Gewissen schließlich ein Vehikel des menschlichen Fortschritts erkennen. Das Gewissen ist nach alledem jene orientierende Kraft im Menschen, die ihn dazu befähigt, allen äußeren Einflüssen zu widersagen – mögen sie nun vom Gesetz, von der Gesellschaft, von der anerkannten Autorität oder von wem immer ausgehen – und hinter den alten Wahrheiten etwas Neues zu sehen. Es ist ein weiter Weg von einer Gesellschaft, die den Kannibalismus als etwas moralisch Gerechtfertigtes ansah, zu einer Welt, in der junge Menschen ihre gesellschaftliche Ächtung riskieren, indem sie sich weigern, jemanden zu töten, auch wenn es ein Feind ist. Wir können uns vorstellen, wie in einem Kannibalenstamm ein Vater seinen Sohn schelten mochte, weil dieser sich weigerte, das Fleisch anderer Menschen zu essen: „Versündige dich nicht gegen die Gottheit. Hätte sie denn die Menschen aus Fleisch gemacht, wenn sie nicht gewollt hätte, daß wir sie essen?" Und dennoch mag sich der Sohn geweigert haben. Als FRANKL einmal ein solches hypothetisches Ereignis diskutierte, erklärte er improvisierend: „In einer Gesellschaft, die den Kannibalismus tolerierte oder gar postulierte, konnte nur ein Mensch mit einem hochentwickelten Gewissen die Kraft aufbringen, den allgemein anerkannten Normen, die auch ihm eingetrichtert worden waren, zu widersprechen. Indem er aber solcherart seinem Gewissen gehorchte – einem Gewissen, das den Kannibalismus eben abzulehnen wagte –, wurde er zum Revolutionär. Vielleicht verlor er sein Leben; aber er hatte das Gewissen anderer Menschen wachgerüttelt! Und ich denke, das ist die Art und Weise, in der menschlicher Fortschritt vor sich geht – das ist die Art und Weise, in der Revolutionen gemacht werden, und vielleicht auch die Art und Weise, in der Religionen gegründet werden."

Nun, gemessen an der Lebenszeit eines Menschen, geht dieser Fortschritt allerdings sehr langsam vor sich. Die Mühlen des Gewissens, so könnte man sagen, mahlen sehr langsam, und manchmal kann man lange Zeit nicht unterscheiden, ob sie *nur* klappern oder auch Mehl hervorbringen. Und doch muß jeder seinem Gewissen folgen, so gut er kann, darf er nicht aufhören, sein Gehör zu schärfen, um dieses Gewissen immer besser zu verstehen, und – muß er tolerant sein gegenüber den Handlungen anderer, die ja ebenfalls ihrem Gewissen folgen. All das ist schwer genug in unserer wissenschaftlich-statistisch orientierten Zeit, in der menschlicher Fortschritt in meßbaren Daten angegeben wird, die man zählen, berechnen, an Computer verfüttern und analysieren kann. Aber die Antworten, die uns die Computer geben, sagen uns ja nur, wie die Menschen sich im Durchschnitt und in Stichprobengruppen verhalten, niemals aber können sie uns darüber Aufschluß geben, wie sich eine Person in einer bestimmten Situation verhalten sollte. Ich möchte sagen: leider ist es im Leben nicht so, daß jede Kreuzung durch ein Rotlicht oder Grünlicht geregelt ist, das uns sagt, ob wir stehenbleiben oder weiterfahren sollen; *wir leben in einer Epoche der gelben Blinklichter* – und die Entscheidung bleibt dem einzelnen überlassen!

6. Das Ringen um Sinn

Im Menschenbild der Logotherapie ist das Ringen um Sinn, das Streben nach einem höheren, einem letzten Lebenssinn nicht nur das unveräußerliche Recht des Menschen – es ist vielmehr das Wesen des Menschseins schlechthin. Wer in sich den „Willen zum Sinn" aber verdrängt, der reißt in sich den Abgrund des existentiellen Vakuums auf. Und umgekehrt: wer den „Willen zum Sinn" auslebt – wer dem „Willen zum Sinn" lebt, dessen Leben ist im eigentlichen Wortsinn „erfüllt" – nicht nur mit Sinn, sondern auch mit all den Begleiterscheinungen und Nebenwirkungen eines sinnvollen Daseins: mit Glück und Seelenfrieden, mit seelischer Gesundheit und auch noch solchen modischen Anliegen wie Selbstverwirklichung („self-actualization") und Gipfelerlebnissen („peak experiences"). All diese Köstlichkeiten eines sinnerfüllten Lebens entgehen aber dem Menschen, wie uns FRANKL immer wieder beweist, sobald ein Mensch sie „direkt anpeilt" – während sie ihm von selbst in den Schoß fallen, sobald es ihm nur darum geht, den Sinn seines Lebens beziehungsweise jeder einzelnen Lebenssituation zu erfüllen.

Das Streben nach Glück – ein Widerspruch in sich selbst

All diese glückhaften Auswirkungen eines echten Sinnstrebens erklärt die Logotherapie damit, daß der Mensch eben nicht ein geschlossenes System darstellt, daß Menschsein vielmehr immer, wie FRANKL es ausdrückt, „über sich selbst hinausweist – entweder auf einen Sinn, den zu erfüllen es gilt, oder auf anderes menschliches Sein, dem es liebend begegnet". Und er fährt fort: „Sobald nun der Mensch einen Sinn, den Sinn seines Lebens, beziehungsweise jeder einzelnen Lebenssituation, erfüllt oder aber sich einem anderen Menschen liebend hingibt, hat er zum Glücklichsein einen Grund.

Und sobald er einen Grund dazu hat, stellt sich das Glück ganz von selbst ein. Mit einem Wort, Glück muß er-folgen und läßt sich nicht er-zielen. Sobald nämlich das Glücklichsein selbst zum Gegenstand unserer Absichten – und damit auch schon zum Gegenstand unserer Aufmerksamkeit wird, können wir schon nicht mehr glücklich sein. Es tut mir leid, daß ich hierin der ehrwürdigen Unabhängigkeitserklärung der USA widersprechen muß: sie bezeichnet das Streben nach Glück (pursuit of happiness) als eines der Grundrechte des Menschen; aber das Streben nach Glück – dies ist meine Ansicht – scheitert an sich selbst, es steht sich selbst im Wege; denn je mehr es einem um die Lust geht, um so mehr vergeht sie einem auch schon."

Um die Unmöglichkeit, das Glück direkt anzupeilen, zu illustrieren, erinnert FRANKL in einem Aufsatz „Beyond Self-Expression and Self-Actualization" daran, daß wir aus unserer Alltagserfahrung mit der „Nicht-Intendierbarkeit" gewisser Phänomene durchaus vertraut sind. So gebe es zum Beispiel kein sichereres Mittel, den Schlaf zu verscheuchen, als den bewußten Versuch, unbedingt einzuschlafen: solche Verkrampftheit lasse jene Entspanntheit nicht aufkommen, die für das Einschlafen eine Voraussetzung sei. Analog werde Gesundheit nicht dem zuteil, der sie um jeden Preis anstrebe – denn dann sei er bereits erkrankt, nämlich an Hypochondrie. Geachtet werde ebenfalls nicht der Mann, der sich allzusehr um die Achtung anderer Menschen bemühe, sondern man verachte ihn – als Ehrgeizling. Und schließlich führt FRANKL das Gewissen an: ein wahrhaft gutes Gewissen könne nicht dadurch erreicht werden, daß man „gut" ist, nur um ein gutes Gewissen zu haben – dann wäre man ja in Wirklichkeit ein Pharisäer geworden; vielmehr stelle sich das gute Gewissen dann ein, wenn man nicht seinetwegen, sondern um einer Sache willen, oder einem Menschen zuliebe, handle – dann stelle sich das gute Gewissen *von selbst* ein!

Daß das Glück den Menschen flieht, wenn er es bewußt anstrebt, beweist FRANKL auch an Hand von Sexualneurosen. Er meint, daß wohl 90 Prozent aller Sexualneurosen darauf zurückgeführt werden können, daß der Mann es darauf anlegt, seine Potenz zu demonstrieren, oder daß die Frau ihre Fähigkeit unter Beweis stellen will, einen Orgasmus zu erleben. Nach FRANKLS Überzeugung ist es gerade dieses direkte Streben nach sexueller Lust, dieses „Anpeilen" sexuellen Glücksgefühls, was zum Scheitern führen muß. Speziell für diese Art von Neurosen hat seine Logotherapie eine eigene Behandlungsmethode parat, die Technik der „Dereflexion", bei der der

Patient angeleitet wird, das krankhafte Sich-selbst-Bespiegeln, die „Hyper-Reflexion", abzubauen und die Aufmerksamkeit von seinen eigenen Gefühlen ab- und dafür jenen Dingen zuzuwenden, die einen *Grund* zum Glücklichsein darstellen. (Eine kurze Beschreibung dieser Methode folgt in Kapitel 9; ausführlicher ist sie in FRANKLs Büchern „Die Psychotherapie in der Praxis", „Theorie und Therapie der Neurosen" und „Das Leiden am sinnlosen Leben" beschrieben.) Dies nämlich gilt, wie FRANKL beweist, nicht nur für die geschlechtliche Lust, sondern für das Glücklichsein im allgemeinen: der Mensch will letzten Endes nicht das Glück an und für sich, sondern den *Grund* zum Glücklichsein: „Beim Neurotiker aber wird dieses primäre Streben gleichsam abgebogen in ein *direktes* Streben nach Glück, in einen Willen zur Lust. Anstatt daß die Lust das bleibt, was sie sein muß, wenn sie überhaupt zustande kommen soll, nämlich eine Wirkung (die Nebenwirkung erfüllten Sinns und begegnenden Seins), wird sie nunmehr zum Ziel einer forcierten Intention, einer Hyper-Intention. Mit der Hyperintention einher geht aber auch eine Hyperreflexion. Die Lust wird zum alleinigen Inhalt und Gegenstand der Aufmerksamkeit. In dem Maße aber, in dem sich der Mensch um die Lust kümmert, verliert er den *Grund* zur Lust aus den Augen – und die Wirkung ‚Lust' kann nicht mehr zustande kommen." (Psychotherapie für den Laien, 1971.) „Die Jagd nach dem Glück verjagt es auch schon", sagt FRANKL.

Die Denker und politischen Führer vergangener Zeiten, von ARISTOTELES bis JEFFERSON, haben das Glück als das zentrale Ziel des menschlichen Lebens – und das Streben nach diesem Glück als wesentliches Anliegen des Menschen angesehen. Demgegenüber haben KANT und SCHELER darauf hingewiesen, daß die Lust niemals ein Ziel, sondern immer nur ein Nebenergebnis sein kann. FREUD erhob das Lustprinzip zu einem zentralen Antrieb im menschlichen Seelenleben; FRANKL dagegen ist der gleichen Ansicht wie KANT und SCHELER, und er fügt hinzu, daß die Lust als eine Nebenwirkung die gleiche bleibt, während die Gründe, die wir zur Lust haben mögen, durchaus verschieden sein können. Ohne Zusammenhang mit den jeweiligen Gründen lasse sich so etwas wie Lust oder Glück aber nicht verstehen. Es gibt eben keine direkte Beziehung des Menschen zum Glück – es gibt nur Beziehungen zu Personen und Sachen, aus denen das Glück zu erwachsen vermag: die Hingabe an einen Menschen, den wir lieben, beziehungsweise die Hingabe an eine Aufgabe!

Man hat eingewendet, daß ein Gefühl des Glücks sich erfahrungsgemäß nicht nur dann einstellt, wenn wir eine Aufgabe erfüllt haben, sondern ganz von selbst – bei einem Spaziergang im strömenden Regen, wenn ich der Brandung des Meeres lausche oder wenn ich im Gras liege, einen geliebten Menschen neben mir. Aber die Logotherapie lehrt uns ja, daß Sinnerfüllung, und damit Glück, nicht *nur* das Ergebnis irgendeiner Handlung sein muß, sondern auch in einem Erlebnis bestehen kann. Eine der drei Wertkategorien, die FRANKL unterscheidet, ist ja gerade die Gruppe der „Erlebniswerte". „Man kann seinem Leben Sinn geben", sagt FRANKL, „indem man eine Tat setzt oder ein Werk vollbringt. Aber man kann seinem Leben Sinn auch geben, indem man das Schöne, das Gute, das Wahre in sich aufnimmt – oder auch nur einen einzigen Menschen in seinem Wesen erlebt, in seiner Einmaligkeit und Einzigartigkeit, und einen Menschen als einmaligen und einzigartigen erleben heißt: ihn lieben." (Theorie und Therapie der Neurosen, Seite 154.)

Gründe und Ursachen des Glücklichseins

Die Jagd nach dem Glück wird kaum irgendwo anders mit solch naivem Überschwang betrieben wie unter den Studenten der Universität von Berkeley, die mit Hilfe von LSD und anderen „Glückspillen" neue Erlebniswelten zu finden hoffen. Und in Berkeley war es auch, wo FRANKL nach einem Vortrag gefragt wurde, wie er über die Erzeugung von Lustgefühlen und Gipfelerlebnissen (peak experiences) durch Drogen denke. Hier seine Antwort:

„Alkohol und Drogen können natürlich niemals einen ‚Grund' zum Glücklichsein abgeben, aber sie können sehr wohl die ‚Ursache' von Glücksgefühlen sein. Das heißt, es besteht dann kein psychologischer, sondern bloß ein physiologisch-biochemischer Zusammenhang zwischen der Einnahme einer Droge und dem darauffolgenden Glücksgefühl. Worin besteht nun der Unterschied zwischen Gründen und Ursachen? Wenn ich weine, weil ich einen Freund verloren habe, dann habe ich einen Grund zum Weinen; weine ich aber deshalb, weil ich eine Zwiebel schneide, dann ist die Zwiebel nicht der Grund für meine Tränen, sie ist eine Ursache. So kann auch ein Gefühl des Glücks durch Ursachen hervorgerufen werden – durch Pillen oder sogar durch elektrische Ströme. Ich weiß von einem Experiment, bei dem man im Gehirn von Ratten an einer bestimmten Stelle (im Hypothalamus) Elektroden einpflanzte; und sobald man durch Druck auf eine Taste den Stromkreis schloß, erlebten die Ratten entweder einen sexuellen Orgasmus oder eine Befriedigung des Nahrungstriebes. Dann lernten die Ratten, selber die Taste zu drücken und den Stromkreis zu schließen, und wurden so süchtig, daß sie sich bis zu fünfzigtausendmal am Tag auf diese Weise befriedigten. Das Interessante aber dabei ist: Diese Ratten ließen bald das *wirkliche* Futter, das ihnen geboten wurde, stehen und kümmerten sich auch nicht um die *wirklichen* sexuellen Partner. Und ganz genauso benehmen sich Leute, die sich biochemischer Ursachen bedienen, um ein Lustgefühl zu erzeugen, aber an *den wahren Aufgaben draußen in der Welt* vorbeigehen und vorbeileben. Die Ursachen der Lust mögen biochemischer Natur sein, die Gründe zum Glücklichsein aber sind nur in der menschlichen Dimension zu finden."

Das gegenwärtige Interesse an psychedelischen Drogen ist nach FRANKLs Ansicht darauf zurückzuführen, daß es den Menschen nicht gelingt, in ihrer Umwelt „Gründe" zum Glücklichsein zu finden, und daß sie daher nach bloßen „Ursachen" suchen, um rasch und mühelos Lustgefühle fabrizieren zu können. Zur Illustrierung dieser These zitiert FRANKL einen amerikanischen Witz, demzufolge ein Mann auf der Straße seinen Hausarzt trifft, der sich dann nach seines Patienten Befinden erkundigt. Es zeigt sich aber alsbald, daß dieser Patient in letzter Zeit ein wenig schwerhörig geworden ist. „Wahrscheinlich trinken Sie zu viel", ermahnt ihn sein Hausarzt. Ein paar Monate später begegnen sie einander wieder auf der Straße, und abermals erkundigt sich der Arzt nach dem Befinden seines Patienten und hebt zu diesem Zweck seine Stimme. „Oh", meint der nun, „Sie brauchen nicht so laut zu sprechen: ich höre wieder ausgezeichnet." „Wahrscheinlich haben Sie auch aufgehört zu trinken", meint der Arzt, „so ist's recht – nur so weiter". Wieder ein paar Monate später: „Wie geht's Ihnen?" „Wie bitte?" „Wie es Ihnen geht, frage ich." Endlich versteht der Patient. „Nun, Sie sehen, ich höre wieder schlechter." „Wahrscheinlich haben Sie wieder begonnen zu trinken." Woraufhin der Patient dem Arzt alles erklärt: „Schauen Sie: zuerst hab' ich getrunken und schlecht gehört; dann hab' ich aufgehört zu trinken und wieder besser gehört; aber *was* ich gehört hab', war nicht so gut wie Whisky." Den Witz kommentiert FRANKL folgendermaßen: „In Ermangelung eines Lebenssinnes, dessen Erfüllung den Mann glücklich gemacht hätte, versuchte er, ein solches Glücksgefühl *unter Umgehung* jeder Sinnerfüllung herbeizuführen, und zwar auf dem Umweg über die Chemie."

Selbstverwirklichung

Neben dem nun schon mehrmals erwähnten Begriff der Gipfelerlebnisse (peak experiences) gibt es noch ein weiteres Konzept, das in der westlichen Welt rasch zum psychologischen Modewort avancierte – die Selbstverwirklichung (self-actualization). Aber auch für die Selbstverwirklichung gilt nach FRANKL, was oben vom Gefühl des Glücks oder der Lust gesagt wurde, nämlich, daß man sie nur in dem Maße erreichen kann, in dem man Sinn erfüllt – den konkreten Sinn einer konkreten Situation. Dann erfüllt man sich selbst, ohne sich erst um Selbstverwirklichung kümmern zu müssen. Peilt man aber umgekehrt Selbstverwirklichung direkt an, dann ist nichts da, auf Grund dessen man sich verwirklichen könnte, und – einmal zum Ziel gemacht – entzieht sich Selbstverwirklichung solchem direkten Zugriff. FRANKL zitiert dazu zwei Autoritäten aus weit auseinanderliegenden Zeitaltern: den griechischen Dichter PINDAR, der dem Menschen zurief, „werde, der du bist" und damit in ganz moderner Manier zur Selbstverwirklichung aufrief. Diesen Imperativ hält FRANKL nun für richtig einzig und allein unter der Voraussetzung, daß er ergänzt wird durch die Worte von JASPERS, „was der Mensch ist, das wird er durch die Sache, die er zur seinen macht".

Nun geht FRANKL weiter und fragt: „Aber wann ist der Mensch so sehr auf Selbstverwirklichung bedacht? Verrät nicht das forcierte Streben nach Selbstverwirklichung ein frustriertes Streben nach Sinnerfüllung?" Und ein Bumerang, der ihm in Australien, im Anschluß an einen Vortrag, von einer Universität geschenkt wurde, dient FRANKL als Symbol für die menschliche Existenz beziehungsweise deren „Selbst-Transzendenz": es ist nämlich nicht – wie allgemein angenommen wird – die Aufgabe des Bumerangs, zum Jäger zurückzukehren, er soll vielmehr das gejagte Wild treffen und töten. Nur jener Bumerang kehrt zum Jäger zurück, der sein Ziel verfehlt hat. Und ebenso, überlegt FRANKL, kehrt ein Mensch nur dann in sich selbst zurück, reflektiert er nur dann so sehr über sein Selbst und ist er nur dann so sehr um dessen Verwirklichung bekümmert, wenn er zunächst einmal sein eigentliches, im Nicht-Selbst, in der Welt liegendes Ziel verfehlt hat und in seinem „Willen zum Sinn" frustriert ist.

CHARLOTTE BÜHLER hat einmal gesagt, wer von Selbstverwirklichung spricht, meint in Wirklichkeit die Verwirklichung aller Potentiale, die in einem Menschen ruhen. So gesehen, läge also der Lebenszweck eines jeden Menschen darin, so viele seiner Potentialitäten wie möglich zu aktualisieren. Aber ein Mensch, der in dieser Weise blind „drauflos aktualisierte", würde weder sich selbst verwirklichen noch glücklich sein. Vor allem aber gilt, daß „das eigentliche Problem", wie FRANKL sagt, „seitens derjenigen, die immer wieder nur vom Verwirklichen eigener Möglichkeiten sprechen, nur verschoben, ja noch verschleiert wird; denn das eigentliche Problem ist und bleibt ein Wertproblem". FRANKL meint nämlich, „daß es nicht darauf ankommen kann, *irgendwelche* Möglichkeiten zu verwirklichen", und verweist auf „den historischen Präzedenzfall SOKRATES: Was wäre aus ihm geworden, wenn er alle in ihm schlummernden Möglichkeiten tatsächlich verwirklicht hätte? Nun, er hat es uns verraten: er selbst hat darum gewußt, daß – unter anderen Möglichkeiten – auch die zum Verbrecher in ihm gelegen war."

Aber auch unsere Alltagserfahrung bestätigt FRANKLS Argument: Wir wissen, daß es viele Arten des Glücklichseins gibt (jemanden lieben oder jemanden beherrschen), viele Arten schöpferischen Tuns (das Komponieren von Symphonien oder die Erfindung einer Superwaffe), viele mögliche Arten der Selbstverwirklichung (Verwirklichung der künstlerischen oder der praktischen Veranlagung, der Neigung zur Grausamkeit oder des Mitleids). Die Frage: Wozu bin ich fähig? ist also zu ergänzen durch die Frage: Wozu bin ich aufgerufen? Die menschliche Gabe der Entscheidungsfreiheit muß hier durch Verantwortlichkeit gezügelt werden, und diese Aufgabe wird durch die Tatsache noch erschwert, daß man kaum jemals eine Gelegenheit hat, eine einmal getroffene Entscheidung noch einmal zu überdenken. In seinem längst vergriffenen Buch „... trotzdem Ja zum Leben sagen" (1946) weist FRANKL darauf hin, „daß jede Entscheidung, die kleinste wie die größte, eine Entscheidung ist ‚für alle Ewigkeit'; daß ich jeden Augenblick eine Möglichkeit, die Möglichkeit des einen Augenblicks, verwirkliche oder verwirke. Nun birgt jeder einzelne Augenblick Tausende von Möglichkeiten – und ich kann nur eine einzige wählen, um sie zu verwirklichen; alle andern aber habe ich damit auch schon gleichsam verdammt und zum Nie-Sein verurteilt – und auch dies: ‚für alle Ewigkeit'!" In jeder Lebenssituation ist jedem Menschen die mühevolle Aufgabe gestellt, jene Potentialitäten auszuwählen, die er in die Wirklichkeit hineinführen will. Und auch hier hat er wieder nur sein Gewissen, jenes „menschliche, aber auch nur allzu menschliche Sinn-Organ", um den rechten Weg zu finden und die richtige Wahl zu treffen.

Gesunde Spannung

Die Notwendigkeit, Entscheidungen zu treffen, führt zu Spannungen. Aber das sind gesunde Spannungen, die zum Menschsein einfach dazugehören. „Denn Mensch-Sein heißt In-der-Spannung-Stehen zwischen Sein und Sollen, unaufhebbar und unabdingbar", sagt Frankl (Die Psychotherapie in der Praxis). Mensch-Sein, meint er, sei keineswegs charakterisiert durch ein „Nun-einmal-so-und-nicht-anders-Sein", vielmehr durch das „Immer-auch-anders-werden-Können" (ibidem).

Dazu kommt noch, daß Frankl auch die zur Zeit gängigen Motivationstheorien ablehnt, die durchweg davon ausgehen, daß der Mensch primär darauf aus ist, sein inneres Gleichgewicht zu erhalten oder wiederzugewinnen und zu diesem Zweck seine inneren Spannungen abzubauen. Und im Zusammenhang damit zitiert Frankl Charlotte Bühler, die meint, „von Freuds frühesten Formulierungen des Lustprinzips bis zur letzten, gegenwärtigen Version des Prinzips der Spannungsabfuhr und Homöostase wurde das ständige Endziel aller Aktivität durchs ganze Leben im Sinne einer Wiederherstellung des Gleichgewichts im Individuum aufgefaßt" (Basic Tendencies of Human Life, in: R. Wisser, Sein und Sinn). Aber „Freuds auf die Physik seiner Zeit gestützte Annahme, daß Entspannung die einzige primäre Grundtendenz des Lebenswesens ist, trifft einfach nicht zu" (Charlotte Bühler, Zur Psychologie des menschlichen Lebenslaufes, Psychologische Rundschau VIII, 1956). Wie Frankl ergänzend bemerkt, „wird im Rahmen des psychodynamischen Menschenbilds die Realität zu einem bloßen Mittel zum Zweck herabgesetzt, nämlich zum Zweck der Triebbefriedigung, letzten Endes jedoch des Lustgewinns. Im Rahmen dieses Menschenbilds scheinen die dem Menschen begegnenden Gegenstände, die Sachen, aber auch die Partner, eben nur dazu da zu sein, als bloße Mittel zum Zweck der Abstillung von Bedürfnissen zu dienen, sie scheinen gerade tauglich zu sein, in diesen Dienst gestellt zu werden; tatsächlich ist der Mensch im Bilde einer Psychomechanik, die sich euphemistisch Psychodynamik nennt, an einem Gegenstand bloß insofern interessiert, als er ein Mittel zum Zweck ist, einen Zustand (wieder-)herzustellen, und zwar den Zustand des Gleichgewichts, der Homöostase, und der Spannungsabfuhr." (Die Psychotherapie in der Praxis.)

Von einem solchen Standpunkt aus gesehen, erziehen Eltern ihre Kinder, um ihnen Konflikte zu ersparen; fordern Lehrer ihre Studenten nicht zu Leistungen heraus, sondern helfen ihnen, sich anzupassen; gehen die Menschen in die Kirche (oder gleich zum Psychoanalytiker), um ihre Seelenruhe zu finden; gehen sie Freundschaften ein, um ein Bedürfnis zu befriedigen; setzen sie gute Taten, um ihr schlechtes Gewissen loszuwerden. Alles, was sie tun, ist nicht um einer Sache oder eines Menschen willen getan, sondern alles wird zu einem bloßen Mittel zum Zweck herabgewürdigt – dem Zweck, das innere Gleichgewicht zu erreichen.

Soviel also zu der homöostatischen Motivationstheorie, wie FRANKL sie kritisiert; er weist aber auch darauf hin, daß dieses Streben nach einem spannungslosen Zustand für viele Patienten typisch ist: „Kennzeichnet es doch den spezifischen Modus des neurotischen Daseins, daß es der Mensch selbst ist, daß es seine eigenen inneren Zustände sind, was sein Interesse gewinnt, während im gleichen Maße die Welt und die Gegenstände in ihr zurücktreten. Im Gegensatz zu aller eigentlichen – und ursprünglichen – Existenz ist es nämlich paradigmatisch und exemplarisch, daß der neurotische Mensch nicht mehr gegenständlich orientiert, sondern nur noch zuständlich interessiert ist: nicht mehr ist er, wie der normale Mensch, ausgerichtet und hingeordnet auf Personen und Partner, Sachen und Gegenstände in der Welt; vielmehr sind es, anstelle der Gegenstände, bloße Zustände, sind es im besonderen die Gefühlszustände Lust und Unlust, denen sein Interesse gilt" (ibidem).

Die Entwertung des Partners sei charakteristisch für die sexuelle Neurose, meint FRANKL in seinem neuesten Buch „Der Wille zum Sinn". Es seien sexualneurotische Patienten, die ihre Partnerinnen als Mittel zum Zweck betrachten. Diese Leute sprechen dann von „Onanie an einer Frau". Die Partnerin ist für diese Neurotiker nichts als ein Mittel zu dem Zweck, „ihr Sperma loszuwerden, wie sie sich auszudrücken pflegen". Die Partnerinnen, meint er weiter, würden solcherart als Objekte angesehen werden und aufhören, Subjekte zu sein. Aber „auf menschlicher Ebene", sagt er abschließend, „betrachte ich den Partner nicht als ein Mittel zum Zweck, sondern werde in der Begegnung seiner Menschlichkeit ansichtig und in der Liebe seiner Einmaligkeit und Einzigartigkeit".

Der Mensch ist also nicht vor allem darauf aus, seiner Lust, seinem Glück nachzujagen, sondern immer bestrebt, einen Sinn zu erfüllen; dieser Sinn muß aber immer jenseits der eigenen Persönlichkeit liegen. Die Ansicht, daß es nicht gilt, einen Sinn zu erfüllen, sondern einfach sich selbst beziehungsweise seine eigenen Möglichkeiten zu verwirklichen, ist zwar sehr populär, aber auch sehr gefährlich.

Populär deshalb, weil sie dem Menschen die Mühe erspart, Werten nachzustreben – er trägt sie ja in sich; „und ein erleichtertes Aufatmen geht durch die Reihen der Spießer, die in ihrer Pseudomoral ein Unbehagen gespürt hatten", sagt FRANKL in seinem Aufsatz im „Archiv für die gesamte Psychologie" (1964), denn seines Erachtens „geht das verborgene Motiv, das hinter der Lehre der Selbstverwirklichung steht, dahin, die Spannung zwischen Existenz und Essenz zu verringern; oder, anders ausgedrückt, die Spannung zwischen der Realität einerseits und jenen Idealen, die erst zu verwirklichen sind".

Aus demselben Grund ist die Lehre der Selbstverwirklichung gefährlich: indem der Mensch nicht mehr über sich hinausstrebt, sondern sich mit dem Erreichen gewisser innerer Zustände – wie Selbstverwirklichung oder „Gipfelerlebnisse" (MASLOW) – zufrieden gibt, bleibt ihm am Ende nichts mehr als das „Abgrunderlebnis" (FRANKL) des Sinnlosigkeitsgefühls. Um einen solchen Menschen aus seinem Abgrund zu ziehen, verordnet die Logotherapie nicht etwa die Vermeidung jeglicher Spannung. Was der Mensch in Wirklichkeit braucht, ist nämlich „nicht ein Zustand bar jeder Spannung", sagt FRANKL, „vielmehr eine gewisse, eine gesunde Dosis von Spannung – etwa jene dosierte Spannung, wie sie hervorgerufen wird durch sein Angefordert- und Inanspruchgenommensein durch einen Sinn".

Aber selbst in einem tieferen Sinne, meint er, sei „die Spannung zwischen Sein und Sinn" unaufhebbar im Wesen des Menschen begründet: „Der Sinn muß jeweils dem Sein um einen Schritt voraus sein – nur dann nämlich kann *der Sinn* das sein, was sein eigener Sinn ist: *Schrittmacher des Seins* zu sein!"

Schrittmacher und Friedensstifter

In seinem Buch „Psychotherapy and Existentialism" führt FRANKL diese Idee weiter aus, indem er die Bibelstelle vom Auszug aus Ägypten in logotherapeutischer Sicht interpretiert: Gott, so heißt es dort, schwebte als Wolke vor dem Volke Israel her. Er führte die Juden durch die Wüste. Wenn sich die Wolke, statt den Umherziehenden voranzuschweben, unter ihnen niedergelassen hätte, hätten sie niemals den Weg ins Gelobte Land finden können: sie hätte alles eingenebelt, niemand hätte sich zurechtgefunden, und Israel wäre irregegangen.

Ich möchte noch einen Schritt weitergehen und sagen, daß aller

Fortschritt letztlich dadurch zustande kommt, daß die Menschen einem Gott nachstreben, der ihnen vorausschreitet. Religiöse Führer, Dichter, Forscher, Philosophen, Lehrer und Eltern – sie alle wollten und wollen Wegbereiter sein, und manchen gelingt das auch. In jüngerer Zeit aber sind Menschen aufgestanden, die sich ein anderes Ziel erwählt haben. Nicht Wegbereiter wollen sie sein, sondern Friedensstifter, wenn auch nicht in dem Sinn, in dem die Bibel dieses Wort benützt, wenn sie von den „begnadeten Friedensstiftern" spricht, die „Kinder Gottes" genannt werden sollen.

In seinem Buch „Psychotherapy and Existentialism" unterscheidet FRANKL zwischen zweierlei Menschentypen, die er bezeichnet als „Schrittmacher" und „Friedensstifter" (im englischen Original: „Pacemakers versus peacemakers"). Die Schrittmacher konfrontieren den Menschen mit Aufgaben und verlangen ihm etwas ab. Die Friedensstifter hingegen propagieren den Seelenfrieden und wollen dem Menschen alle Herausforderungen und Anstrengungen ersparen. In seiner im „Archiv für die gesamte Psychologie" erschienenen Arbeit greift FRANKL diese Unterscheidung wieder auf: „Ein Schrittmacher war beispielsweise Moses: er trachtete keineswegs, das Gewissen seines Volkes einzululln, im Gegenteil, er forderte es heraus. Er brachte seinem Volk die Zehn Gebote mit, als er vom Berge Sinai herniederstieg, und ersparte ihm weder die Konfrontation mit Idealen noch das Wissen um die ihnen nur nachhinkende Realität."

Ganz anders die Friedensstifter, wie FRANKL sie zeichnet. Immer bemüht, dem Menschen zu seinem „inneren Gleichgewicht" zu verhelfen, konfrontieren sie ihn nicht mit unbequemen Idealen, sondern mit Tatsachen. „Und Tatsache ist es nun einmal, daß eine verschwindende Minorität an Ideale heranreicht – warum sollen wir uns also um sie scheren, warum sollen wir anders sein als der Durchschnitt? Wozu sollen wir ideal werden – bleiben wir normal!" (ibidem). Für die Friedensstifter unserer Zeit zählen nicht Ideale, sondern Normen. Sie vertrauen nicht auf Hoffnungen und Träume, sondern auf Statistiken und Meinungsumfragen. Sie sprechen vom „Durchschnittsmenschen" statt von der einmalig-einzigartigen Person – aber der Durchschnittsmensch kann niemals einen Sinn finden, denn so etwas wie einen Durchschnittssinn gibt es nicht. Die Friedensstifter drechseln auch jene Ratschläge, die zu befolgen so bequem ist: „Wenn die meisten Ehemänner ihre Frauen betrügen, warum sollte ich es nicht tun? Wenn die meisten Leute lügen, warum soll ich mich an die Wahrheit halten?" Das Ziel der Friedensstifter

ist es nicht, den Menschen gut oder weise oder gerecht zu machen
– sie wollen den „normalen" Menschen. Ein amerikanischer Hörer
FRANKLS wies einmal darauf hin, daß die Begriffe ihre Bedeutung
umkehren können, wenn wir sie in diesem neuen Licht betrachten:
die meisten Kriegstreiber muß man nämlich im obigen Sinne als
Friedensstifter ansehen – sie kümmern sich ja nicht um die Wirkungen des Krieges auf die Menschen und das Menschliche; sie denken
in Begriffen von Logistik, Zerstörungskraft, von Kosten pro getötetem Feind, und in dem Versuch, sich „den Realitäten anzupassen",
übernehmen sie selbst das Gedankengut des Gegners, den sie bekämpfen.

In seiner erstmalig 1946 erschienenen „Ärztlichen Seelsorge" gibt
FRANKL „der Frage nach dem Sinn des Lebens eine kopernikanische
Wendung: Das Leben selbst ist es, das dem Menschen Fragen stellt.
Er hat nicht zu fragen, er ist vielmehr der vom Leben her Befragte,
der dem Leben zu antworten – das Leben zu ver-antworten hat."
Es ist sehr unwahrscheinlich, daß Präsident KENNEDY jemals die
englische Übersetzung von FRANKLS „Ärztlicher Seelsorge", nämlich das Buch „The Doctor and the Soul" gelesen hat, aber die Ähnlichkeit von KENNEDYS Motto ist auffallend – und auch anderen bereits aufgefallen: „Frage nicht, was dein Land für dich tun kann;
frage, was du für dein Land tun kannst." Die Begeisterung, mit der
die amerikanische Jugend den Gedanken des Peace Corps aufnahm,
zeigt, daß KENNEDYS Aufruf nicht auf taube Ohren gestoßen war.
Viele Amerikaner sind unzufrieden darüber, daß ihr Land nur mehr
das Image eines früheren Schrittmachers hat, und sie wünschen sich,
daß Amerika wieder ein Schrittmacher für die Welt werde.

Das Sinnlosigkeitsgefühl in der Überflußgesellschaft

Wenn wir versuchen, die gerade in unserer Überflußgesellschaft so
verbreitete Erscheinung der inneren Unruhe und Unsicherheit zu
erklären, so drängt sich uns die Erkenntnis auf, daß noch ein weiteres
der von der Menschheit von alters her angestrebten Ziele, nämlich
das Utopia, für immer ein unerreichbares Schemen bleiben wird.
Es ist nun FRANKLS Überzeugung, daß eine vollständige Befriedigung aller Bedürfnisse und Triebe des Menschen nicht zum höchsten
Glück, sondern zur tiefsten inneren Leere, zur Verzweiflung führen
würde. Und die Geschichte scheint FRANKL hier recht zu geben. Als
die Pilgerväter den Herausforderungen eines fremdartigen und

feindlichen Kontinents gegenüberstanden, empfanden sie gewiß kein existentielles Vakuum; sie hatten ja eine Aufgabe zu erfüllen. Wo immer ein Volk einer großen Anstrengung unterworfen war, brachte es Menschen hervor, die ihren Lebenssinn darin fanden, die Schwierigkeiten zu überwinden – vom umherziehenden Volke Israel bis zu den Franzosen zur Zeit der deutschen Besetzung. Langeweile und innere Leere dagegen überwogen zu den Zeiten des Reichtums und der materiellen Sicherheit – wir finden sie unter den Bürgern des Römischen Reiches auf dem Gipfelpunkt seiner Macht, unter den Höflingen LUDWIGS XVI. und heute unter den Reichen Amerikas. Schon vor 30 Jahren warnte der Wiener Logotherapeut PAUL POLAK vor dem Irrglauben, daß alle Neurosen verschwinden würden, sobald der Mensch seine ökonomischen Probleme gelöst haben würde. Er sah voraus, daß gerade dann die existentiellen Fragen sich in das Bewußtsein der Menschen drängen würden.

Und das ist es, was eben jetzt in den reichen Ländern des Westens geschieht. Viele der ältesten Probleme der Menschheit – die Schwierigkeit, Nahrung und Unterschlupf zu finden, die Unbilden der Natur und viele Krankheiten – sind gelöst oder wenigstens erleichtert; und alle etwa noch verbleibenden Spannungen werden tunlichst beseitigt, sei es durch Anpassung, durch Luxus oder durch Tranquilizer. Unter dem Einfluß der geschäftigen „Friedensstifter" bemüht sich der moderne Mensch stets darum, jede Spannung zu vermeiden. Und doch werden die Leute nicht glücklicher. Das Seltsame ist, wie FRANKL bemerkt, daß sie, sobald sie alle Spannungen los sind, sich selbst künstlich neue Spannungen verschaffen – auf gesunde oder ungesunde Weise. Und zwar sei es „der Sport, der die Mission übernommen hat, den Organismus einem periodischen Streß auszusetzen und inmitten des Wohlstands dem Menschen zu Situationen eines künstlichen und flüchtigen Notstands zu verhelfen" (FRANKL, Aphoristische Bemerkungen zur Sinnproblematik, Archiv für die gesamte Psychologie 1964). Der Sport ist die am weitesten verbreitete Art, Spannung zu schaffen: in allen leistungsorientierten Sportzweigen stellt man sich selbst eine Aufgabe, deren Erfüllung höchste Anstrengung und Konzentration erfordert. Ein solches Verhalten ist geradezu ein Wesensmerkmal des Menschen. Kein anderes Lebewesen stellt Hürden auf, um darüberzuspringen, oder klettert Felswände hinauf, bloß weil das ziemlich schwierig ist. Aber es gibt, wie FRANKL zugibt, auch ungesunde, ja krankhafte Arten, sich die lebensnotwendige Spannung zu verschaffen. Vor allem Jugendliche, denen „die Anforderung von einem Lebenssinn, einer Aufgabe her" fehlt, erfinden manch gefährlichen „Sport". Sie schwänzen die Schule, provozieren die Polizei, begehen sinnlose Verbrechen und setzen beim „Russischen Roulette" ihr Leben aufs Spiel. FRANKL pflegt aber einen Vorfall in Oslo zu zitieren, der beweist, daß das existentielle Vakuum der Jugendlichen nicht nur durch destruktive Inhalte ausgefüllt werden kann: eine jugendliche Bande, die aus Langeweile Autoreifen und die Sitzbezüge von Straßenbahnen aufgeschlitzt hatte, gab diese Streiche eines Tages auf und verlegte sich darauf, Patrouillen zu bilden, die solche Ausschreitungen von seiten anderer Banden verhindern sollten. Zu ihrer eigenen Überraschung fanden sie es genauso „aufregend", auf der Seite des Gesetzes zu sein, wie gegen das Gesetz zu verstoßen.

Ideale in unserer Zeit

Bei seinen Vortragsreisen in den USA zögert FRANKL verständlicherweise, sein Gastgeberland zu kritisieren, aber es gab doch Gelegenheiten, bei denen er die Sehnsucht der Amerikaner nach einer von jeder Spannung freien Gesellschaft aufs Korn nahm. Als Kenner sowohl der FREUDschen Lehren als auch der modernen amerikanischen Fachliteratur kann er auch beurteilen, wieweit die FREUDschen Ideen, die hier in den Vereinigten Staaten vielfach unkritisch und ohne rechtes Verständnis übernommen wurden, zu dieser Traumvorstellung beigetragen haben. In einem Artikel, der 1966 im Journal of Humanistic Psychology erschien, weist FRANKL darauf hin, daß die Menschen zur Zeit FREUDS in großer innerer Spannung lebten, einer Spannung, die vor allem durch die damals übliche Verdrängung des Geschlechtlichen hervorgerufen war. FREUDS Verdienst war es, daß er diese übergroße Spannung beseitigte und damit nicht zuletzt auch den Menschen in den angelsächsischen Ländern, die lange Zeit hindurch unter ihrem puritanischen Erbe gelitten hatten, Erleichterung brachte. In Amerika schlug aber nun das Pendel nach der anderen Seite aus, und in einer ungezügelten Reaktion auf die vorhergegangene Überforderung durch die puritanische Moral suchten die Amerikaner nun ihr Heil in einer „Unterforderung". Aus Angst, sie könnten von ihren Kindern zuviel verlangen, entwickelten sie ein Erziehungssystem, in dem jede Konfrontation des Schülers mit „puritanischen" Begriffen wie Idealen und Werten peinlich vermieden wurde. Das heißt aber, wie FRANKL meint, das Kind mit dem Bade ausschütten. Nicht nur die puritanischen Ideale, sondern *alle* Ideale wurden als etwas Überholtes abgetan. Es wurde als „zeitgemäß" angesehen, materialistisch zu sein. Aber schon scheint so etwas wie eine Wiederentdeckung der Ideale zu beginnen.

Auf dem Ersten Kongreß für Phänomenologie, der in Lexington (Kentucky) unter dem Vorsitz von ERWIN STRAUS stattfand, sprach FRANKL davon, daß die sogenannte Tiefenpsychologie einer Ergänzung bedarf, nämlich einer „Höhenpsychologie" (die er bereits in einem 1938 in der Zeitschrift für Psychotherapie erschienenen Artikel postulierte), und er zitierte auch einen „Höhenpsychologen", der gesagt hatte, „wenn es ums Überleben geht, dann brauchen wir Ideale" („ideals are the very stuff of survival"). „Und wissen Sie, wen ich da zitiere", fragte FRANKL, „welchen Höhenpsychologen? JOHN H. GLENN, den ersten amerikanischen Astronauten – wohl wirklich einen Höhen-Psychologen..." Ideale scheinen also wieder gesellschaftsfähig zu werden.

Die lange Indoktrination mit Lehren, die so etwas wie Sinn und Werte auf psychologisch und soziologisch erklärbare Projektionen der eigenen Persönlichkeitsstruktur zurückführen wollten, konnte den Idealismus der amerikanischen Jugend offenbar nicht zur Gänze unterdrücken. Das Peace Corps, der Krieg gegen die Armut, die Bürgerrechtsbewegung, der Kampf für Redefreiheit und Frieden sind Zeugnis dafür, daß Ideale durchaus nicht mehr als überalterte Hirngespinste angesehen werden. Priester steigen von ihren Kanzeln, um zu demonstrieren; Wissenschaftler verlassen ihre Laboratorien und unterstützen politische Kandidaten; Studenten gehen aus ihren Hörsälen auf die Straße. Ist das eine ungesunde Entwicklung? Sicherlich, wenn man es deshalb tut, um vor seinem existentiellen Vakuum davonzulaufen; sicherlich nicht, wenn man es um der Sache willen tut. Der Direktor der psychiatrischen Studentenklinik der Berkeley-Universität erklärte einmal, daß zur Zeit des Free speech movement (der Demonstrationen für die Redefreiheit) die Anmeldeziffer in seiner Klinik fast auf Null gefallen war, daß die Zahl der Neurosen aber wieder rasch zunahm, als die Demonstrationen vorbei waren. Ein Beweis mehr für FRANKLs These, daß „das Angefordert-Sein von einem Daseinssinn her unabdingbare Bedingung seelischen Gesund-Seins ist". Statistische und Testuntersuchungen, die in den USA von THEODORE A. KOTCHEN durchgeführt wurden, haben ergeben, daß die von FRANKL so genannte „Sinnorientiertheit" sogar das vorzüglichste Kriterium psychischer Gesundheit darstellt (Journal of Individual Psychology 1960).

Und an sinnvollen Aufgaben fehlt es nicht. Selbst in einer Zeit des Überflusses brauchen wir nicht lange nach ihnen zu suchen. Einen Vortrag, zu dem ihn die Studentenschaft der Universität Oslo eingeladen hatte, schloß FRANKL mit den Worten: „Eigentlich brauchte sich heute niemand über Mangel an Lebenssinn zu beklagen; denn er braucht nur seinen Horizont zu erweitern, um zu bemerken, daß zwar wir uns des Wohlstands erfreuen, andere aber im Notstand leben; wir erfreuen uns der Freiheit; wo aber bleibt die Verantwortlichkeit für die anderen? Vor Jahrtausenden hat sich die Menschheit zum Glauben an den *einen* Gott durchgerungen: zum Monotheismus – wo aber bleibt das Wissen um die *eine* Menschheit, ein Wissen, das ich Monanthropismus nennen möchte? Das Wissen um die Einheit der Menschheit, eine Einheit, neben der Parteifarben und Hautfarben verblassen."

7. Der Verfall der Traditionen

Wenn wir FRANKL glauben dürfen, dann ist das heute so verbreitete Gefühl der Leere, das „existentielle Vakuum", auf einen doppelten Verlust zurückzuführen, den der Mensch zu erleiden hatte: „Auf den Instinktverlust und auf den Traditionsverlust – im Gegensatz zum Tier sagen dem Menschen keine Instinkte, was er *muß;* und dem Menschen von heute sagen keine Traditionen mehr, was er *soll;* und oft scheint er nicht mehr zu wissen, was er eigentlich *will.*" (FRANKL, Psychotherapie für den Laien.)

Dem Tier sagt sein Instinkt, wie es zu leben, wie es sich zu verhalten hat. Der Mensch aber war schon lange vor Beginn der geschriebenen Geschichte zumindest eines Teiles dieser Instinkte beraubt, und die Geborgenheit des Tieres in seinen Instinkten ist dem Menschen, wie FRANKL sagt, wie das verlorene Paradies für immer verschlossen.

Den Bären drängt es in seine warme Höhle, wenn der Winter droht, und der Lachs muß zur Laichzeit in jene Gebirgsbäche hinaufwandern, aus denen er stammt. Der Mensch aber muß die Richtung seines Lebens und Handelns selbst finden, indem er jeden Augenblick die Frage nach dem Sinn seiner Existenz zu beantworten sucht. Um die Last dieser Aufgabe ertragen zu können, muß er sich aber auf die traditionellen Werte stützen, die von Generation zu Generation an ihn weitergegeben wurden, durch Familie, Kirche, Schule oder Staat.

Der Wandel der Zeit – und die Zeiten des Wandels

Doch es gibt Zeiten, in denen das Vertrauen des Menschen in seine Traditionen und Institutionen zusammenbricht. In jüngster Zeit aber hat sich dieser Vorgang so sehr beschleunigt, daß die junge Generation von heute die Werte der älteren gar nicht mehr zu begreifen vermag. Die Grundpfeiler des überlieferten Welt- und Menschenbildes sind ins Wanken geraten: die Unantastbarkeit des Eigentums, die Vererbbarkeit des gesellschaftlichen Standes, der Begriff der Sünde, der blinde Gehorsam gegenüber der Autorität, sogar der Wert der Tradition selbst – alles Werte, die während unserer eigenen Lebenszeit zerbrochen sind. Immer weniger Menschen akzeptieren eine altehrwürdige Institution nur auf Grund dieses Alters.

Auf einer seiner Vortragsreisen durch Japan kam FRANKL auf die hohe Kultur dieses Landes zu sprechen, auf die alten Traditionen und den besonders raschen Wandel dieser Kultur in der jüngsten Vergangenheit – auf die radikale Abschaffung zweitausendjähriger Traditionen innerhalb von zwanzig Jahren. In der Diskussion, die einem dieser Vorträge folgte, stand eine Studentin auf und fragte: „Wie können wir in einer solchen Zeit schwindender Traditionen und Werte überhaupt einen Sinn finden?" Angeregt durch diese Frage ging FRANKL in allen folgenden Vorträgen auf die von Grund auf neue Funktion der Erziehung in unserer Zeit ein. Jahrtausendelang war es Aufgabe der Bildung und Erziehung gewesen, die anerkannten Werte von Generation zu Generation weiterzugeben. Heute ist es anders. Heute, meint FRANKL, „muß es sich die Erziehung angelegen sein lassen, nicht nur Wissen zu vermitteln, sondern auch das Gewissen zu verfeinern, so daß der Mensch hellhörig genug ist, um die jeder einzelnen Situation innewohnende Forderung herauszuhören". Wie er in seinem Vortrag auf dem Internationalen Kongreß für Philosophie (Wien 1968) ausführte, werde dann dem Menschen das Leben wieder sinnvoll erscheinen. Später einmal erläuterte FRANKL diese seine Meinung, indem er zu bedenken gab, daß ja „vom Verfall der Traditionen einzig und allein die Werte berührt sind, während der Sinn – der einmalig-einzigartige Sinn all der einmalig-einzigartigen Situationen, mit denen das Leben den Menschen konfrontiert – als solcher, als einmalig-einzigartiger, gar nicht tradiert werden könnte, vielmehr jeweils aufs neue gefunden werden muß – und eben nur vom Gewissen, dem ‚Sinn-Organ', gefunden werden kann".

Rückblickend könnte man sagen, daß die Flüchtlinge der dreißiger Jahre gewissermaßen als Versuchskaninchen zu einem grausamen Experiment dienten, in dem die Entwicklung der sechziger Jahre vorweggenommen wurde: ein Experiment darüber, wie der Mensch angesichts des Zusammenbruchs seiner Werte, des Verschwindens seiner Traditionen und Institutionen überleben und sich ein Gefühl für den Sinn des Lebens erhalten kann; wie man in einer Welt leben kann, die nicht nur Werte und deren Vermittler, die Traditionen, verleugnet, sondern auch jeden Sinn in Frage stellt, indem sie das „Sinn-Organ", das Gewissen, vergewaltigt. Die größte Gefahr, die in der Unterdrückung und Verdrängung des Gewissens liegt, ist die fortschreitende „Reifizierung" des Menschen, die fatale Verwandlung menschlicher Personen in bloße Dinge.

In dem schon erwähnten Büchlein „... trotzdem Ja zum Leben sagen" bespricht FRANKL die Entwürdigung alles Menschlichen, wie sie in den Konzentrationslagern an der Tagesordnung war. „In ihnen wurde selbst jenes Leben, das man als todeswürdig angesehen, in seiner letzten Spanne noch ausgenützt. Welche Entwertung des Lebens, welch eine Entwürdigung und Erniedrigung des Menschen liegt doch darin? Stellen wir uns nur vor – um dies zu ermessen – ein Staat gehe daran, alle von ihm zum Tode Verurteilten irgendwie noch auszunützen, sich ihre Arbeitskraft bis zum letzten Augenblick gefristeten Lebens noch dienstbar zu machen – etwa aus der Überlegung heraus, dies sei doch vernünftiger, als solche Menschen kurzerhand zu töten oder gar lebenslänglich zu ernähren. Oder hat man uns in den Konzentrationslagern zu wenig oft vorgehalten, wir seien ‚die Suppe nicht wert' – jene Suppe, die man uns als einzige Mahlzeit am Tage verabreichte und deren Kosten wir in Form geleisteter Erdarbeit hätten hereinbringen sollen? Wir Unwürdigen mußten dieses unverdiente Gnadengeschenk auch entsprechend entgegennehmen: bei seinem Empfang hatten die Häftlinge die Mütze abzunehmen. Nun, wie unser Leben keine Suppe wert war, so war auch unser Sterben nicht viel wert, nämlich nicht einmal eine Bleikugel – sondern nur: Cyclon B." Und die gleiche Geisteshaltung, meint FRANKL, habe auch zu den Massentötungen in den Irrenanstalten geführt: die Patienten seien als fehlerhafte Maschinen angesehen worden, die man eben loswerden mußte.

Millionenfaches Elend könnte man noch akzeptieren, wenn es wenigstens eine Warnung gewesen wäre, daß all das „hier und jetzt geschehen kann", in einem zivilisierten Land der Neuzeit, sobald es dazu kommt, daß der Mensch – aus welchen Gründen immer – als eine Sache angesehen wird. Aber wir müssen erkennen, daß die Warnung ungehört verhallt ist. Was Hitler seinen Opfern antat, das tut der Mensch sich nunmehr selbst an, und er ist auch noch stolz darauf und nennt es Fortschritt.

Wenn der Mensch zur Sache geworden ist, dann hat er keine Tradition mehr, nur noch ein Veraltetwerden; und er hat, wie FRANKL bemerkt, keine „Werte" mehr, sondern nur noch „Zwecke". Die Welt ist ein leeres Land, die Wirklichkeit birgt keinen Sinn mehr. In „... trotzdem Ja zum Leben sagen" sagt FRANKL: „Seit KANT wußte das europäische Denken um die eigentliche Würde des Menschen Klares auszusagen: KANT selbst hatte in der zweiten Formulierung seines kategorischen Imperativs gesagt, jedes Ding habe seinen Wert, der Mensch aber seine Würde – der Mensch dürfe niemals ein Mittel zum Zweck werden. Doch schon in der Wirtschaftsordnung der letzten Jahrzehnte waren die arbeitenden Menschen größtenteils zu bloßen Mitteln gemacht worden, entwürdigt zu Mitteln des wirtschaftlichen Lebens. Nicht mehr war die Arbeit ein Mittel zum Zweck, vielmehr der Mensch, seine Arbeitskraft waren das Mittel zum Zweck."

Wie recht FRANKL jedoch mit seiner bereits 1946 (eben in „... trotzdem Ja zum Leben sagen") niedergeschriebenen These hatte, daß die Wirtschaftsordnung der letzten Jahrzehnte den Menschen zum bloßen Mittel zum Zweck entwürdigt hatte, können wir heute mehr denn je ermessen: heute stehen wir am Beginn des Zeitalters der Automation, das die Menschen zu einem Mittel zum Zweck des Produzierens von Gütern macht, und wir treten in das Zeitalter der Werbung ein, die ihn zu einem Mittel zum Zweck der Konsumation von Gütern stempelt. Es ist zugleich das Zeitalter des politischen Zynismus, der ihn zu einem Mittel im politischen Machtkampf herabwürdigt. Die hohen Bevölkerungsziffern machen es dem Politiker schwer, auf das Individuum Rücksicht zu nehmen, und geben solcherart Anlaß zur schematischen Reglementierung im Namen der Ordnung und reibungslosen Organisation; diese Reglementierung wiederum macht aus dem Menschen ein Mittel zum Zweck des reibungslosen Funktionierens der politischen und wirtschaftlichen Maschinerie.

Die Suche nach Heilung

Nachdem er die Krankheiten unserer Zeit diagnostiziert hat, sucht FRANKL aber auch den Weg zu einer Heilung aufzuzeigen. Sein Therapievorschlag – die Rückkehr zu den Ressourcen des eigenen Gewissens – ist zwar im Prinzip nicht neu; das Neue an seiner Forderung ist aber, daß er es als die künftige Aufgabe der Erziehung ansieht, den Menschen zu diesen Ressourcen hinzuführen, indem sie sein inneres Hörvermögen für die Stimme des Gewissens verfeinert.

Derartige Gedanken sind in FRANKLs Werk erst in jüngster Zeit anzutreffen. Man findet sie in Tonbandaufnahmen seiner jüngsten Seminare und in seinen Publikationen der letzten 5 oder 6 Jahre, zum Beispiel „Self-Transcendence as a Human Phenomenon" (Journal of Humanistic Psychology 1966) und „What Is Meant by Meaning" (Journal of Existentialism 1966).

In diesen Arbeiten bezeichnet FRANKL das Gewissen als die intuitive Fähigkeit, die einmalig-einzigartige Sinngestalt jeder einmalig-einzigartigen Lebenssituation wahrzunehmen, zugleich aber gibt er zu, daß das Kind diese Fähigkeit erst ausbilden muß, und bis dahin muß ihm der Sinn durch ältere, erfahrene Menschen irgendwie vermittelt werden. Man kann schließlich nicht von einem kleinen Kind erwarten, daß es ein voll entwickeltes Gewissen besitzt, andererseits fehlt ihm auch schon die Instinktsicherheit des Tieres. Als „Starthilfe" für ein sinnvolles Handeln und zur Schärfung seines inneren Gehörs für das Gewissen bedarf es daher der Anleitung durch die Erfahrung früherer Generationen. Die frühe Erziehung kann nur in einem Tradieren von Werten bestehen, die von den Älteren an das Kind weitergegeben werden. In dem Maße, in dem ein Mensch reifer wird, gewinnt er aber mehr und mehr die Fähigkeit, seine Meinung unabhängig von Traditionen zu bilden. Und er mag zuweilen sogar gegen diese Traditionen Stellung nehmen. „Für diese Fähigkeit aber muß er bezahlen", meinte FRANKL einmal; „denn das Auftreten noogener Neurosen hat seine Ursache in eben diesem Konflikt zwischen dem wahren Gewissen eines Menschen und dessen bloßem Über-Ich – jenem Über-Ich, durch das hindurch dem Menschen die Traditionen und Ideale eingetrichtert werden, die von der ihn umgebenden Gesellschaft hochgehalten werden." (Aus FRANKLs Vortrag auf der Kokugakuin-Universität von Tokio.)

Es ist Aufgabe der Tradition, Wissen in Weisheit umzuformen und diese Weisheit weiterzugeben an den einzelnen, der in seinem Leben nicht die Erfahrung von Generationen ansammeln kann. Und es gibt keinen Zweifel darüber, daß der heranwachsende Mensch einer Führung bedarf, daß es sogar Gelegenheiten gibt, bei denen er blind gehorchen muß. Ein kleines Kind muß sich gewissen Regeln und Vorschriften unterwerfen, auch wenn es sie nicht versteht: es kann eben nicht durch Versuch und Irrtum lernen, daß man besser nicht ins Feuer geht oder nach Belieben die Straße überquert. Es hat eben nicht jede Generation Zeit und Gelegenheit, selbst herauszufinden, was wahr und was falsch ist, was recht und unrecht, was gut und böse ist, was anzustreben und was zu vermeiden ist. Die

Führung durch die Regeln der Kindheit, durch Rituale, religiös verankerte Werte und bürgerliche Gesetze gibt dem Menschen Sicherheit, gibt seinem Handeln eine Richtung. Und aus diesem Grunde ist es unsinnig, die Traditionen, die diese Regeln und Werte weitertragen, einfach abschaffen zu wollen. Die Weisheit der Vergangenheit ist in ihnen angesammelt, und wenn wir sie blindlings verwerfen, dann entledigen wir uns damit nicht nur dessen, was überholt oder falsch ist, sondern auch der wohlbewährten Wahrheiten, die den Kern unserer Tradition bilden. Es weist auch manches darauf hin, daß die Abhängigkeit von einer äußeren Autorität so tief im Menschen verankert ist, daß es gar nicht möglich wäre, jegliche Tradition abzuschaffen.

Tradition ist aber nicht immer ein Segen, sie kann zum zukunftsbedrohenden Fluch werden. Blindes Akzeptieren jeglicher Tradition führt zu einer Mumifizierung der Werte in einer rasch sich verändernden Welt und ist daher ebenso gefährlich wie das blinde Verwerfen aller bewährten Wahrheiten. Die Tatsachen von heute sind die Absurditäten von morgen, und die Träume von heute sind die Realitäten von morgen.

Die größte Gefahr droht von jenen, die fest davon überzeugt sind, daß sie die Wahrheit ein für allemal gefunden haben. Die in der Tradition niedergeschlagenen Werte müssen ununterbrochen gegen die Realität unseres wachsenden Wissens abgewogen werden, wenn sie unsere Erkenntnisfähigkeit und unser Gewissen nicht behindern sollen. Ohne diese fortwährende Erneuerung wird die ehrwürdigste Tradition zu einer bloßen Last. Von TOSCANINI sagt man, er habe seinen Musikern bei der Probe zugerufen, „Routine – der Tod der Musik"! Und wir können ergänzen – der Tod der Weisheit, der Wahrheit, des Ethos. Und ich denke, ähnliches meint auch die Logotherapie, wenn sie die „Einmaligkeit und Einzigartigkeit von Sinn" der Allgemeinheit der Werte gegenüberstellt.

„Der Sinn von heute – der Wert von morgen"

Wenn das Vertrauen in Traditionen und bewährte Institutionen dahinschwindet, wenn die allgemeinen Werte zusammenbrechen, dann ist jeder einzelne von uns wieder auf sich selbst angewiesen, muß der einzelne wieder aus eigener Kraft den Weg zu einem sinnvollen Dasein beschreiten. Denn FRANKL ist überzeugt, daß der einmalig-einzigartige Sinn jeder einzelnen Lebenssituation auch dann noch bestehen bleiben würde, wenn die allgemeinen Werte für den Menschen ihre Geltung verlören.

FRANKL behauptet aber, daß auch die Werte zu keiner Zeit völlig verschwinden. Einige von ihnen mögen verworfen werden, andere verändern sich, aber gewisse allgemeingültige Werte werden immer weiterbestehen, einfach deshalb, weil es typische Lebenssituationen gibt, die jeder Mensch mit allen anderen teilt; und es ist dieses allen gemeinsame Stück Boden, das immer von neuem allgemeingültige, universelle Werte hervorbringt. „Im Gegensatz zum jeweils einmaligen und einzigartigen, konkreten Sinn der Situationen", schreibt FRANKL im Archiv für die gesamte Psychologie (1964), „sind Werte per definitionem abstrakte Sinn-Universalien. Als solche gelten sie nicht bloß für unverwechselbare Personen, die in unwiederholbare Situationen hineingestellt sind, vielmehr erstreckt sich ihre Geltung über weite Areale sich wiederholender, typischer Situationen, wie sie sich im Rahmen der menschlichen Gesellschaft im Laufe von deren Geschichte herauskristallisieren." FRANKL meint jedoch, daß selbst in Zeiten, in denen alle Traditionen verlorengegangen sind, in denen die meisten Menschen in einem Meer von Sinnlosigkeit dahinzutreiben scheinen, immer wieder Menschen mit einem wachen Gewissen aufstehen, denen es gelingt, auch in der veränderten Lebenssituation einen besonderen Sinn zu finden, der dann zur Tradition wird und in Form eines allgemeingültigen Wertes an kommende Generationen weitergegeben wird. In diesem Sinne sagt FRANKL: „Der Sinn von heute ist der Wert von morgen. Der Sinn, den ein waches Gewissen findet, mag zu einem allgemeinen, allgemein verbindlichen Wert werden. Vielleicht ist das der Weg, auf dem Religionen und Revolutionen entstehen." (In „Die Sinnproblematik in der Psychotherapie".)

Und das war es vielleicht, was zur Zeit SOKRATES' in Griechenland vor sich ging, was zur Zeit JESU in Palästina geschah und in Indien zur Zeit BUDDHAS. „Die Traditionen zerfielen", sagte FRANKL einmal zu mir, „und ein Gefühl der Leere blieb zurück. Dann aber standen Religionsgründer auf und entdeckten nicht nur in ihrem eigenen Dasein einen neuen Sinn, sondern stellten eben damit auch jene Sinn-Universalien auf, als die wir die Werte verstehen können, und diese neuen Werte ließen sich an neue Generationen weitergeben. In den ‚Zwischen-Zeiten' aber – da breitet sich das existentielle Vakuum aus."

Die „Zwischen-Zeiten"

Wenn unsere Zeit aber eine dieser turbulenten Übergangsperioden ist – wo sind dann die neuen „Propheten", die aus ihrem Gewissen heraus der Menschheit den Weg zu weisen vermöchten? Namen wie GANDHI, SCHWEITZER, BUBER drängen sich auf. Vielleicht aber wandelt der neue Prophet unter den Menschen unbekannt, wie JESUS in den ersten dreißig Jahren seines Lebens; vielleicht ist er auch noch gar nicht geboren. Möglicherweise wird es auch gar nicht ein einzelner Messias sein, sondern es werden ihrer viele sein.

In der Vergangenheit waren die Propheten einer neuen Zeit meist einzelne alte Männer, in unserer Zeit sind es vielleicht die Gruppen der Jugendlichen, die den Weg zu neuen Idealen weisen. Die prophetische Gruppe ist es, die den Menschen den Weg zu neuen Werten weist und dabei die gleichen Opfer auf sich nimmt, wie die Propheten vergangener Tage: den Hohn, den Kerker, den Tod. Aber wer kann wissen, ob ihre Ideen nicht bestehen bleiben und der Menschheit eine neue Moral geben werden?

Erziehung im Wandel

Nach Ansicht der Logotherapie kann sich diese neue Moral nicht aus einem Vakuum heraus entwickeln; sie kann nur aus den neuen Einsichten einzelner entspringen, deren Gewissen so wach ist, daß sie – durch all das Dickicht von verallgemeinerten, aber auch veralteten Werten – die einmalig-einzigartigen Sinngestalten konkreter Situationen wahrzunehmen vermögen. FRANKL ist davon überzeugt, daß die Hauptaufgabe der Erziehung künftig in einer solchen Erweckung und Schärfung des eigenen Gewissens bestehen wird: Das erklärte Ziel der Erziehung werde es sein, „den Menschen auf sein Gewissen zu verweisen" und ihm zu helfen, „hellhörig zu werden für die Stimme dieses seines Gewissens". Mit Hilfe eines wohlausgebildeten, „trennscharfen" Gewissens würden wir jederzeit in der Lage sein, den Sinn zu erkennen – „den einmalig-einzigartigen Sinn, wie er in all den einmalig-einzigartigen Situationen schlummert, aus denen sich unser Leben zusammensetzt".

Diese scheinbar neuartige Vorstellung über Zweck und Ziel der Jugenderziehung ist in Wirklichkeit schon zweieinhalb Jahrtausende alt. Es war die Forderung PLATOS, daß der Herrscher durch Erziehung zur Erleuchtung geführt werden sollte, daß er schließlich

Philosoph und König in einem sein sollte, mit dem besten Wissen versehen, mit dem feinsten Empfinden für die Erfordernisse der Zeit, eben der Mensch mit dem „hellhörigsten" Gewissen. Nun, in einer Demokratie, in der jeder einzelne ein Herrscher sein soll, muß auch jeder das Wissen, das Feingefühl und die „Hellhörigkeit" eines Herrschers besitzen.

Aber selbst in den fortschrittlichsten Demokratien des 20. Jahrhunderts sind die Menschen weit davon entfernt, diesen Vorstellungen zu entsprechen. Deshalb ist es die Aufgabe der Erziehung, den Menschen dazu anzuhalten, daß er von sich aus neue Werte findet und sich selbst eine Rangordnung der vorhandenen Werte erarbeitet – anstatt die Werthierarchie der älteren Generation einfach zu übernehmen.

Die California College Association veranstaltete einmal eine Fernsehdiskussion, zu der HUSTON C. SMITH, der Ordinarius für Philosophie am Massachusetts Institute of Technology, und FRANKL als sein Partner eingeladen waren. Die Diskussion galt den „Value Dimensions in Teaching", der Wertproblematik des Hochschulstudiums. Die erste Frage, die Professor SMITH nun stellte, lautete, ob und wie Professoren im Rahmen des Universitätsbetriebs den Studenten Werte vermitteln oder so etwas wie einen Lebenssinn geben können. Woraufhin FRANKL zur Antwort gab: „Werte können wir nicht lehren – Werte müssen wir leben. Und einen Sinn können wir dem Leben unserer Studenten nicht geben – was wir ihnen zu geben, mit auf den Weg zu geben vermöchten, ist vielmehr einzig und allein ein Beispiel: das Beispiel unserer eigenen Hingabe an die Aufgabe der Forschung." Daraufhin wollte SMITH wissen, ob denn nicht auch vom Inhalt und Gegenstand her Sinn und Werte herangetragen werden können an die Studenten, also nicht nur durch das Wie des Darbietens, sondern auch durch das Was des Lehrstoffs. FRANKL aber meinte, „heute müssen wir schon froh sein, wenn die Auswahl des Lehrstoffs nicht danach angetan ist, die ursprüngliche Ausrichtung und Hinordnung des jungen Menschen auf Sinn und Werte geradezu zu unterminieren. Dies aber ist genau das, was namentlich in den USA unentwegt geschieht. Dort wird nämlich im allgemeinen ein durchaus reduktionistisches Bild vom Menschen an die Studenten herangetragen, deren Enthusiasmus solcherart auf die Zerreißprobe gestellt wird." Der Enthusiasmus und Idealismus der Jugend dürfe nicht dadurch gefährdet werden, daß man beispielsweise die Lehrmeinung vertritt, Werte seien „nichts als Abwehrmechanismen und Reaktionsbildungen". (FRANKLS eigene Reaktion auf diese Reaktionsbildungstheorie war die folgende: „Was mich persönlich anlangt – nie und nimmer wäre ich bereit, um meiner ‚Reaktionsbildungen' willen zu leben oder gar meiner ‚Abwehrmechanismen' wegen zu sterben.")

Daß FRANKL mit seiner Meinung nicht allein dasteht, zeigt ein Artikel des Stanford-Psychologen NEVITT SANFORD im American Journal of Psychiatry (1966), in dem er feststellt, daß ein Professor nur dann erfolgreich sein kann, wenn er bereit ist, sich mit dem Thema Werte und Ideale auseinanderzusetzen, und wenn er nicht jedwede Ablehnung auf seiten eines Studenten wie ein Psychoanalytiker als „Widerstand" mißdeutet und abtut.

Schriftsteller und Erzieher in Ost und West betonen die Bedeutung der Erziehung für die Überwindung der gegenwärtigen Übergangsperiode zwischen einer Ära veralteter Traditionen und einer Zeit neu erstehender Werte. Für den Westen zitieren wir ROBERT HUTCHINS, den früheren Rektor der Universität Chikago, der feststellt, daß die Aufgabe der Erziehung eher die eines richtungweisenden Leuchtfeuers sei als die eines Spiegels der Gesellschaft – das ist nichts anderes als FRANKLs Forderung, daß die Erziehung aus den Jungen von heute eine Generation von „Schrittmachern" für morgen heranbilden möge, die die Menschheit zu neuen Zielen führen, und nicht zu „Friedensstiftern", die sich dem alten anpassen. HUTCHINS kritisiert das „Service-Station-Konzept" einer Erziehung, die sich den Wünschen der Gesellschaft unterwirft und diese Gesellschaft als einen Kunden betrachtet, der ja bekanntlich immer recht hat. Die Studenten werden nicht erzogen, sondern in jenen Tätigkeiten ausgebildet, die die Gesellschaft wünscht und für die sie bezahlt. Auf einer Versammlung des „Center for the Study of Democratic Institutions", dessen Präsident er jetzt ist, bezeichnete HUTCHINS das amerikanische Erziehungswesen als ein System, durch das junge Menschen in die bestehende Umwelt eingepaßt werden, das sie darauf vorbereitet, sich den Anforderungen der Gesellschaft und des Arbeitsmarktes anzupassen, und das sie dazu anhält, das bestehende Wertsystem zu akzeptieren, statt es einer Kritik zu unterziehen. „Die Studenten", so schloß HUTCHINS mit vorsichtigem Optimismus, „sind aber auf der Suche nach Aufgaben und erstrebenswerten Zielen; sie wollen nicht in eine Gesellschaft ‚eingepaßt' werden wie Bestandteile einer Maschine."

Neue Werte für die Erziehung

Wenn die Aufgabe der Erziehung wirklich in einer Schärfung des persönlichen Gewissens statt in einer Ausbildung für einen gesellschaftsfähigen Beruf besteht, bemerkt SANFORD, dann erweist sich unser Bildungssystem – paradoxerweise – als nachteilig für die begabteren Kinder. Denn die Eltern intelligenter Kinder wollen, daß ihrem Nachwuchs das beigebracht wird, was Voraussetzung für den Eintritt ins College ist; sie verlangen, daß ihren Kindern Fakten eingetrichtert werden, und die Schulen kommen diesem Wunsch nach. Die Eltern weniger begabter Kinder dagegen „begnügen sich" oft damit, daß sich die Schule auf die Charakterbildung konzentriert, auf die Entwicklung eines gesunden Urteils, und tatsächlich darauf, den Kindern das Erkennen von Sinn und Werten zu erleichtern.

Übrigens geschieht es gerade jenen „wohlgeschulten" Studenten, die so viele Fakten und Fertigkeiten erlernt haben, in dieser schnell sich verändernden Welt sehr oft, daß all ihre Fertigkeiten schon durch den Fortschritt der Automation oder durch neue Entdeckungen überflüssig geworden sind, wenn sie gerade beginnen könnten, eine Karriere aufzubauen. Andererseits eröffnen sich immer neue Möglichkeiten, für die es vielleicht noch gar keine richtiggehende Berufsausbildung gibt. Nehmen wir ein Beispiel: Als JOHN GLENN zur Schule ging, hätte ihm kein Lehrer jene Fakten und Geschicklichkeiten beibringen können, die es ihm ermöglichten, ein Astronaut zu werden.

Für uns, die wir in einer Übergangsperiode leben, ist es schwer vorauszusehen, wie ein künftiges Wertsystem aussehen wird. Die Logotherapie ist aber sicherlich im Recht, wenn sie fordert, daß der Mensch sich auf die Einsichten seines eigenen Gewissens besinnen sollte. Auch in den früheren Zwischen-Zeiten, in denen sich der Mensch aller bis dahin gültigen Traditionen entblößt sah, war ihm sein eigenes Gewissen die letzte Stütze, half es ihm, seine Unsicherheit zu überwinden. Den Athenern der klassischen Zeit riet SOKRATES zur persönlichen Entdeckung ihres Lebens; das nicht überdachte, nicht reflektierte Leben, so meinte er, ist nicht wert, gelebt zu werden. In einer anderen Übergangszeit geißelte JESUS die „Heuchelei der Schriftgelehrten und Pharisäer", die sich nur an den Wortlaut des Gesetzes hielten, statt über seinen wahren Gehalt nachzudenken – seinen Sinn zu verstehen. Und wieder in einer anderen Übergangszeit stand ein LUTHER auf und rief, „hier stehe ich, Gott helfe mir, ich kann nicht anders" – und von Stund an konnte niemand mehr die Verantwortung für sein Handeln auf eine Kirche oder einen Papst abwälzen. Offenbarung, das war nicht mehr ein längst vergangenes Geschehen, das zu biblischen Zeiten wenigen Begnadeten widerfahren war, Offenbarung geschah hier und jetzt, widerfuhr jedem einzelnen Menschen, wenn er die Kraft und den Mut aufbrachte, seine eigenen Entscheidungen zu treffen. Wir müssen zweifeln, ob die Menschen zur Zeit der Reformation in der Lage waren, ein solches Maß an Freiheit und Verantwortlichkeit auf sich zu nehmen. Es ist noch die Frage, ob wir heute schon dazu bereit sind.

8. Freiheit als Aufgabe

> Es wird von dir nicht verlangt,
> daß du dein Werk vollendest;
> nur im Stich lassen darfst du es nicht.
> TALMUD

Als Adam in jenen Apfel biß, erwachte der Drang nach Freiheit in ihm, und wir als seine Erben tragen immer noch diesen unstillbaren Freiheitsdurst in uns. Es ist faszinierend zu sehen, wieviel Wahrheit und Weisheit in dieser einfachen Erzählung steckt und wie viele Interpretationen sie zuläßt. Wir haben schon gehört, daß FRANKL den Verlust der Instinkte mit der Vertreibung aus dem Paradies vergleicht. Wenn wir noch einen Schritt weitergehen, so können wir den Sündenfall als die allererste Übergangszeit interpretieren, als die Zeit vor der Entwicklung der ersten Traditionen. Sobald der Mensch die Führung durch die Instinkte verloren hatte, mußte er sich erst noch der Freiheit, die in diesem Verlust lag, bewußt werden, ehe er, in eigenem, verantwortlichem Streben, seine ersten Wertvorstellungen entwickeln konnte. Daß sich diese Freiheit zuallererst als ein Ungehorsam gegen Gott manifestieren sollte, steht durchaus in Einklang damit, daß sich die Freiheit in der Geschichte immer erst einmal als ein Nein-Sagen gegenüber der Autorität ausgeprägt hat. Auch das Kind fühlt zum erstenmal die Freiheit, wenn es erkennt, daß es „nein" sagen kann zu seinem Vater; der Sklave begreift eines Tages, daß er seinem Herrn „nein" sagen kann; der Untertan schmeckt die Freiheit, wenn er seinem König ein Nein entgegenhält. In jedem Fall aber folgt sehr bald die Erkenntnis, daß die Freiheit eben mehr ist als das Zerbrechen der Ketten, daß mit der Befreiung die Aufgabe erst so recht beginnt, daß der Befreite nun ja auch der Führung durch seinen Herrn und der Bequemlichkeit der Gesetze beraubt ist. Schon jene ältesten Vorfahren mußten begreifen, was die Befreiten aller Epochen immer wieder erfuhren: daß das Erringen der „Freiheit von etwas" – nämlich von der unterdrückenden Autorität – nur ein erster Schritt sein kann auf dem Weg zur endgültigen „Freiheit zu etwas" – nämlich zu einer Aufgabe. In der Sprache der Bibel könnte man es so ausdrücken, daß der Mensch, sobald er frei ist, zu seinem Gott „nein" zu sagen, auch die Verpflichtung hat, sein Brot im Schweiße seines Angesichts zu essen. Anders gesagt: die Freiheit, ein sinnerfülltes Leben zu führen, ist unweigerlich mit dem Akzeptieren persönlicher Verantwortlichkeit verbunden. Das galt für jene allererste Übergangszeit in der Morgendämmerung der menschlichen Entwicklung, und es gilt ebenso für die Übergangszeit, in der wir heute leben.

Die Freiheit des Menschen ist Wirklichkeit geworden, in gleichem Maße aber hat unser Leben scheinbar an Sinn verloren. Denn sobald der Mensch sich von Willkürherrschaft und wirtschaftlicher Unterdrückung befreit hat, sobald er Unabhängigkeit und Wohlstand errungen hat, wird die Ziellosigkeit, wird das existentielle Vakuum zur aktuellen Gefahr. Zum zweitenmal hat der Mensch vom Baum der Erkenntnis gegessen – und zum zweitenmal hat er das Paradies verlassen müssen. Wieder ist er auf sich allein gestellt, aber die Folge seiner Austreibung in diese vollautomatisierte Überflußgesellschaft ist nicht die Notwendigkeit, sein Brot im Schweiße seines Angesichts zu essen, sondern die, ein Leben in Langeweile zu führen. Und zur Langeweile gesellen sich noch Schuld und Angst: Schuld, weil der freie Mensch – und nur dieser – auch falsche Entscheidungen treffen kann, und Angst, weil die Last der Freiheit gewaltig ist. Aber auch Freude und Sinnerfüllung sind Früchte der Freiheit, denn jede freie Entscheidung ist ein schöpferischer Akt, und Schöpfertum ist Sinnerfüllung.

Die leere Leinwand

ALBERT CAMUS hat einmal sehr klar gesagt, woher das Gefühl der „Absurdität" des Daseins kommt, das den modernen Menschen gerade in einer Zeit überfällt, in der er ein nie gekanntes Maß an persönlicher Freiheit errungen hat. Er zählt einige der traditionellen Werte auf, deren endgültiger Verlust jede Handlung zu einer leeren, angstvollen Geste macht: in der Musik ist die Melodie verlorengegangen; in der Malerei die Form; in der Dichtung der Reim und das Versmaß; im Denken die Überzeugung; in der Geschichte der Sinn; und in der Religion – Gott. Das unersättliche Streben des Menschen nach unbeschränkter Freiheit hat einen Zustand herbeigeführt, in dem alles möglich ist, weil alles erlaubt ist – und die Folge sind Angst und Leere.

Typisch dafür ist, was sich in einer der von mir geleiteten Diskussionsgruppen an der Universität von Berkeley ereignete: In einer

Diskussion mit Teenagern über das Thema „Was uns an unseren Eltern nicht paßt" beklagte sich ein Mädchen darüber, daß seine Eltern so nachgiebig seien, daß es einfach nichts mehr hatte, wogegen es hätte aufbegehren können, und daß es sich daher auch zu keinen eigenen Ansichten durchringen konnte. Und jeder in der Runde hatte ähnliche Erfahrungen gemacht.

Ein Professor für Bildende Kunst am Sacramento State College erzählte mir, daß Studenten, stellt man sie mit Pinsel und Palette vor eine leere Leinwand, oft ratlos dastehen und keinen einzigen Pinselstrich fertigbringen. Man könnte sagen, sie erleben das existentielle Vakuum des modernen Malers – es gibt ja keinen verbindlichen Stil, es gibt keine bestimmten Aufgaben wie in früheren Zeiten, als dem Maler von einem Mächtigen angeschafft wurde, er möge ihm das Porträt malen oder irgendein denkwürdiges Ereignis festhalten – Aufgaben, die heute die Photographie besser und schneller erledigt. Nach dem Schock mit der leeren Leinwand, so erzählte der Kunstprofessor, beginnen die Studenten manchmal, die Alten Meister zu studieren, um herauszufinden, was an ihnen meisterhaft ist – um die alten Werte der Malerei wiederzufinden.

Der Student, den angesichts der leeren Leinwand die Angst packt, weil es keine Regeln mehr gibt, nach denen er sich richten könnte, und weil nichts von ihm gefordert ist, als daß er seine eigenen Gefühle zum Ausdruck bringen möge, ist ein Gleichnis für den modernen Menschen überhaupt, der ebenfalls vor der leeren Leinwand seines Lebens sitzt und dem freisteht, zu tun, was er will. Auch er ist ratlos, verängstigt. Um seine Panik zu verbergen, beginnt er vielleicht, die alten Meister zu kopieren, oder er wirft wahllos Farben – oder gar Unrat – auf die leere Fläche. Das regellose Anpinseln einer Leinwand ist aber ebenso sinnlos wie das Kopieren längst überlebter Stile. Man hat erkannt, daß viele der alten Werte ihren Sinn verloren haben – und flugs hat man alle Werte über Bord geworfen. In den Künsten drückt jeder bloß seine eigene Meinung aus, ungeachtet aller Konventionen und Formgesetze. Ethos und Moral werden von Pragmatikern als bloßer Ausdruck persönlicher Gefühle hingestellt, die keinen Bezug zu allgemeingültigen Gesetzen haben; Soziologen und Anthropologen weisen auf die Vielfalt der Gesetze in verschiedenen Gemeinschaften hin und lehnen für ihre eigene Person jedes Werturteil ab. Die Semantiker melden Zweifel darüber an, ob überhaupt ein Mensch die Sprache eines anderen verstehen könne; und die Psychologen sprechen vom Unbewußten und meinen, daß der Mensch nicht einmal sich selbst verstehe. Der moderne Mensch hat sich gläubig der Wissenschaft zugewandt, aber nicht einmal diese Wissenschaft mit ihren scheinbar so unerschütterlichen Gesetzmäßigkeiten bietet jenen festen Halt, den man sich von ihr erhoffte. Sie ist nicht mehr ein festgefügter Tempel aus unveränderlichen Wahrheiten, sondern ein ewig unvollendetes Gebilde aus Hypothesen und Annahmen, die jeder neuen Erkenntnis angepaßt werden müssen. Die Kategorien von Zeit und Raum, bei NEWTON noch im Absoluten verankert, haben dem relativistischen Begriff des Kontinuums weichen müssen; die Statistik setzt Wahrscheinlichkeiten an die Stelle der Gewißheit, und die Physik hat mit der Unbestimmtheitsrelation eingestehen müssen, daß auch ihr die Erkenntnis der kleinsten Dinge vorenthalten ist. Wenn aber in der Physik eine Unbestimmtheitsbeziehung gilt – wie können wir dann noch mit Bestimmtheit über das Moralische reden, von dem noch FRIEDRICH THEODOR VISCHER sagen konnte, es verstehe sich von selbst?

Hierin aber liegt die größte Gefahr: daß der einzelne seine neugewonnene Freiheit dazu mißbraucht, in Willkür seine eigenen Regeln aufzustellen – seine eigenen Formgesetze in der Kunst, seine privaten Hypothesen in der Wissenschaft, schließlich seine eigene Sprache, seine eigene Moral, seine eigenen Glaubenssätze, seine eigenen Werte. In seinem Freiheitstaumel ist der moderne Mensch einer totalen Do-it-yourself-Bewegung verfallen. Wenn diese Tendenz anhält und jeder einzelne Mensch zum Baumeister seines eigenen Wertsystems wird, dann wird die Welt ein modernes Babel werden, und die Vielfalt der selbstgebastelten Moralgesetze wird zu babylonischer Verwirrung und schließlich zum Zusammenbruch führen.

Freiheit und Verantwortung

Die Logotherapie bezeichnet die Freiheit als einen wesentlichen Bestandteil der menschlichen Existenz, der es dem Menschen ermöglicht, wenn nötig, sich über alle biologischen, psychologischen und soziologischen Bedingungen auch zu erheben; FRANKL spricht aber auch warnend davon, daß „Freiheit in Willkür umschlägt, wenn sie nicht im Sinne von Verantwortlichkeit gelebt wird. Tatsächlich ist die Freiheit die halbe Wahrheit. Freisein ist der negative Aspekt eines Phänomens, dessen positiver Aspekt Verantwortlichsein heißt." (FRANKL, Der Wille zum Sinn.) Solange der Mensch die Freiheit bloß in ihrem negativen Aspekt, als eine „Freiheit von etwas" ansieht, als eine Ermächtigung zu freizügigem Handeln, besteht tatsächlich die Gefahr, daß er durch solche Freiheit nicht zur Erfüllung, sondern nur zu Langeweile und Frustration gelangt. Der richtige Gebrauch der Freiheit, so sagt FRANKL, besteht darin, daß wir uns frei fühlen, unsere eigene Verantwortung zu übernehmen. „Denn der Mensch ist nicht frei von Bedingungen. Er ist überhaupt nicht frei von etwas, sondern frei zu etwas. Er ist nämlich frei zu einer Stellungnahme, dazu, so oder so zu den Bedingungen Stellung zu nehmen, und dafür, wie er zu ihnen Stellung nimmt, ist er verantwortlich" (FRANKL). Nicht zuletzt besteht aber der positive Wert der „Freiheit zu etwas" in der Fähigkeit, sich an eine Sache oder an eine Person hinzugeben, in der Verantwortung gegenüber einer Aufgabe, die man sich zwar nicht selbst gestellt hat, die man aber in freier Entscheidung auf sich genommen hat. Demgegenüber kann Freiheit, die nicht „im Sinne von Verantwortlichkeit gelebt wird", nur das existentielle Vakuum verstärken, aber nicht zu Erfüllung führen.

Schon ein kurzer Blick auf das Tagesgeschehen zeigt uns, daß diese Gefahr wirklich aktuell ist. Viele Freiheiten, die unter großen Opfern errungen wurden, werden willkürlich angewendet und verlieren so ihren positiven Wert. Die Studenten, die sich die Freiheit der Meinungsäußerung auf den Universitäten erkämpft haben, verwenden diese Redefreiheit nicht nur dazu, ihre politischen Überzeugungen zu Gehör zu bringen, sondern auch dazu, Obszönitäten zu verbreiten – und sie müssen selbst eingestehen, daß sie ihrer Freiheit nicht froh werden. Jugendliche nützen ihre Freiheit von elterlicher Bevormundung dazu, sich für jene Anliegen zu engagieren, die ihnen am Herzen liegen, aber auch dazu, jede Autorität abzulehnen, sich der Gewalttätigkeit und der sexuellen Freizügigkeit hinzugeben – und sie haben die Sicherheit verloren, die ihnen das Leben im Schoß der Familie bot. Die „Vereine zur Förderung der sexuellen Freiheit", die in vielen Teilen der USA aus dem Boden schießen, bekämpfen nicht nur überholte Tabus und Sittengesetze, sondern bieten auch schrankenlose Freiheiten – und setzen Promiskuität an die Stelle sinnerfüllter menschlicher Beziehungen.

Der Kampf gegen die Armut mag als Beispiel dafür dienen, welche Möglichkeiten eine positive Auffassung der menschlichen Freiheit mit sich bringt, und zu welchen Versäumnissen ihre negative Auslegung führt. Die Mehrheit der Menschen in den westlichen Ländern führt ein Leben, das frei ist von dem Elend, das die Vorfahren noch kannten. Wie aber werden wir diese Freiheit nützen? Werden wir in unserem Jubel darüber, daß die Tyrannei der Armut besiegt ist, alle Verantwortung vergessen, werden wir unsere „Freiheit von etwas" feiern wie Kinder, die den Haufen ihrer Weihnachtsgeschenke durchwühlen, ein Päckchen nach dem anderen öffnen, mit jedem Stück eine Weile spielen, um es dann gelangweilt in eine Ecke zu werfen? Oder werden die „Reichen" dieser Erde ihr Freisein von Not dazu verwenden, die Bedürfnisse der „Habenichtse" zu befriedigen? Kann man erwarten, daß sich auch der einzelne Mensch dieser Aufgaben bewußt wird? Vielleicht ist es zuviel verlangt, daß der Mensch nach Millionen Jahren des Existenzkampfes nun, da das Füllhorn des Wohlstandes sich geöffnet hat, anders reagieren sollte als mit gierigem Zugreifen; und die Folgen dieses allzu menschlichen Verhaltens sind vorherzusehen: Leere, Angst, existentielles Vakuum. JOHN STEINBECK schrieb unter dem Titel „Was ist mit Amerika geschehen?" in der Saturday Evening Post, „ich habe den Verdacht, daß unser seelisch-geistiger Niedergang seine Ursache darin hat, daß wir einfach keine Erfahrung im Umgang mit unserer eigenen Wohlhabenheit haben". In der westlichen Welt haben sich Ökonomie und Technologie so weit entwickelt, daß die Majorität der Menschen, und nicht nur eine aristokratische Elite, in Wohlstand leben kann. Solchen Überflusses ungewohnt, erlebt daher diese Majorität, und nicht nur eine Elite, die Langeweile, die Frustration und innere Leere, die immer schon mit schlecht verwaltetem Reichtum einherging.

Freiheit und Freizeit

Aber auch noch in einer anderen Hinsicht muß der Mensch mit neu gewonnenem Reichtum erst vertraut werden: Es ist neu und ungewohnt, daß die Mehrzahl der Bewohner eines Landes in der Lage sind, auch der Muße zu pflegen, und die klassische Reaktion auf ein solches Übermaß an Freizeit ist die der Aristokraten vergangener Zeiten: die Langeweile. Wir haben noch nicht gelernt, mit diesem Überfluß an Freizeit fertigzuwerden, und wir befinden uns in einer ähnlichen Lage wie unsere Großväter zu Beginn des Automobilzeitalters, die den ersten Motorwagen die Form von pferdelosen Kutschen gaben, weil das eben die einzige Form war, die sie sich vorstellen konnten. Wir versuchen nämlich, unsere Freizeit nach dem Muster des traditionellen Sabbats zu gestalten – jenes einzigen Tages der Woche, an dem der Mensch sich dem Müßiggang hingeben durfte – ja sogar dazu verpflichtet war. Gott hatte die Welt in sechs

Tagen geschaffen, und am siebenten hatte er sich ausgeruht – und der Mensch hatte es genauso zu halten. Es war geradezu ein Grundpfeiler der protestantischen Ethik, daß sie während der ersten sechs Tage die Faulheit, am siebenten Tag aber die Arbeit als Sünde betrachtete. Kirche und Staat zimmerten einschlägige Vorschriften, und so ist es zum Beispiel in England bis heute unmöglich, am Sonntag ein Theaterstück oder ein Fußballspiel zu sehen.

Das Zeitalter der Freizeit hat erst begonnen. Im Zuge der wachsenden Automation werden allein in den USA pro Woche etwa 35 000 Arbeitskräfte durch Maschinen oder Computer ersetzt, und nicht lange mehr, so wird die Arbeitswoche nur mehr 20 Stunden haben, und die wöchentliche Freizeit wird sich auf 100 Stunden belaufen. Davon abgesehen, haben sich unsere Vorstellungen von Arbeit und Beruf grundsätzlich geändert. Die Arbeit, die einst eine persönliche Aufgabe dargestellt hatte, wird zu einem bloßen Job. Nur wenige Menschen können von sich behaupten, daß sie in ihrer Arbeit nicht durch jemand anderen, oder vielleicht gar durch eine Maschine, ersetzt werden könnten. Welch ein Unterschied zu dem Handwerker vergangener Tage, oder zu dem heranwachsenden Kind, das seinen bäuerlichen Eltern half, das Land zu bestellen! Selbst der Sklave der Südstaaten durfte eher das Gefühl haben, daß er persönlich gebraucht wurde, als der typische Angestellte unserer Tage. Die technologische Entwicklung hat es mit sich gebracht, daß viele Menschen sich an ihrem Arbeitsplatz ersetzbar und überflüssig vorkommen, und die Sinnträchtigkeit der Arbeit ist in vielen Fällen verlorengegangen.

Andererseits befreit die Technologie den Menschen in steigendem Maße von dieser sinnentleerten Arbeit und gibt ihm Zeit für Tätigkeiten, in denen er Sinnerfüllung finden kann. Um aber dieses Geschenk richtig gebrauchen zu lernen, wird der Mensch seine alten Vorstellungen über Freizeit und Müßiggang gründlich ändern müssen. Solange die sechs Tage Arbeit zum Überleben notwendig waren, mußte der siebente Tag freigehalten werden, um den Menschen auch Gelegenheit zu Kontemplation und geistiger Erholung zu geben. Ein ungewollter Nebeneffekt dieses Arrangements lag darin, daß für die meisten Menschen die Religion aus den Wochentagen verbannt und einzig auf den Sonntag konzentriert wurde. Nun, da die sechs Arbeitstage nicht mehr lebensnotwendig sind, muß der Mensch auch sein „Freizeit-Modell" modernisieren. Es ist nicht mehr nötig, daß er sechs Tage lang in der Arbeit seinen Sinn findet, am siebenten Tag aber in der Kontemplation. Er kann seine Freizeit mit sinnvollen Tätigkeiten ausfüllen, er kann auch an Werktagen sinngebende „Erlebniswerte" verwirklichen. Wir müssen begreifen lernen, daß Muße mehr ist als bloßes Nicht-Arbeiten, ebenso wie Freiheit mehr ist als bloßes Nicht-unterdrückt-Sein. Das Vakuum des Nichtarbeitens muß ausgefüllt werden; aber auch das Vakuum einer sinnentleerten Arbeit muß ausgefüllt werden. In dieser Ära des Freizeit-Überflusses beginnt der Mensch zu begreifen, daß die himmlischen Freuden keineswegs so etwas wie ein ewiger Feierabend sein können, und es will ihm so scheinen, als sei ewiger Müßiggang eher die Definition der Hölle. Er sieht ein, daß Muße allein sein existentielles Vakuum nicht ausfüllen kann; untätiges Schauen ist auf die Dauer ebensowenig sinnträchtig wie Aktivität um der Aktivität willen.

Untätigkeit beseitigt jedenfalls nicht das Gefühl der inneren Leere, sondern verstärkt es nur noch. FRANKL spricht in diesem Zusammenhang von der „Sonntagsneurose", und in einem vom Süddeutschen Rundfunk wiederholt ausgestrahlten Vortrag sagt er von ihr: „Es handelt sich um ein Gefühl der Inhaltsleere und Sinnlosigkeit des Daseins, wie es gerade beim Stillstand wochentägiger Betriebsamkeit im Menschen aufbricht und zutage tritt. Das Nichts, vor dem sich der Mensch so sehr ängstigt, ist nicht nur außerhalb seiner, sondern auch mitten in ihm selbst. Vor diesem inneren Nichts packt ihn die Furcht, und aus Furcht vor sich selbst ist er auf der Flucht vor sich selbst: er ist auf der Flucht vor dem Alleinsein – denn Alleinsein heißt ja allein sein müssen mit sich selbst. Und wann ist er für gewöhnlich gezwungen, mit sich selbst allein zu bleiben? Am Wochenende, am Sonntag. ,Einsamer Sonntag' – so lautet der Titel eines berüchtigten schmachtenden Schlagers –, berüchtigt ob der vielen Selbstmorde, die er zur Folge hatte und die ihm sicher nicht nur ein geschäftstüchtiger Musikverlag nachgesagt hat."

Passives „Zuschauen" vermittelt oftmals die Illusion einer Sinnerfüllung. In dem genannten Rundfunkvortrag kam FRANKL auch auf das Fernsehen zu sprechen: „Wir leben nicht nur hinsichtlich materieller Güter in einer affluent society, in einer Überflußgesellschaft. Sondern die Affluenz bezieht sich auch auf die Reizüberflutung durch die Massenmedien und die Vergnügungsindustrie. Wenn wir nicht in der Flut von Reizen untergehen wollen, müssen wir eines werden: selektiv! Das heißt, die wirklich wesentlichen Veranstaltungen im Programm anstreichen und für die Dauer aller anderen Veranstaltungen den Apparat abschalten. Wir müssen eben unterscheiden lernen zwischen dem, was wesentlich ist und was nicht, was Sinn hat und was nicht, und das alles gilt eben auch von der Freizeit. Gerade in einer Zeit, in der die Berufsarbeit entpersönlicht wird, geht es darum, die Muße nur um so persönlicher zu gestalten, sie zu personalisieren. Wenn uns dies einmal gelingen und glücken sollte, dann wird die Freizeit nicht mehr das Sinnlosigkeitsgefühl noch vertiefen, an dem der Mensch von heute so sehr leidet, mit einem Wort, es wird die Freizeit dann nicht eine Ursache des existentiellen Vakuums bleiben, sondern in den Rang eines Heilmittels aufrücken, das es dem Menschen gestattet, sein Leben mit Sinn zu erfüllen – und so denn auch sich selbst zu verwirklichen."

Ebenso fruchtlos wie die Selbstbetäubung durch elektronische Unterhaltungsmaschinen ist der Versuch, die innere Leere durch hektische Aktivität auszufüllen. Vor allem Jugendliche wollen immer dort sein, „wo was los ist". Die Illusion des Tätigseins läßt sich am leichtesten durch Geschwindigkeit erzielen. Man setzt sich ins Auto und fährt drauflos – ziellos, aber möglichst schnell. Die fieberhafte Sucht nach Aktivität ist aber nicht auf Jugendliche beschränkt. Auch unter den weniger jungen, unter den Wohletablierten ist sie häufig anzutreffen, und die vielgenannte Managerkrankheit, die sich in permanenter nervöser Spannung und einer Neigung zu Herzinfarkt äußert, ist meist auf diesen Drang nach hektischer Aktivität und auf die daraus resultierende Überarbeitung zurückzuführen. In einem Seminar, das FRANKL für eine Gruppe kalifornischer Industrieller abhielt, kam er auf einen Patienten zu sprechen, der die klassischen Symptome der Managerkrankheit besonders klar repräsentierte. Es handelte sich um den Fall eines jungen italienischen Industriellen, der nach Wien gekommen war, um sich von ihm untersuchen zu lassen. Es stellte sich nun heraus, daß es keinerlei organische Ursachen für seine Beschwerden gab. Doch nach Abschluß der Untersuchung fragte FRANKL ihn schließlich, ob es da nicht irgendeinen unerfüllten oder unerfüllbaren Wunsch gebe, und prompt gab der Patient dies zu – und gestand, daß ihm sein Privatflugzeug nicht mehr genügte, und daß er sich eben nur dazu so abrackerte, um sich eine eigene Jet-Maschine leisten zu können. Dieser Patient, so schloß FRANKL ironisch, hatte solche Angst vor seiner inneren Leere, daß er ihr anscheinend nur mit der Geschwindigkeit eines Düsenflugzeuges zu entkommen hoffte.

Jedem seine eigene Wüste

Der populären Ansicht, es sei das Tempo unserer Tage, das den Menschen so krank mache, tritt FRANKL entschieden entgegen. In seiner „Psychotherapie für den Laien" (Herder 1971) meint er, als Ursache der „Zeitkrankheit", überhaupt als Krankheitsursache, komme das zeitgenössische Tempo keineswegs in Betracht. Vielmehr behauptet er: „Das beschleunigte Tempo des Lebens von heute stellt eher einen Selbstheilungsversuch dar – wenn auch einen mißglückten Selbstheilungsversuch. Tatsächlich läßt sich das rasende Lebenstempo ohne weiteres verstehen, wenn wir es als einen Versuch der Selbstbetäubung auffassen: der Mensch ist auf der Flucht vor dem Gefühl der Ziel- und Inhaltslosigkeit des Daseins, und auf dieser Flucht stürzt er sich in den Geschwindigkeitsrausch. Je weniger er um ein Ziel seines Weges weiß – um so mehr beschleunigt er das Tempo." Und FRANKL zitiert dann den Wiener Kabarettisten HELMUT QUALTINGER, der – auf einem Motorrad sitzend – singt: „Ich hab' zwar keine Ahnung, wo ich hinfahr', aber dafür bin ich g'schwinder dort."

Den Geschwindigkeitsrausch zählt FRANKL zu der von ihm so bezeichneten „zentrifugalen Freizeitgestaltung", zu jener also, in der es der Mensch darauf anlegt, vor sich selbst davonzulaufen, der Begegnung mit sich selbst auszuweichen. Demgegenüber empfiehlt FRANKL eine „zentripetale Freizeitgestaltung", die „nicht bloßer Zerstreuung, sondern innerer Sammlung dienen würde". „Was da not tut", sagte er in dem bereits zitierten Rundfunkvortrag, „ist dies: daß der Mensch es wieder lernt, für einige Zeit, sagen wir für ein Weekend, in die Wüste zu gehen – und Wüsten gibt es nahe von uns, gibt es überall. Sei es ein Hüttenbummel in den Bergen, sei es eine einsame Bucht an einem Ufer. Dort kann man seine Gedanken wenigstens zu Ende denken, ohne daß das Telephon schrillt oder die Sekretärin hereinkommt und um eine Unterschrift bittet." Und er setzt fort: „Wir können uns ruhig die besten und schnellsten Wagen anschaffen, die wir uns leisten können; aber nicht, um mit ihnen weiterzurasen und noch weiterzukommen, sondern um möglichst viel Zeit einzusparen, um möglichst rasch ‚in die Wüste' zu kommen – und dort endlich einmal zu uns zu kommen!" FRANKL selbst fährt, wie ich weiß, seinen Wagen so oft und so schnell er kann in seine geliebten Berge, auf das Rax-Gebirge, wo er einsame und stundenlange Plateauwanderungen unternimmt – wenn er nicht gerade mit seinen Seilkameraden eine Felswand durchklettert.

Die meisten Menschen weichen aber einer solchen Konfrontation mit sich selbst, wie etwa die Bergeinsamkeit sie ihnen bieten würde, aus; um vor ihren existentiellen Problemen davonzulaufen, stürzen sie sich vielmehr in einen Trubel. Sie brauchen den Unterhaltungslärm – das Fernsehen, das Radio, die Stereoanlage. Und wundern sich dann, wenn sie in der Nacht von „existentieller Schlaflosigkeit" geplagt werden, um mit FRANKL zu sprechen. In seinem Buch „The Will to Meaning" kommt er auf diese Problematik zu sprechen und meint, die nicht zu Ende gedachten Gedanken ließen solche Menschen nicht einschlafen. Anstatt aber nun die Gelegenheit zu nützen und ihre Probleme durchzudenken, nehmen sie Schlaftabletten. Sie können dann zwar einschlafen, zugleich aber komme es damit auch zu einer Verdrängung – in diesem Fall sei es jedoch eine existentielle, und nicht etwa eine sexuelle Problematik, die da verdrängt werde. „Der Kranke fällt zwar in Schlaf", sagt FRANKL, „aber er fällt auch den Folgen zum Opfer, die eine Verdrängung mit sich bringt." Die meisten Menschen haben eben nicht den Mut, meint er, mit sich selbst allein zu sein und ihren existentiellen Problemen ins Gesicht zu sehen, um sie dann auch lösen zu können. Sie übertönen sie mit Lärm und betäuben sich mit Tempo untertags und mit Tabletten in der Nacht.

Verpflichtung und Verantwortung

Vor Sonntagsneurose, Managerkrankheit und all den anderen krankhaften Äußerungen des existentiellen Vakuums, beziehungsweise all den Wegen der Flucht vor ihm werden wir nur dann bewahrt werden, wenn wir die Aufgaben, die uns das Leben anbietet, ernst nehmen, wenn wir uns ihnen stellen. Der berühmte amerikanische Hirnchirurg HARVEY CUSHING sagte einmal – er war damals zweiundachtzig – zu einem Freund: „Die einzig mögliche Art, das Leben immer zu ertragen, ist, jederzeit eine Aufgabe vor sich zu haben." Und die Gültigkeit dieses „Rezepts" hat sich selbst in „Grenzsituationen" wie nordkoreanischen oder japanischen Kriegsgefangenenlagern oder deutschen Todeslagern immer wieder bestätigt. Die Wahlfreiheit des Menschen, die selbst in der Gefangenschaft nicht zu bestehen aufhört, kann ihm entweder zu einem sinnerfüllten Leben verhelfen oder ihn in die Sinnlosigkeit führen.

Von FRANKL haben wir aber erfahren, daß ein sinnvolles Leben nicht nur in Freiheit, sondern in Verantwortlichkeit gelebt werden muß. Tatsächlich muß jeder von uns seine Verantwortung auf jenen drei Gebieten akzeptieren, auf denen er, der Logotherapie zufolge, Sinn finden kann. Und zwar drückt FRANKL dies einmal so aus, daß er sagt, der Mensch sei verantwortlich dafür, „was er tut – wen er liebt – und wie er leidet".

In meinen Diskussionsgruppen hat man mich oftmals gefragt, wieso der Mensch von heute weit mehr unter dem Gefühl der Sinnlosigkeit zu leiden habe als die Menschen früherer Zeiten. Wenn nämlich das Sinnlosigkeitsgefühl durch ein Auf-sich-Nehmen von Verantwortung geheilt werden kann, dann würde das ja bedeuten, daß die Menschen von heute weniger Verantwortung haben als die Wikinger, die Kreuzfahrer oder die Hunnen. Nun, die Logotherapie beantwortet diese Frage, indem sie die beiden Begriffe Verpflichtung („responsibility") und Verantwortung („responsibleness") voneinander scheidet. Eine Verpflichtung wird einem von irgendeiner Autorität übertragen; Verantwortung aber ist etwas, das jeder einzelne aus freiem Willen auf sich nimmt. Es hat immer Autoritäten gegeben, die dem Menschen die Verpflichtung auferlegten, einen bestimmten Wirkungskreis nach Kräften auszufüllen. Das Leben war ausgefüllt in einer Gesellschaft, in der die Freiheit sehr beschränkt war und in der die Pflichten von oben her gegeben und widerspruchslos hingenommen wurden. Nun aber hat sich der Mensch von jeder äußeren Autorität weitgehend befreit, und da die Verpflichtungen nun nicht mehr von außen her dem Menschen aufgelastet werden können, muß die innere Verantwortung an die Stelle jener äußeren Autorität treten. Verantwortlichkeit bedeutet innere Disziplin: man erfüllt eine Aufgabe nicht deshalb, weil man dazu gezwungen ist, sondern weil man sich selbst dazu entschlossen hat. Eine Verpflichtung konnte einem vom Priester, vom König, vom Vater oder Lehrer übertragen werden; die Verantwortung aber kommt aus der Freiheit, eigene Entschlüsse zu fassen. Pflichtgebundenheit ohne Freiheit ist Tyrannei; aber umgekehrt haben wir vorhin von FRANKL gehört, daß „Freiheit ohne Verantwortlichkeit Willkür ist" – und ein Leben in Willkür führt zu Langeweile, Leere, Lebensangst und Neurose.

Im Zusammenhang mit dieser begrifflichen Trias von Freiheit, Verpflichtung und Verantwortung erzählte mir FRANKL einmal folgende Geschichte: Als er vor einigen Jahren vor einer Gruppe von amerikanischen Psychiatern einen Vortrag hielt, bemerkte einer der anwesenden Psychoanalytiker, der gerade von einer Reise nach Moskau zurückgekehrt war, daß dort die Zahl der Neurosen im

Verhältnis zu der diesbezüglichen Situation in den USA niedrig sei. Und er sah in diesem Befund eine Bestätigung von Frankls Behauptung, daß sich die Sinnorientierung eines Menschen neurosenprophylaktisch auswirke; denn hinter dem Eisernen Vorhang würden ja die Menschen von ihren Regierungen ständig mit bestimmten Aufgaben konfrontiert, die sie allerdings mehr oder weniger widerspruchslos auf sich zu nehmen haben. Zwei Jahre nach diesem Vortrag ergab es sich nun, daß Frankl von zwei amerikanischen Universitätsprofessoren, die ihr Forschungsjahr in Wien verbrachten, um bei ihm Logotherapie zu studieren, gebeten wurde, sie doch an die Stätte des ehemaligen Konzentrationslagers Auschwitz zu begleiten, die heute bekanntlich auf polnischem Gebiet liegt. Kaum hatte aber die Wissenschaftliche Gesellschaft der Krakauer Psychiater von Frankls Besuch erfahren, luden sie ihn auch schon ein, gelegentlich seines Aufenthalts in Krakau für sie einen Vortrag zu improvisieren. Frankl nahm an, und während des Vortrags kam er auch darauf zu sprechen, was der amerikanische Psychoanalytiker ihm erzählt hatte: daß die Menschen in kommunistischen Ländern mit konkreten Aufgaben betraut würden und daher weniger neurotisch wären als die Amerikaner. Allgemeines befriedigtes Schmunzeln. Frankl aber schoß nach: „Nun, es mag ja wirklich sein, daß Ihnen hierzulande mehr Aufgaben gestellt sind als den Amerikanern; aber wollen Sie bitte darüber nur eines nicht vergessen: daß nämlich die Amerikaner dafür die Freiheit behalten haben, ihre Aufgaben selber zu wählen – eine Freiheit, die Ihnen mitunter versagt sein mag." Das Schmunzeln verebbte wieder. Frankl aber setzte fort: „Wie schön wäre es doch, ließe sich da eine Synthese zustande bringen – so zwar, daß der Mensch genug Aufgaben zu erfüllen hat – aber auch die Freiheit behält, diese seine Aufgaben selber zu wählen – nämlich so zu wählen, wie es ihm sein Gewissen vorschreibt!"

Die innere Autorität

Mit dem Erringen seiner „Freiheit von etwas" widersagt der Mensch also aller äußeren Autorität; seine „Freiheit zu etwas" erfordert aber gleichzeitig eine selbsteingesetzte innere Autorität – etwa jene „inner-directedness", von der Riesman spricht. Der Mensch akzeptiert nicht mehr jenen Lebenssinn, der ihm von seiner Kirche, vom Staat, von der Familie und von all den anderen althergebrachten Institutionen diktiert wird; er ist aber auch noch nicht bereit, die Richtung seines Tuns in eigener Verantwortlichkeit zu finden. Die ihm von oben auferlegte Verpflichtung wird abgelehnt, zugleich aber fehlt es noch an innerer Verantwortung. Und dies ist der Grund dafür, daß der Mensch sich ziellos, einsam, schutzlos, entwurzelt und verzweifelt fühlt.

Die Übergangsperiode, die wir heute durchleben, ist vielleicht die schwierigste in der Geschichte. Aber es bleibt uns nichts anderes übrig, als sie zu meistern, da ja jedes Scheitern wahrhaft katastrophale Folgen mit sich brächte. Im Ringen um den Sinn unseres Daseins werden wir diesen Kampf gewinnen!

FRANKL hat uns gelehrt, Konformismus und Totalitarismus als Auswirkungen des existentiellen Vakuums zu verstehen (siehe Seite 144). Ich möchte ergänzen, daß im einen wie im anderen Falle jene Freiheit, um die in der amerikanischen wie in der Französischen Revolution gekämpft wurde, wieder verlorengeht. Denn die großen Ideale dieser Revolutionen verschwinden in der Tat nicht nur dann, wenn der Mensch sich dem Totalitarismus verschreibt, sondern auch dann, wenn er sich dem Konformismus überläßt. Eine Gesellschaft, in der alle konform gehen, verwirklicht nicht die Freiheit, sondern nur die Gleichheit. Die persönliche „Freiheit", so sagt FRANKL einmal, wird dann einer unpersönlichen „Gleichheit" geopfert, und an die Stelle des dritten Ideals, der „Brüderlichkeit", trete der bloße Herdeninstinkt.

Aber noch von einer anderen Seite her droht dem Menschen der Verlust seiner Freiheit. Nachdem er den Glauben an die Vorbestimmung in der Religion abgelehnt hat, akzeptiert er ihn auf einmal wieder – vorausgesetzt, daß er nur mit einem wissenschaftlichen Mäntelchen umgeben ist. Er glaubt sich determiniert durch seine Gene, seine Drüsen, seine Triebe und Emotionen, durch seine frühen Kindheitserlebnisse, seine Umwelt, seine ökonomischen Verhältnisse und so fort. Die Logotherapie aber lehrt, daß dem Menschen – all den Bedingungen und Umständen zum Trotz, mögen sie ihn auch noch so sehr in seiner Freiheit einschränken – immer ein freier Spielraum verbleibt, den ihm niemand nehmen kann, den er vielmehr nur selbst verspielen kann, indem er keinen Gebrauch davon macht. Der Mensch muß dazu ermutigt werden, seine Freiheit zu gebrauchen – und sie in verantwortlicher Weise zu gebrauchen, damit es ihm nicht so geht wie dem Zauberlehrling, der schließlich zum Sklaven seiner eigenen Schöpfung wurde. Diese Freiheit ermöglicht es dem Menschen, unmoralisch zu sein, sie bietet ihm aber auch die Möglichkeit, jene wahre Moral zu entwickeln, von der

Frankl sagt, sie habe „Entscheidungscharakter", zu ihr müsse man also nicht erst getrieben werden, ja, zu ihr *könne* man gar nicht getrieben werden.

Eine neue Moral

Die Gründe des moralischen Handelns haben sich geändert: war es früher die Angst vor den Folgen des bösen Tuns, vor dem höllischen Feuer, den Hexenprozessen, der Lynchjustiz oder der Rute, so ist es heute die eigene Urteilsfähigkeit, das persönliche Gewissen. Noch vor einer Generation hielt sich ein junger Mann einfach deshalb an die sexuelle „Moral", weil er Angst vor Geschlechtskrankheiten hatte, und ein junges Mädchen deshalb, weil es fürchtete, schwanger zu werden. Im Zeitalter der Antibiotika und der Pille aber bleibt es der freien Entscheidung der jungen Leute überlassen, ob sie den alten Moralgesetzen folgen wollen oder nicht. Das eigene, individuelle Gewissen meldet sich zu Wort, und es spricht nicht immer die Sprache der Tradition. Der Besitzer eines Drugstores in Columbus, Ohio, weigert sich, Zigaretten zu verkaufen, und verteilt statt dessen Flugzettel gegen das Rauchen, indem er darauf verweist, daß es schließlich seine Aufgabe sei, die Gesundheit der Menschen zu fördern[1]. „Ich wäre ein Heuchler", so sagt er, „wenn ich den Leuten Zigaretten verkaufe, da doch bekannt ist, daß das Rauchen der Gesundheit abträglich ist."

Freiheit wird uns werden, sobald wir willens sind, zum Wohle des Ganzen auf unsere persönlichen Freiheiten zu verzichten, und Gerechtigkeit wird kommen, wenn jene, die durch die Ungerechtigkeit nicht betroffen sind, ebenso empört sein werden wie die Betroffenen. Lange genug hat der Mensch über seine Utopia nachgedacht und gepredigt. Er weiß, was er tun „soll", aber nun gerät er zum erstenmal in eine Ära, die ihm vielleicht die Freiheit bietet, wirklich so zu handeln, wie er es für richtig hält, ohne daß er dabei von Institutionen angeleitet wird, die ja jederzeit und überall nur die Werte von vorgestern verfolgen. Irgendeine Führung aber braucht der Mensch, und da sie nicht von außen kommt, muß sie von innen kommen. Und dies geschieht, wann immer – um mit Frankl zu sprechen – „Freiheit in Verantwortlichkeit umschlägt". So verstehen wir denn, warum Frankl in seinen amerikanischen Vorträgen

---

[1] Ein amerikanischer Drugstore umfaßt im allgemeinen auch eine Apotheke.

nicht müde wird, seinem Publikum warnend und mahnend zuzurufen: „Freiheit droht in Willkür auszuarten, sofern sie nicht in Verantwortung gelebt wird. Darum würde ich Ihnen empfehlen, daß die Freiheitsstatue an der Ostküste der Vereinigten Staaten ergänzt werde durch eine ‚Verantwortlichkeitsstatue' an der Westküste." Wir könnten ergänzend sagen: die Fackel, welche die „armen und verstörten Massen" zur Freiheit führt, sollte durch ein inneres Licht ergänzt werden, das diesen Massen den Weg zu einem sinnvollen Gebrauch der Freiheit weist – wofern nicht Amerika, das Land der Freien, zu einem Land der Frustrierten werden soll.

9. Geistiges Gesundsein in der Zwischen-Zeit

Wenn alle Werte in Frage gestellt werden und die überlieferten Maßstäbe ihre Gültigkeit verlieren, werden die Menschen von Ratlosigkeit ergriffen. Ohne die Führung durch die Tradition ist der einzelne wieder auf sich selbst gestellt, muß er eine neue Basis für seine Entscheidungen finden. Sein Haus ist nicht mehr auf einem Felsen gebaut. Oder wenn es doch auf einem Felsen steht, dann ist dieser Felsen nicht mehr das, was er früher einmal war. Die Physiker sind daraufgekommen, daß er größtenteils aus leerem Raum und wirbelnden Elektronen besteht; die Astronomen sagen uns, daß der Felsen, den wir unseren Heimatplaneten nennen, ein winziges Fleckchen in einem in Ausdehnung begriffenen Universum ist.

Glücklicherweise können aber gerade die Wissenschaften, die einen wesentlichen Anteil an der Unterminierung der traditionellen Werte gehabt haben, dem Menschen auch dazu verhelfen, daß er seine Orientierung wiederfindet. Wie kann der Arzt solches Kranksein verhindern oder heilen? Und welche Rolle kommt dem Therapeuten in dieser Übergangsperiode zu? Ist es seine Aufgabe, seinem Patienten die Anpassung an die in Bewegung geratenen Werte von heute zu erleichtern, oder soll er ihn dazu führen, daß er selbst neue Maßstäbe erwirbt, neue Befestigungen für sein „Kletterseil" findet?

Logotherapie und Philosophie

Die Logotherapie stellt nicht den Anspruch, daß sie im Besitz der Antworten auf all diese Fragen sei; und sie hält sich auch keineswegs etwa für die einzige Schule der Psychotherapie, die sich auf die Suche nach solchen Antworten gemacht hat. Aber sie geht einen anderen Weg als die meisten übrigen: sie predigt nicht Anpassung, sondern versteht sich zutiefst als „Erziehung zur Verantwortung" – wie der

Titel eines logotherapeutischen Buches von Karl Dienelt lautet – und zwar zur Verantwortung für die Erfüllung eines konkreten und persönlichen Lebenssinns. Demgemäß faßt die Logotherapie den Menschen auch nicht als ein „triebdeterminiertes", sondern als ein „sinnorientiertes" Wesen auf. Mit Frankls eigenen Worten: „Die Logotherapie ‚spricht' den Menschen ‚frei'; aber sie spricht ihn nicht nur frei, sondern sie spricht ihn auch – verantwortlich."

Wie fruchtbar diese Gedankengänge Frankls nun speziell für die amerikanische Szene sind, geht aus einem Symposion hervor, das die amerikanische Psychiatervereinigung im Jahre 1965 in St. Louis, Missouri, abhielt und dessen Thema lautete: „The Challenge (to Psychiatry) of the Next Ten Years" (die neuen Aufgaben der Psychiatrie im kommenden Jahrzehnt). Huston Smith, Professor für Philosophie am Massachusetts Institute of Technology, führte die Wertkrise des modernen Menschen als einen der Hauptgründe dafür an, daß die Psychiatrie heutzutage ihre Ziele neu zu stecken hat. Er wies darauf hin, daß die rasche Veränderung der Moralgesetze innerhalb eines einzigen Menschenlebens den einzelnen jedes äußeren Haltes beraubt und ihn dazu zwingt, auf existentielle Weise seine eigenen moralischen Maßstäbe zu erarbeiten. Die vorbeugende Therapie, so fügte dann Huston Smith hinzu, muß mehr sein als ein „Wachtposten", muß mehr tun als auf frühe Symptome zu achten und bei den ersten Anzeichen einer Krankheit mit der Behandlung zu beginnen. Sie muß vielmehr herausfinden, welche Gruppen unserer Bevölkerung für seelische Krankheiten besonders anfällig sind und unter welchen Bedingungen sie es sind und wo die höchsten Risiken, die vorhersagbaren Beanspruchungen liegen.

Die Logotherapie entspricht nun den meisten dieser Forderungen, die da an eine moderne Psychotherapie gestellt wurden, und zwar sowohl auf medizinischer als auch auf philosophischer Ebene. Und ohne ein – letzten Endes philosophisches – Menschenbild kommt ja, wie man nunmehr weiß, keine Therapie aus. Daß dies auch für die Psychoanalyse zutrifft, hat – noch vor und neben vielen anderen – einer der bedeutendsten Schüler von Freud, Paul Schilder, glattweg zugegeben. Ja, es ließ sich feststellen, daß in manchen Fällen die Philosophie, die einer Therapie zugrunde liegt, sich weitaus tiefgreifender auswirkt als die Therapie selbst.

Der Arzt Sigmund Freud machte sich zur Aufgabe, ein Heilmittel für die Krankheiten der Seele zu finden. Eine Generation nach Freuds Tod aber haben seine Entdeckungen nicht nur die Medizin, sondern praktisch alle Aspekte des menschlichen Lebens revolutioniert – unsere Kindererziehung, unsere Politik, unsere Freizeitgestaltung, unsere ehelichen Beziehungen, unsere Gesetze, unsere Gefängnisse, unsere Verkaufsmethoden, die Literatur und die Literaturkritik. Ja, man kann sogar behaupten, daß der Einfluß FREUDS auf jedem dieser Gebiete weit schwerer wiegt als die Auswirkungen seiner Lehre auf die Medizin. Durch die Anwendung seiner Entdeckungen sind weit mehr Menschen dazu gebracht worden, bestimmte Güter zu kaufen, bestimmte politische Kandidaten zu wählen, Bücher zu schreiben und Bücher zu lesen – als durch die Psychoanalyse geheilt wurden. FREUDS Beitrag zum Verständnis unser selbst und unserer Beziehungen zu anderen (zu Eltern, Ehegatten, Kindern, zu Wählern, Kunden, Schülern und Angestellten) kann gar nicht überschätzt werden. Aber sein Beitrag zur Linderung seelischer Krankheiten ist im Vergleich dazu eher gering zu bewerten, besonders dann, wenn man ihn mit dem medizinischen Fortschritt im allgemeinen vergleicht – mit der Entwicklung der Antibiotika oder neuer Techniken der Chirurgie etwa. Bei solcher Überlegung stellen wir also mit Überraschung fest, daß der Einfluß der Psychoanalyse auf den nichtmedizinischen Gebieten am größten ist, und daß ihr Erfolg vor allem ein Erfolg des FREUDSchen Menschenbildes ist. Es ist das Werk FREUDS, daß sich der Mensch jener Kräfte bewußt geworden ist, die ihn bei seinem Handeln, Fühlen und Denken bewegen; und dieses Wissen hat ihm dazu verholfen, seine seelische Gesundheit zu erhalten oder wiederzufinden.

Dieses Selbstverständnis des Menschen wurde nun durch andere psychotherapeutische Schulen weiter vertieft. Der Mensch erkannte in seinem Handeln die Auswirkungen seines Willens zur Macht, den Einfluß, den Gesellschaft und Religion auf ihn ausüben, um schließlich auch jene „Sinnorientiertheit" in den Blick zu bekommen, die FRANKL für einen Wesenszug allen Menschseins hält. Fest steht jedenfalls, daß die einzelnen psychotherapeutischen Richtungen ihren heilsamen Einfluß auf das menschliche Seelenleben ebenso auf dem Weg über ihre Weltanschauung ausüben wie durch ihre spezifische Methodik und Technik hindurch. Und dies gilt selbstverständlich auch für die Logotherapie. Was FRANKL anlangt, war er sich der Bedeutung einer philosophischen Fundierung der Psychotherapie von Anfang an bewußt: nachdem FREUD veranlaßt hatte, daß FRANKLS wissenschaftliche Erstlingsarbeit 1924 in der „Internationalen Zeitschrift für Psychoanalyse" publiziert wurde, veröffentliche ADLER bereits im darauffolgenden Jahr eine weitere Arbeit von FRANKL in der „Internationalen Zeitschrift für Individualpsychologie", und der Titel dieser Arbeit mutet geradezu programmatisch an: „Psychotherapie und Weltanschauung – Zur grundsätzlichen Kritik ihrer Beziehungen."

In diesem Zusammenhang will mir auch bemerkenswert erscheinen, daß von den fünf Aspekten der Logotherapie, wie sie FRANKL mitunter unterscheidet, nicht weniger als drei eigentlich der Philosophie zugehören und nur zwei der Medizin im engeren Sinne. Der eine medizinische Aspekt betrifft den Bereich, innerhalb dessen die Logotherapie „spezifische Therapie" ist, und dies ist der Fall bei den noogenen Neurosen. Der zweite medizinische Indikationsbereich betrifft die psychogenen Neurosen (die also nicht, wie die noogenen, von einer existentiellen Problematik herrühren), und auch hier ist die Logotherapie noch Therapie, wenn auch nicht, wie später ausgeführt wird, im spezifischen Sinn. Den dritten Aspekt repräsentieren nun Fälle, in denen die Logotherapie mit unheilbar Kranken konfrontiert ist, bei denen jede Therapie im eigentlichen Wortsinn eben versagt; in solchen Fällen tritt jener Aspekt der Logotherapie in sein Recht, den FRANKL – mit dem Titel seines ersten Buches – als „Ärztliche Seelsorge" fixiert: in ihrem Rahmen kann es naturgemäß nur noch um die Auseinandersetzung des Unheilbaren mit ebendiesem Faktum seiner Unheilbarkeit oder gar des herannahenden Todes gehen – und doch gehört diese Auseinandersetzung, wie FRANKL evident machen konnte, noch immer zu den Aufgaben echten Arzttums; wohl aber geht sie über alles Nur-Ärztliche hinaus und spielt sich bereits auf einer schlechthin menschlichen Ebene ab. Mit dem nächsten Aspekt jedoch verlassen wir vollends den ärztlichen Bereich und betreten das Gebiet der Philosophie: es handelt sich um jenen Aspekt der Logotherapie, der von FRANKL ursprünglich „Existenzanalyse" getauft wurde und sich im besonderen mit dem existentiellen Notstand der Zeit auseinandersetzt, als den die Logotherapie ja das „existentielle Vakuum" diagnostiziert. Und schließlich der letzte und fünfte Bereich: nunmehr geht es nicht mehr um den Patienten, weder den einzelnen noch den an der „kollektiven Neurose" erkrankten, sondern um den Therapeuten selbst. Läßt sich doch die Logotherapie, nicht zuletzt eben in ihrer Ausformung als Existenzanalyse, sehr wohl verstehen als ein Versuch, der Psychotherapie – aller Psychotherapie, welcher Provenienz und Observanz auch immer! – ein Menschenbild an die Hand zu geben, das Platz hat auch für existentielle Nöte, oder, wie FRANKL es erst kürzlich formulierte: „eine rehumanisierte Psychotherapie, welche die Zeichen der Zeit versteht – und den Nöten der Zeit sich stellt."

Im folgenden werden die fünf Aspekte der Logotherapie in einigem Detail besprochen – wie sie sich als Existenzanalyse auswirkt, wie sie kollektive Neurosen bekämpft, was sie überhaupt für den leidenden Menschen tun kann, und wie sie noogene und psychogene Neurosen behandelt.

Logotherapie als Analyse menschlicher Existenz

Wir sprachen davon, daß ein wesentlicher Beitrag der Logotherapie zur seelischen Gesundheit beziehungsweise Gesundung des Menschen in ihrer spezifischen Deutung des Menschseins bestehe. Das heißt aber nicht, daß es der Logotherapeut ist, der diese Deutung vornimmt. Wie FRANKL sich einmal ausdrückt, ist die Rolle des Logotherapeuten nicht die eines Malers, der die Welt so darstellt, *wie er sie sieht*, sondern die eines Augenarztes, der dem Patienten dazu verhilft, die Welt zu sehen, *wie sie ist*.

Nun geht das Bestreben, dem Menschen die Realität der Welt und seine eigene Existenz erkennen zu helfen, bekanntlich auf SOKRATES zurück, der sich mit der Forderung „erkenne dich selbst!" identifizierte, aber natürlich auch auf JESUS, der verkündete: „Die Wahrheit wird euch frei machen." Daß dieses Wissen um unser eigenes Wesen nur dann vollständig sein kann, wenn es auch jene Wahrheiten umfaßt, die in unserem Unbewußten ruhen – darauf verwiesen zu haben, ist das Verdienst von FREUD. Während aber letzterer unter diesem Unbewußten vorwiegend die Triebschicht, das „Es", verstand, also das triebhaft Unbewußte, wandte sich FRANKL – mit seinem frühen Werk „Der unbewußte Gott" (1948) – einer höheren Schicht zu, nämlich dem von ihm so genannten „geistig Unbewußten", der von ihm so bezeichneten „unbewußten Geistigkeit". Damit schloß er aber auch schon eine neue Dimension auf, die „noologische" Dimension, die er als „die Dimension der spezifisch humanen Phänomene" definiert. War dieser Raum einmal erschlossen und betreten, so konnte von ihm aus eine Kritik jener reduktionistischen Richtungen der Psychotherapie in Angriff genommen werden, deren Menschenbild das Gegenteil gewesen war: ent-geistigt, de-humanisiert, de-personalisiert, reifiziert (verdinglicht).

Den Reduktionismus definierte FRANKL einmal – in seinem öffentlichen Festvortrag aus Anlaß der 600-Jahr-Feier der Universität Wien – „als ein scheinwissenschaftliches Vorgehen, durch das spezifisch humane Phänomene auf sub-humane Phänomene reduziert beziehungsweise von ihnen deduziert werden. Mit einem Wort, der Reduktionismus ließe sich definieren als ein Sub-Humanismus." Der Mensch wird hingestellt als – je nachdem – ein Computer, als „ein nackter Affe" (um einen Bestsellertitel zu gebrauchen), als der Kriegsschauplatz zwischen Ich, Es und Über-Ich oder als das Produkt seiner Umwelt. Nach FRANKLs Ansicht sind all diese Aussagen irgendwie gerechtfertigt: der Mensch *ist* ein Computer, er *hat* Triebe, und er wird tatsächlich von seiner Umwelt geprägt und beeinflußt. „Der Fehler liegt erst im ‚nichts als': der Mensch ist ein Computer: aber er ist zugleich unendlich mehr als ein Computer, dimensional mehr als ein Computer." Der Reduktionismus aber, so meint FRANKL, reduziere den Menschen eben, verkürze das Menschenbild „um nicht mehr und nicht weniger als eine ganze Dimension, die Dimension des spezifisch Humanen. Die spezifisch humanen Phänomene werden zu bloßen Epiphänomenen gemacht. Hinter der Liebe stehen nunmehr nur noch sogenannte zielgehemmte Triebe. Das Gewissen ist dann nichts als bloßes Resultat konditionierender Prozesse." (Aus seinem Festvortrag aus Anlaß der 100-Jahr-Feier der Loyola University in Chicago.)

„Während sich der Nihilismus von gestern durch das Gerede vom Nichts verriet" – sagt FRANKL in seinem jüngsten Werk, „Der Wille zum Sinn" –, „tut es der Nihilismus von heute durch die Redewendung ‚nichts als'." Aber es ist von wesentlicher Bedeutung für seelisches Gesundsein, ob der Mensch nun von der Echtheit seiner Beweggründe überzeugt sein kann oder nicht. Um einen anderen Menschen lieben zu können, muß er an seine eigene Fähigkeit glauben, echte Liebe zu empfinden, und es würde eine innere Verarmung sondergleichen bedeuten, wenn er davon überzeugt wäre, daß etwa das Gefühl der Liebe „nichts als" eine „Reaktionsbildung" oder ein „Abwehrmechanismus" gegenüber unbewußten Haßgefühlen ist, oder daß das Gewissen „nichts als" die introjizierte Vaterimago ist. Der Mensch muß von neuem die Überzeugung gewinnen, daß Liebe, Gewissen, Kunst, Religion und seine Sehnsucht nach Wahrheit und Sinn etwas Echtes darstellen und nicht bloße Sublimierungen, Verdrängungen oder Abwehrmechanismen sind. Der Reduktionismus hat aber weite Verbreitung gefunden unter Leuten, die sich aus populärwissenschaftlichen Büchern, aus Zeitungsartikeln, aus den Illustrierten und aus Filmen ein oberflächliches psychologisches Wissen angeeignet haben. FRANKL zitiert hier den New Yorker Psychiater L. J. HATTERER, der einmal geschrieben hat, daß „schon so mancher Künstler die Ordination des Psychoanalytikers verlassen hat, wütend über Deutungen wie: daß er nur schreibe, weil er ein Querulant sei oder ein Sadomasochist; daß seine Schauspielerei nichts weiter sei als die Sublimierung seines Exhibitionismus; daß er eigentlich nur tanze, weil er sein Publikum sexuell verführen möchte; oder daß er nur male, um seine zu streng gewesene Erziehung zur Sauberkeit durch zügellose Schmiererei zu überwinden".

Wohin ein solcher Reduktionismus aber führen kann, wird von dem kalifornischen Soziologen WILLIAM IRWIN THOMPSON aufgezeigt, der 1962 in „Main Currents in Modern Thought" schrieb: „Wenn höchst gebildete Menschen unseres Kulturkreises damit fortfahren, Genie als Sublimierung sexueller Abwegigkeiten anzusehen, und wenn sie glauben, daß alle Werte rein fiktiver Natur seien, dann dürfen wir uns nicht wundern, wenn die Masse der weniger Gebildeten von Werten nichts mehr hält und sich statt dessen an eine Orgie von hemmungslosem Konsum verliert – wo nicht gar dem Verbrechertum anheimfällt."

Während nun die Psychotherapie oft in reduktionistischem Denken befangen bleibt, fällt es dem Mann von der Straße verhältnismäßig leicht, die logotherapeutische Deutung menschlichen Daseins zu akzeptieren; deckt sie sich doch durchaus mit dem Selbstverständnis des im Alltag stehenden Menschen – der hat nämlich niemals daran gezweifelt, daß so etwas wie sein Streben nach Sinn, nach Wahrheit, nach Schönheit und Liebe etwas Echtes sind – echtester Ausdruck des Menschseins. So sagte denn FRANKL auf dem schon früher erwähnten Symposion der Loyola-Universität: „Eine methodisch saubere phänomenologische Analyse des prä-reflektiven ontologischen Selbstverständnisses des Menschen, also der Art und Weise, wie der schlichte und einfache Mensch, der Mann von der Straße, sich selbst versteht, würde uns beibringen, daß der Mensch mehr ist als ein Kriegsschauplatz für die Konflikte von Ich, Es und Über-Ich und daß er mehr ist als ein Spielball von Mechanismen und konditionierenden Prozessen. Der Mann von der Straße mag uns beibringen, daß Menschsein heißt, ständig mit Situationen konfrontiert zu sein, von denen jede gleichzeitig Gabe und Aufgabe ist: was sie uns ‚aufgibt', ist die Erfüllung ihres Sinnes; und was sie uns gleichzeitig ‚gibt', ist die Möglichkeit, durch solche Sinnerfüllung uns selbst zu verwirklichen." (Entnommen der deutschen Übersetzung des FRANKLschen Vortrags, die 1970 im „Jahrbuch für Psychologie, Psychotherapie und Medizinische Anthropologie" erschienen ist.

Der Kampf gegen die kollektive Neurose

Therapeutische Breitenwirkung erzielt die Logotherapie im besonderen dadurch, daß sie – durch die bloße Verbreitung des ihr zugrunde liegenden Menschenbildes – gewissen kollektiv-neurotischen Verhaltensweisen des heutigen Menschen entgegenwirkt. Was nun diese kollektive Neurose der Gegenwart anlangt, zweifelt FRANKL daran, ob wir heute wirklich – wie es so oft heißt – in einem „Zeitalter der Angst" leben, und er verweist in diesem Zusammenhang darauf, daß der Mensch zur Zeit der Völkerwanderung, der Pest, der Hexenverfolgungen und zu anderen Zeiten extremen Notstands in viel stärkerem Maße der Angst ausgeliefert war als heute. Sofern man heute von einer kollektiven Neurose sprechen kann, manifestiert sie sich vielmehr in vier Symptomen, die FRANKL erstmalig in seinem Buch „Homo patiens" aufgezählt hat und später in seinem amerikanischen Essay-Band „Psychotherapy and Existentialism" ausführlich diskutiert. Und zwar handelt es sich dabei um die Symptome: „provisorische Daseinshaltung", „fatalistische Lebenseinstellung", „Konformismus" und „Fanatismus".

Die „provisorische Daseinshaltung" – ein gewisses In-den-Tag-hinein-Leben – beruht zum Teil auf der Angst vor einem Atombombenkrieg, einer Angst, die den Menschen nicht selten davon abhält, tiefergehende menschliche Beziehungen aufzubauen und sich zu „engagieren", das heißt, sich langfristigen Aufgaben hinzugeben; vielmehr führt die provisorische Daseinshaltung dazu, daß sich der Mensch anderer Menschen als bloßer Mittel zum Zweck „bedient" und kurzfristigen Nahzielen nachstrebt – und das bedeutet praktisch vor allem, daß er bloß seinem Vergnügen lebt. Die „fatalistische Lebenseinstellung" wieder verwehrt dem betreffenden Menschen, von seiner faktischen Freiheit Gebrauch zu machen und verantwortliche Entscheidungen zu treffen; hält er sich doch, eben auf Grund seines Fatalismus, für ein hilfloses und ohnmächtiges „Produkt je nachdem äußerer Umstände oder innerer Zustände", über die er jedenfalls keine Gewalt hat. Das dritte Symptom der kollektiven Neurose, der Konformismus, beraubt den Menschen insofern seiner Wahlfreiheit, als er ihn dazu bewegt, einfach das zu akzeptieren, wofür sich die Mehrheit jeweils entscheidet. Der Fanatismus schließlich führt dazu, daß der einzelne nicht nur die Entscheidungen der anderen akzeptiert, sondern sich ganz von ihnen beherrschen läßt: „Ignoriert der kollektivistisch Eingestellte seine eigene Persönlichkeit", schreibt FRANKL in seiner „Theorie und Therapie der Neurosen", „so ignoriert der Fanatiker die des anderen, des Andersdenkenden. Er läßt ihn nicht gelten, für ihn gilt nur seine eigene Meinung, aber in Wirklichkeit hat er keine eigene Meinung, sondern nur die öffentliche Meinung, und die hat eigentlich nicht er, sondern sie hat ihn. Der Fanatismus neigt dazu, den fanatischen Menschen zu verpolitisieren – während gerade das Gegenteil so notwendig wäre, daß nämlich nicht der Mensch verpolitisiert, sondern die Politik vermenschlicht werde. Tatsächlich tut der Fanatiker so, als ob der Zweck die Mittel heilige. In Wirklichkeit ist es wohl so, daß es auch Mittel gibt, die den heiligsten Zweck zu entweihen vermöchten."

Nach FRANKLs Erfahrungen überwiegen in den demokratischen Staaten des Westens die beiden Symptome der „provisorischen Daseinshaltung" und der „fatalistischen Lebenseinstellung", während „das kollektivistische Denken" und der Fanatismus in den totalitären Staaten vorherrschen. Alle vier Symptome aber gehen, wie er meint, auf eine Tendenz zur „Flucht vor der Verantwortung" zurück, und so sind sie denn auch dazu angetan, das existentielle Vakuum nur noch zu verstärken. Der Mensch kann eben nicht in seinem Leben einen Sinn finden, solange er nicht daran glaubt, daß es auch dafürsteht, diesen Sinn dann zu verwirklichen, oder solange er bloß versucht, den Lebenssinn von anderen einfach zu übernehmen. Demgegenüber lehrt die Logotherapie, daß das Leben nicht nur einen Sinn hat, sondern ihn auch bis zum letzten Augenblick behält, daß es aber an jedem einzelnen liegt, „den konkreten Sinn seines persönlichen Daseins" aufzuspüren und ausfindig zu machen.

Trost für die Leidenden

Der dritte Aspekt der Logotherapie betrifft ein Gebiet, das FRANKL als „Ärztliche Seelsorge" bezeichnet und als „Niemandsland zwischen Medizin und Religion" kennzeichnet. Dem Leidenden Trost zu bringen, war von jeher Aufgabe sowohl des Priesters als auch des Arztes; heute aber ist es schwerer denn je, zu entscheiden, ob der Trost für das Leiden eines Menschen eher der religiösen oder medizinischen Intervention bedarf. FRANKL plädiert für die Zusammenarbeit von Seelsorger und Seelenarzt, obwohl – wie er betont – die Zielsetzungen von beiden durchaus voneinander verschieden sind. So sagte er in einem Vortrag vor der Stuttgarter Gemeinschaft „Arzt und Seelsorger": „Das Ziel der Psychotherapie ist seelische

Heilung – das Ziel der Religion jedoch ist das Seelenheil. Wie verschieden diese beiden Zielsetzungen voneinander sind, mag daraus hervorgehen, daß der Priester um das Seelenheil seines Gläubigen ringen wird unter Umständen ganz bewußt auf die Gefahr hin, ihn eben dadurch nur noch in größere emotionale Spannungen zu stürzen – er wird sie ihm nicht ersparen können; denn primär und ursprünglich liegt dem Priester jedes psychohygienische Motiv fern. Mag die Religion ihrer primären Intention nach auch noch so wenig um so etwas wie seelische Gesundung oder Krankheitsverhütung bemüht und bekümmert sein, so ist es doch so, daß sie psychohygienisch, ja psychotherapeutisch wirksam wird, indem sie dem Menschen eine Geborgenheit und eine Verankerung sondergleichen ermöglicht. Nun, einen analogen, ebenfalls unbeabsichtigten Nebeneffekt können wir bei der Psychotherapie verzeichnen, insofern nämlich, als wir in vereinzelten Fällen sehen, wie der Patient im Laufe der Psychotherapie zu längst verschüttet gewesenen Quellen einer ursprünglichen, unbewußten, verdrängten Gläubigkeit zurückfindet. Aber wann immer solches zustande kommt, hätte es niemals in der legitimen Absicht des Arztes gelegen sein können."

Wie die Logotherapie auch einem Menschen Beistand leisten kann, der mit einem unabwendbaren Leiden (einer unheilbaren Krankheit, einem inoperablen Karzinom) konfrontiert ist, ist schon im Kapitel 3 dieses Buches ausführlich behandelt worden. Dort wurde auch FRANKLS Überzeugung besprochen, daß der Sinn des Lebens nicht von der Anzahl der gelebten Jahre abhängen kann – „nie können wir aus der Länge eines Menschenlebens auf seine Sinnfülle schließen", sagt FRANKL, und meint dann: „Eine Biographie pflegen wir doch auch nicht nach ihrer ‚Länge' zu beurteilen, nach der Zahl der Buchseiten – sondern nach ihrem Inhaltsreichtum. Wie manche ‚Unvollendete' gehört zu den schönsten Symphonien!" (Ärztliche Seelsorge.)

Daß das Leben selbst noch in seinen letzten Stunden rückwirkend mit Sinn erfüllt werden kann, ist im Kapitel 3 ebenfalls zur Sprache gekommen – ebenso, daß der Mensch des tiefsten und letzten Sinnes oft erst in einer Situation gewahr werden kann, in der er von jeder Hilfe abgeschnitten, in der sein Leben allen unwesentlichen Beiwerks entkleidet ist.

„Der Arzt muß auch die Seele trösten", lautet eine Empfehlung der American Medical Association, die FRANKL zitiert, um zu erläutern, daß der Arzt auch noch in Ausübung ärztlicher Seelsorge Arzt bleibe; „aber seine Beziehung zum Patienten wird zur Begegnung von Mensch zu Mensch, und aus dem nur wissenschaftlichen Arzt wird so der auch menschliche Arzt". Die neuerliche Betonung der heute nur allzuoft vernachlässigten Beziehung zwischen Arzt und Krankem gehört tatsächlich zu den Verdiensten, die sich die Logotherapie erworben hat. Als ich noch ein Kind war, besuchte unser Hausarzt allwöchentlich meine Großmutter, die sich dann all ihre Schmerzen und Sorgen von der Seele reden konnte. Heute unterziehe ich mich alljährlich einer gründlichen Durchuntersuchung, bei der ich drei Stunden lang von einer Krankenschwester zur anderen, von einem Apparat zum anderen gereicht werde und schließlich auf einem Fragebogen 150 Fragen beantworten muß, die dem Computer bei der Erstellung der Diagnose helfen. Ich weiß, daß die medizinische Betreuung, die ich in der betreffenden Klinik erfahre, unvergleichlich besser ist als die, die der Hausarzt meiner Großmutter bieten konnte, aber irgend etwas ist bei dieser Weiterentwicklung der medizinischen Technik verlorengegangen. Und wenn ich die Fragen höre, die FRANKL nach seinen amerikanischen Vorträgen gestellt werden, dann höre ich auch heraus, *daß dieses Etwas in der modernen Psychotherapie nicht weniger fehlt:* „Warum hört der amerikanische Psychiater immer nur zu, kalt und unbeteiligt? Warum berät er seinen Patienten niemals?" so lautet eine immer wiederkehrende Frage. Im Gegensatz dazu hält der Logotherapeut dem Patienten nicht nur einen Spiegel vor, in dem der letztere seine Vergangenheit betrachten soll; er diskutiert vielmehr die Gegenwart, um den Patienten auf eine Welt von Sinnmöglichkeiten hinzulenken und ihm so denn auch Möglichkeiten zu erschließen, sich selbst – sein eigenes Menschsein – zu verwirklichen. Etwas Analoges muß GERALD F. KREYCHE, der Vorstand des Philosophischen Instituts an der De Paul University (Chikago), gemeint haben, wenn er einmal sagt: „Der Versuch, in den Konzentrationslagern von Auschwitz und Dachau den Menschen zu dehumanisieren, führte FRANKL dazu, mit seiner Logotherapie die Humanisierung der Psychotherapie in Angriff zu nehmen."

In seinem Buch „Religions, Values, and Peak Experiences" verweist A. H. MASLOW auf die Ich-Du-Beziehung zwischen dem existentiell eingestellten Psychotherapeuten und dessen Patienten, eine Beziehung, die der Psychoanalytiker mit der bloßen „Spiegel-Funktion" niemals erreichen könne. „Selbst die Vertreter der klassischen Psychoanalyse werden heute zugeben", so meint MASLOW, der Begründer der Humanistischen Psychologie, „daß menschliches Interesse, ja Liebe im Sinne von Agape, eine Grundvoraussetzung dafür bilden, daß so etwas wie Psychotherapie überhaupt zustande kommt." Aber diese Begegnung zwischen Arzt und Krankem ist noch nicht genug. Wie FRANKL in seinem Buch „Psychotherapy and Existentialism" darlegt, geht die Logotherapie einen Schritt weiter und schließt diese bloß zweiseitige Beziehung auf, indem sie einen dritten „Partner" mit einbezieht: den Sinn – den „Logos"! Aber bereits in einem Vortrag auf dem Internationalen Kongreß für Psychotherapie (Barcelona) wies er darauf hin, „daß die Existenzanalyse über jede bloße Analyse hinausgeht und Therapie ist, eben Logo-Therapie – anders als die Daseinsanalyse, die den authentischen Definitionen der führenden Daseinsanalytiker zufolge an sich und als solche keine (Psycho-)Therapie im eigentlichen Wortsinn darstellt. Tatsächlich bedeutet Logos den Sinn und Logotherapie eine am Sinn orientierte – und den Patienten an ihm re-orientierende – Psychotherapie."

Die Behandlung noogener Neurosen

Als spezifische Therapie ist die Logotherapie in Fällen von noogener Neurose indiziert. Der existentielle Aspekt dieser Neurosen – die oft auf Wertkollisionen oder Gewissenskonflikte zurückgehen – wurde schon in früheren Kapiteln abgehandelt, und auf ihre medizinischen Aspekte kann im Rahmen dieses Buches nicht eingegangen werden. Einige Punkte aber, die von allgemeinem Interesse sein dürften, sollen hier nicht unerwähnt bleiben. Da ist einmal die schon erwähnte Grundannahme der Logotherapie, daß seelisches Kranksein seine Ursache sowohl in der somatischen Dimension (etwa in einer Unter- oder Überfunktion endokriner Drüsen) haben kann als auch in der psychischen Dimension (etwa in einem Kindheitstrauma) und in der noetischen Dimension (etwa in einem Wertkonflikt). Der Psychiater darf daher bei seiner Diagnose keine dieser drei Dimensionen außer acht lassen. Er muß den Patienten in dessen Ganzheit sehen. Vor FREUD hatte man angenommen, daß alle Krankheiten eine somatische Ursache hätten; FREUDS Entdeckungen wiederum verleiteten manche Psychiater zu der Annahme, daß die Ursachen seelischer Krankheit ausschließlich psychischer Natur und im besonderen im Triebleben zu suchen seien. FRANKL vermeidet es, in eine ähnliche Falle zu geraten, also etwa die Behauptung aufzustellen, daß jedes seelische Leiden eine geistige Ursache haben, mit einem Wort, daß jede Neurose noogen sein müsse. Vielmehr muß der Logotherapeut vor Beginn einer Behandlung erst einmal herausfinden, in welcher der drei Dimensionen die Krankheitsursache liegt. Es ist nämlich klar, daß er mit der Logotherapie allein ein seelisches Leiden, dem etwa eine biochemische Funktionsstörung zugrunde liegt, nicht kurieren kann – ebensowenig, wie dies die Psychoanalyse im Falle einer existentiellen Neurose könnte!

FRANKL weiß von Fällen zu berichten, in denen alle drei Dimensionen – Leib, Seele und Geist – an der Entstehungsgeschichte der Krankheit beteiligt waren. Einer dieser Patienten, eine Lehrerin, litt an schweren, letzten Endes organisch bedingten („endogenen") Depressionen, die mit entsprechenden Medikamenten zu behandeln waren. Darüber hinaus hatten ihre Depressionen aber auch eine psychologische Ursache: sie war deprimiert – über ihre Depressionen; sie weinte darüber, daß sie so weinerlich war. „Zur endogenen war eine zusätzliche psychogene Komponente hinzugetreten", meint FRANKL, und angesichts dieser reaktiven Verstimmung war jetzt auch eine zusätzliche Therapie angezeigt, nämlich Psychotherapie. Nachdem jedoch die Kranke psychotherapeutisch aufgeschlossen war, enthüllte sich die vermeintliche Sinnlosigkeit ihrer Existenz – der Existenz eines Menschen, der sich durch das Schicksal rezidivierender Depressionen gehandikapt fühlt. Nun war indiziert, über die psychotherapeutische Behandlung im engeren Wortsinn hinaus auch noch logotherapeutisch vorzugehen. Mit der Zeit lernte die Patientin nicht nur, trotz ihrer Verstimmungszustände ein Leben voll persönlichster Aufgaben vor sich zu sehen, sondern auch in diesen Zuständen eine Aufgabe mehr zu erblicken: die Aufgabe, irgendwie mit ihnen fertig zu werden und irgendwie sich über sie zu stellen. Nach und nach lernte die Patientin, trotz weiterer endogendepressiver Phasen und noch in ihnen ein Leben zu führen, das sinnerfüllter war als vor der Behandlung und sogar – als es wahrscheinlich gewesen wäre, wenn sie nie erkrankt wäre, nie einer Behandlung bedurft hätte.

Im Vorwort zu seiner „Theorie und Therapie der Neurosen" sagt FRANKL, eigentlich gebe es keine rein somatogenen, psychogenen und noogenen Neurosen, vielmehr bloße Mischfälle – „Fälle, in denen sich je nachdem ein somatogenes, psychogenes oder noogenes Moment in den Vordergrund theoretischer Ansichten und therapeutischer Absichten schiebt". Die Logotherapie überschätzt also keineswegs die noetische Dimension, was die Entstehung von Krankheiten anlangt, ebensowenig aber auch, was die Behandlung anlangt, und daher stimmt es auch nicht, daß sie dem Patienten vorschreibe, was er zu tun, was er zu glauben habe. Demgegenüber betont FRANKL immer wieder, *daß der Sinn nicht gegeben werden kann, am allerwenigsten vom Arzt, daß der Sinn vielmehr gefunden werden muß, und zwar vom Patienten selbst.* Und bissig bemerkte er in dem Referat, das er auf dem Internationalen Kongreß für Psychotherapie (1958) zu halten hatte, „schließlich und endlich wird niemand von der Psychoanalyse – die sich doch so sehr mit der Sexualität befaßt – erwarten, daß sie Ehen vermittelt, oder von der Individualpsychologie – die sich doch so sehr mit der Sozietät beschäftigt –, daß sie Stellen vermittelt; nun, ebensowenig werden von der Logotherapie Werte vermittelt". Vielmehr gehe es darum, daß wir sozusagen das Gesichtsfeld des Patienten erweitern, so daß er des vollen Spektrums personaler und konkreter Sinnmöglichkeiten gewahr wird und schließlich einsieht, daß das Leben niemals aufhört, einen Sinn zu haben.

Die Behandlung psychogener Neurosen

Während die Logotherapie in Fällen von noogener Neurose eine spezifische Therapie ist, erweist sie sich auch bei psychogenen Neurosen als wirksame Heilmethode. Zwei von FRANKL entwickelte Techniken stehen dem Logotherapeuten hier zur Verfügung: die Methode der paradoxen Intention und die Dereflexionsmethode.

Die paradoxe Intention ist in Fällen von Phobien und von Zwangsneurosen indiziert. Sie macht sich die „wesentlich menschliche Fähigkeit zur Selbstdistanzierung" zunutze, die es dem Menschen erlaubt, „sich selbst gegenüberzutreten und sich selbst sogar entgegenzutreten". Diese Fähigkeit des Menschen zur Selbstdistanzierung kommt aber nicht etwa nur in der „Trotzmacht des menschlichen Geistes" zum Ausdruck, sondern auch in dem nicht weniger spezifisch menschlichen Sinn für Humor. Die paradoxe Intention, so könnte man es ausdrücken, versetzt den Patienten in die Lage, seine Symptome zu „ironisieren" – während die Dereflexion ihn befähigt, sie zu „ignorieren". Tatsächlich ist die Methode der Dereflexion dann indiziert, wenn der Patient eine übertriebene Neigung zur Selbstbeobachtung zeigt – was vor allem in Fällen von Sexualneurose häufig zu beobachten ist. Diese Technik macht sich eine andere „wesentlich menschliche Fähigkeit" zunutze, die FRANKL als die „Fähigkeit zur Selbsttranszendenz" bezeichnet. Unter *Selbsttranszendenz* versteht FRANKL „den grundlegenden Tatbestand, daß

Menschsein über sich selbst hinaus auf etwas verweist, das nicht wieder es selbst ist – auf etwas oder auf jemanden: auf einen Sinn, den zu erfüllen es gilt, oder auf mitmenschliches Sein, dem es begegnet" (Der Wille zum Sinn).

Bei der paradoxen Intention wird, um FRANKLs eigene Definition zu zitieren, „der Patient dazu angehalten, gerade all das, wovor er sich so sehr fürchtet, sich geradezu zu wünschen oder vorzunehmen, wenn auch nur für Bruchteile von Sekunden". Ziel dieser drastischen Behandlungsart ist es, den Teufelskreis der Erwartungsangst zu durchbrechen. „Sobald nämlich an die Stelle der Furcht ein Wunsch tritt, ist aller Angst der Wind aus den Segeln genommen." Ein Beispiel, das FRANKL in seiner „Psychotherapie für den Laien" zitiert: jemand neigt zu Schweißausbrüchen. Eines Tages reicht er seinem Vorgesetzten die Hand und beobachtet hierbei, daß er an der Hand merklich schwitzt. Fällt ihm dies auf, dann kann sehr wohl geschehen, daß er das nächste Mal sich davor fürchtet, dasselbe könnte abermals passieren und ihn in die gleiche Verlegenheit bringen. Was geschieht aber wirklich? Die bloße Angst vor einem Schweißausbruch treibt ihm schon den Schweiß, nämlich den Angstschweiß, in die Poren, er wird also erst recht zu schwitzen beginnen. „Mit einem Wort", kommentiert FRANKL den Fall, „wir sehen, wie ein Symptom eine entsprechende Befürchtung erzeugt, wie diese Furcht dann nur dazu angetan ist, eben dieses Symptom zu verstärken, und wie schließlich das solcherart verstärkte Symptom den Patienten in seiner Befürchtung nur noch bestärkt." Damit schließe sich ein Teufelskreis, und erst dann habe die Geburtsstunde der eigentlichen Neurose geschlagen. „Wir alle kennen das alte Sprichwort", sagt FRANKL, „der Wunsch ist der Vater des Gedankens. Nunmehr können wir sagen, wenn der Wunsch der sprichwörtliche Vater des Gedankens ist, so ist die Furcht die Mutter des Geschehens, und zwar auch des Krankheitsgeschehens." Der Patient wurde von FRANKL angewiesen, gegebenenfalls – in ängstlicher Erwartung eines Schweißausbruchs – geradezu sich vorzunehmen, demjenigen, dem er da begegnet, recht viel „vorzuschwitzen". „Bisher hab' ich nur 1 Liter zusammengeschwitzt", so sagte der Patient jeweils zu sich selbst; „jetzt aber will ich 10 Liter herausschwitzen!" Und das Ergebnis? Nachdem er 4 Jahre lang an seiner Phobie gelitten hatte, konnte er sich von ihr auf diesem Wege – nach einer einzigen Sitzung – innerhalb einer Woche endgültig befreien.

Bei der Angstneurose bezieht sich die von FRANKL hervorgekehrte Erwartungsangst auf die Angst selbst. Der Angstneurotiker hat

„Angst vor der Angst": er fürchtet sich davor, er könnte auf freien Plätzen kollabieren oder es könnte ihn auf offener Straße der Schlag treffen, sei es der Herzschlag, sei es ein Hirnschlag. Und im Rahmen der paradoxen Intention wird man den Patienten dazu anhalten müssen, daß er keinesfalls vor seiner Angst davonläuft. Man wird vielmehr versuchen, dem Patienten beispielsweise zu sagen: „Jetzt gehen Sie einmal auf die Straße hinaus und leisten Sie sich einen ordentlichen Herzanfall – es ist noch früh am Morgen, und Sie haben noch Zeit genug für zwei bis drei Herzattacken, und wenn Sie schon dabei sind, dann nehmen Sie gleich auch einen kleinen Schlaganfall mit." Wenn der Patient nun lächelt, dann ist ein erster Sieg schon errungen. Der Harvard-Psychologe GORDON W. ALLPORT hat einmal bemerkt: „Der Neurotiker, der einmal gelernt hat, über sich selbst zu lachen, ist schon auf dem besten Weg, sein Leiden zu beherrschen, ja vielleicht schon auf dem Weg der Heilung."

Wie FRANKL ebenfalls in seiner „Psychotherapie für den Laien" meint, wird eine solcherart ausgerichtete Therapie auch bei so mancher Zwangsneurose ihre günstige Wirkung nicht verfehlen. Der Zwangsneurotiker neige von Haus aus zum Grübeln, zum Zweifeln und zu Skrupeln; oder aber er entwickle den Zwang, Fenster zu zählen oder an Gotteslästerungen zu denken, den Zwang, immer wieder nachzusehen, ob der Gashahn abgedreht sei, oder sich immer wieder die Hände zu waschen. Aus irgendeinem Grunde beginne er, sich eines Tages vor den Zwangsvorstellungen zu fürchten. „Es braucht ihm nur die Idee zu kommen, es könnte sich hiebei um einen Vorboten oder gar das Anzeichen einer Geisteskrankheit handeln. Und nun beginnt er gegen diese Gedanken, die ihm von Zeit zu Zeit einfallen, anzukämpfen. Oder der Patient wird die Vorstellung nicht los, er könnte sich oder einer anderen Person etwas antun. Darum kämpft der Patient gegen all diese Zwangsvorstellungen an; er hat nicht, wie der Angstneurotiker, Angst vor der Angst, sondern er hat Angst vor sich selbst." Diese zwangsneurotischen Menschen wissen nicht darum, daß sie sich vor etwas fürchten, wovor zu fürchten gerade sie keinen Grund haben. Gerade sie können nämlich gar nicht geisteskrank werden, denn Menschen, die zu Zwangsvorstellungen neigen, sind – und FRANKL stützt sich da auf eine statistisch nachgewiesene Tatsache – gegenüber wirklichen Geistesstörungen nachgerade immun.

„Wie der Angstneurotiker an einer Angst vor der Angst, so leidet der Zwangsneurotiker an einer Angst vor dem Zwang", heißt es dann in FRANKLS „Psychotherapie für den Laien", und „während der Angstneurotiker, wie wir gesehen haben, vor der Angst davonläuft, läuft der Zwangsneurotiker, wie sich gezeigt hat, gegen den Zwang Sturm." Aber Druck erzeugt nur Gegendruck, und der Gegendruck vermehre wieder den Druck. Gelingt es uns umgekehrt, den Patienten so weit zu bringen, daß er im Zuge der paradoxen Intention dieses Sturmlaufen aufgibt, dann lassen die Symptome nach.

Die paradoxe Intention wird an Kliniken in Europa, in Nord- und Südamerika, Afrika und Japan praktiziert. HANS O. GERZ, der Direktor des Connecticut Valley Hospital, berichtet, daß von den Patienten, die er innerhalb von 6 Jahren mit paradoxer Intention behandelt hatte, fast 90% als geheilt oder wenigstens deutlich gebessert die Klinik verließen („Experience with the Logotherapeutic Technique of Paradoxical Intention in the Treatment of Phobic and Obsessive-Compulsive Patients", American Journal of Psychiatry 123, pp. 548–53). Die Behandlungsdauer war in allen Fällen verhältnismäßig kurz. Patienten, die mehrere Jahre lang krank gewesen waren, wurden für gewöhnlich innerhalb eines Jahres geheilt, in akuten Fällen genügten sogar vier bis zwölf Sitzungen. Die Kürze der Behandlung und die Tatsache, daß die Betonung auf der Beseitigung der Symptome und nicht auf der Erforschung ihrer Ursachen liegt, hat in psychoanalytischen Kreisen gewisse Zweifel an der paradoxen Intention hervorgerufen – unberechtigte Zweifel, wie die nun mehr als dreißigjährige Erfahrung mit dieser Methode zeigt. Die meisten Psychiater können sich der Erkenntnis nicht verschließen, daß die Länge einer Behandlung nicht unbedingt gleichbedeutend ist mit ihrer Wirksamkeit, und daß die Sorge, beseitigte Symptome könnten in irgendeiner anderen Form wieder auftauchen, unbegründet ist (J. H. SCHULTZ). Daß viele Psychiater dem Auffinden der Krankheitsursache größere Bedeutung zuschreiben als der Behandlung der Symptome, hat einen der berühmtesten amerikanischen Psychiater, den verstorbenen WILLIAM MENNINGER, einmal zu der spöttischen Bemerkung veranlaßt, daß es zum Löschen eines Brandes ja ebenfalls nicht notwendig sei, daß man die Brandursache kenne.

Im Gegensatz zum angstneurotischen und zum zwangsneurotischen sehen wir beim sexualneurotischen Reaktionsmuster, wie ein seiner Sexualität aus irgendeinem Grunde unsicher gewordener Patient auf eben diese Unsicherheit damit reagiert, daß er „entweder die Sexuallust zu forciert intendiert oder aber den Sexualakt zu forciert reflektiert"; aber „je mehr es einem um die Lust geht, um so mehr vergeht sie einem auch schon" (Das Menschenbild der Seelenheilkunde). Ein konkreter Fall: Frau S. wendet sich wegen ihrer Frigidität an FRANKL. In der Kindheit wurde die Patientin vom eigenen Vater geschlechtlich mißbraucht. Heuristisch tut FRANKL jedoch so, als ob so etwas wie ein psychosexuelles Trauma nicht existierte; vielmehr fragt er die Patientin, ob sie etwa erwartet habe, durch den Inzest geschädigt worden zu sein. Die Patientin bestätigt seine Vermutung, und zwar sei sie hierbei unter dem Einfluß einer populär gehaltenen Lektüre gestanden, die eine vulgär interpretierte Psychoanalyse zum Inhalt hatte. Dies muß sich rächen, so lautet die Überzeugung der Patientin. Im Banne dieser Erwartungsangst aber war sie, wann immer es zu einem intimen Beisammensein mit ihrem Partner kam, auf der Lauer; denn die Patientin wollte sich endlich einmal in ihrer Weiblichkeit bewähren und bestätigen. Eben damit war jedoch ihre Aufmerksamkeit aufgeteilt zwischen dem Partner und ihr selbst. All dies mußte aber auch schon den Orgasmus vereiteln; denn in dem Maße, in dem man auf den Sexualakt achtgibt, in ebendemselben Maße ist man auch schon unfähig, sich hinzugeben, meint FRANKL abschließend.

„So ist es denn oft viel wichtiger", heißt es in FRANKLs „Psychotherapie für den Laien", „als nach Komplexen und Konflikten zu forschen und dadurch das Symptom womöglich aufzulösen, wenn man alles daransetzt, zuerst einmal die Aufmerksamkeit vom Symptom abzulösen". Dies geschieht nun bei der zweiten logotherapeutischen Behandlungstechnik, der Dereflexionsmethode. Und dies geschah im Falle von FRANKLs Patientin S. Er redete ihr ein, er habe im Augenblick keine Zeit, die Behandlung zu übernehmen, und bestellte sie in 2 Monaten wieder. Bis dahin aber möge sie sich nicht weiter um ihre Fähigkeit beziehungsweise Unfähigkeit zum Orgasmus kümmern – die würde dann im Rahmen der Behandlung ausgiebig zur Sprache kommen –, sondern nur um so mehr während des Geschlechtsverkehrs ihre Aufmerksamkeit dem Partner zuwenden. Und der weitere Verlauf gab FRANKL recht. Was er insgeheim erwartet hatte, trat ein. Die Patientin kam nicht erst nach 2 Monaten wieder, sondern bereits nach 2 Tagen – geheilt. Die bloße Ablösung der Aufmerksamkeit von sich selbst, von ihrer eigenen Fähigkeit oder Unfähigkeit zum Orgasmus – kurz: eine Dereflexion – und die nur um so unbefangenere Hingabe an den Partner hatten genügt, um erstmalig den Orgasmus herbeizuführen!

Nach FRANKLs Ansicht gehen etwa neunzig Prozent aller Fälle von Impotenz und Frigidität auf die übergroße Aufmerksamkeit zurück, die der Patient seinem eigenen Sexualverhalten schenkt. Auch hier bilden sich gewisse Verhaltensmuster aus, die durchbrochen werden müssen, und wieder ist es von geringer Bedeutung, was der ursprüngliche Grund dieses Verhaltens gewesen sein mag. Das erste Versagen mag etwa durch besondere physische oder psychische Umstände oder einfach durch den Zufall hervorgerufen worden sein; der Patient beginnt, sich ängstlich zu beobachten, ob es wieder geschieht – und er versagt wieder. Und nach dem dritten Versagen ist er überzeugt, daß irgend etwas nicht in Ordnung ist. Die Dereflexion hat in diesen Fällen die wesentliche Aufgabe, den Teufelskreis der Erwartungsangst dadurch zu sprengen, daß sie alles Intendieren des sexuellen Aktes als solchen ausschaltet. Dies gelingt, wie FRANKL in seiner „Ärztlichen Seelsorge" ausführt, sobald man den Patienten anweist, es nie darauf ankommen zu lassen, daß er sich zum Vollzug des Sexualakts gleichsam verpflichtet fühlt. Zu diesem Zwecke müsse alles vermieden werden, was für den Patienten eine Art „Zwang zur Sexualität" bedeute. Dieser Zwang könne ein Zwang seitens der Partnerin sein („temperamentvolle", sexuell anspruchsvolle Partnerin) oder ein Zwang seitens des eigenen Ich („Programm", es an diesem oder jenem Tage zu einem Sexualakt kommen zu lassen) oder schließlich der Zwang seitens einer Situation (Aufsuchen von Stundenhotels u. dgl.). Mit der Ausschaltung all dieser Formen von Zwang, den der Sexualneurotiker jeweils empfinden könnte, müsse ferner eine taktvolle Führung einhergehen, die ihn allmählich wieder zur Selbstverständlichkeit und Spontaneität seiner sexuellen Vollzüge hinführe.

Psycho-Hypochondrie

Die Methode der Dereflexion steht in deutlichem Gegensatz zur orthodoxen Psychoanalyse, die vom Patienten geradezu verlangt, daß er sich mit sich selbst beschäftige. FREUD stand vor achtzig Jahren aber auch vor einer ganz anderen Situation als die Psychiater unserer Zeit. Er mußte die Öffentlichkeit und seine Fachkollegen erst davon überzeugen, daß *biologisch* gesunde Menschen durch Vorgänge in ihrer Psyche krank werden können. FRANKL dagegen muß die Öffentlichkeit und die Fachwelt davon überzeugen, daß *psychologisch und biologisch* gesunde Menschen an Krankheiten leiden können, die ihre Ursachen in der noologischen Dimension haben. Inzwischen hat sich aber FREUDS Idee, daß Neurosen ihre Ursachen in der Psyche haben, so gründlich durchgesetzt, daß viele Menschen eine psychologische Störung vermuten, wenn sie in Wirklichkeit noologisch frustriert oder in existentieller Not sind. Und manche Menschen halten alle Leute für krank, mit denen sie nicht gut auskommen oder die anderer Meinung sind als sie.

ERICH FROMM schreibt in „Escape from Freedom", daß „sich jene Phänomene, die wir an der neurotischen Person feststellen, prinzipiell nicht von jenen unterscheiden, die wir beim normalen Menschen finden". Die Massenmedien verallgemeinerten und verfälschten solche Aussagen oftmals, so daß in der Öffentlichkeit der Eindruck entstand, man müsse sich ununterbrochen selbst überwachen, wenn man nicht von irgendeinem verborgenen Übel überwältigt werden will. FRANKL erinnert an den bekannten Film „Die Schlangengrube", der durchaus dazu geeignet ist, in manchen Zuschauern eine psychologische Hypochondrie hervorzurufen. Eine völlig gesunde Frau könnte nach Verlassen des Kinos zu grübeln beginnen: „Hat mich meine Mutter, als sie mich stillte, vielleicht *auch* oft warten lassen, hat mein Vater vielleicht *auch* meine Puppe zerbrochen – gab es in meiner Kindheit vielleicht *auch* schmerzvolle Erlebnisse, die denen gleichen, die die Heldin dieses Films in den Wahnsinn trieben? Gewiß, ich erinnere mich an nichts Derartiges – aber auch die Frau in dem Film war sich ihrer Kindheitserlebnisse nicht bewußt, ehe die Psychoanalyse sie an den Tag brachte." Und schon beginnt der Teufelskreis der Angst, der sich schließlich in phobische Furcht vor dem Wahnsinn steigert. Die übersteigerte Sorge um die seelische Gesundheit führt ebenso wie das übersteigerte Streben nach Glück oder nach Schlaf zu einem paradoxen Ergebnis: „Wer sich zuviel um seinen gesunden Schlaf kümmert, ist auch schon schlaflos", lesen wir in FRANKLS „Psychotherapie für den Laien"; „denn die Voraussetzung eines gesunden Schlafs ist Unbekümmertheit und Entspanntheit – während der Schlafhypochonder mit angespannter Aufmerksamkeit aufs Einschlafen lauert. Es gibt eben Dinge, die Effekt bleiben müssen und nicht intendiert werden können. Wer jedoch nach dem Effekt ‚hascht', dem entzieht er sich. Und was geschieht, wenn man die Gesundheit vergötzt? Nun, im selben Augenblick ist man auch schon krank; denn im gleichen Augenblick leidet man an der Krankheit Hypochondrie."

Infolge der weiten Verbreitung, die viele psychoanalytische Halbwahrheiten gefunden haben, leben wir heute in einer Gesellschaft von Psycho-Hypochondern, die ihr Leben lang die Ohren spitzen, um herauszufinden, was in ihrem eigenen Unbewußten oder im Unbewußten der Menschen ihrer Umgebung vorgeht, und die ständig darauf aus sind, die „wahren" Gründe für ihre Handlungen, Gefühle und Gedanken herauszufinden. Immer wieder begegne ich in meinen Logotherapie-Kursen an der University of California (Berkeley) Lesern von FRANKLs Büchern, die ihre Erleichterung darüber äußern, erfahren zu haben, daß Leid, und zwar auch in der Kindheit erlebtes Leid, nicht immer zu Neurosen führen muß. Eine Leserin aus Alabama schrieb einmal FRANKL selbst über ihre unglückliche Kindheit – ihre Eltern hatten sich scheiden lassen, und sie selbst war von einem Pensionat ins andere gewandert – und setzte dann fort: „Ich litt mehr unter dem Gedanken, daß ich eigentlich Komplexe haben *müßte*, als unter wirklichen Komplexen. Eigentlich möchte ich meine Erfahrungen nicht missen, und ich glaube, daß mir viel Gutes aus ihnen erwachsen ist."

Ebenso verbreitet wie das Annehmen von Komplexen, die man wegen dieser oder jener Kindheitserlebnisse „eigentlich haben müßte", ist aber auch die Unsitte, andere Menschen auf neurotische Verhaltensweisen hin zu beobachten. Wie mir ein Eheberater einmal berichtete, lautet der Ratschlag, den er seinen Klienten am häufigsten geben muß: „So hört doch endlich einmal damit auf, euch gegenseitig zu analysieren!" Menschen werden einer psychiatrischen Behandlung unterworfen aus Gründen, die oft gar nichts mehr mit seelischer Krankheit zu tun haben: Kinder etwa, die in der Schule versagen; Arbeiter, die als „Unruhestifter" gelten; und Frauen mit unehelichen Kindern.

Die Grenzen des Entlarvens

In seinem Buch „Von FREUD zu FRANKL" analysiert Professor KARL DIENELT den Einfluß der verschiedenen europäischen und amerikanischen psychotherapeutischen Schulen auf Erziehung und psychische Hygiene. In den 60 Jahren, die zwischen dem viktorianischen und dem Raumfahrtzeitalter liegen, hat sich das Verständnis des Menschen für die Komplexitäten seines Seelenlebens mit unglaublichem Tempo weiterentwickelt. FREUD und seine Schüler erachteten es für notwendig, etwas Licht und frische Luft in die dumpfen Kellerräume des viktorianischen Unbewußten zu bringen und all das angesammelte Gerümpel hinauszuwerfen, um zu den Schätzen der Wahrheit vorzudringen. Sie verweisen auf die versteckten, uneingestandenen und zuweilen nicht sehr edlen Beweggründe, die den

Handlungen des Menschen gemeiniglich zugrunde liegen, und sie brachten all die unanständigen Motivationen an den Tag, die seine Gedanken und Handlungen angeblich bestimmen. Es war zweifellos heilsam, all das Verdrängte ans Licht zu zerren, all das Verborgene zu entlarven, und GORDON W. ALLPORT bezeichnet FREUD geradezu als „Spezialisten für jene Motive, hinter deren äußerem Schein sich etwas anderes verbirgt". Freud selbst ging mit dem Entlarven manchmal nur allzu weit. Aber er war sich wenigstens darüber im klaren, daß die Suche nach verborgenen Motiven auch übertrieben werden kann. Man erzählt sich, daß er einmal zu Beginn einer Vorlesung eine Zigarre in die Höhe hielt und seine Zuhörer ermahnte: „Vergessen Sie nicht, eine Zigarre kann manchmal auch eine Zigarre bedeuten – und nichts als eine Zigarre..."

FRANKL sieht die Hauptaufgabe der zeitgenössischen Psychotherapie nicht ausschließlich in der Beseitigung der beschönigenden Masken, hinter denen die Menschen ihr Gesicht zu wahren suchen, sondern auch darin, das wahre Gesicht des Menschen – noch hinter all diesen Masken – sichtbar zu machen. Oder wie es in seinem Buch „Man's Search for Meaning" heißt: „Die sogenannte Tiefenpsychologie wird gerne auch als entlarvende Psychologie bezeichnet. Und das Entlarven ist auch durchaus legitim. Aber es muß dort innehalten, wo der ‚entlarvende Psychologe' auf etwas Echtes, auf das echt Menschliche im Menschen stößt – also dort, wo es eben nichts mehr zu entlarven *gibt*. Hält er auch dort nicht inne, dann entlarvt er nur noch eines: sein *eigenes* unbewußtes Motiv, nämlich das ihm selbst unbewußte Bedürfnis, das Menschliche im Menschen herabzusetzen und abzuwerten."

10. Die Realität des Religiösen

Der erste Schritt bei jeder Art von Psychotherapie besteht in der Auseinandersetzung mit der Wirklichkeit. Die Logotherapie aber behauptet, daß wir nicht das Recht haben, darauf zu bestehen, daß die menschliche Dimension die letztmögliche sei; vielmehr hätten wir uns offen zu halten für die Möglichkeit, daß es eine suprahumane Dimension gibt – eine Dimension, in der allein erst der „letzte" Sinn – was FRANKL den „Übersinn" nennt – beheimatet wäre.

Es mag scheinen, als wäre dies ein radikal neuartiger Standpunkt in der Geschichte der modernen Psychotherapie. Was etwa FREUDS Ansicht über Religion und Religiosität anlangt, ist aus einem Brief zu ersehen, den er an seinen Freund LUDWIG BINSWANGER schrieb; da heißt es: „Für die Religion habe ich eine Wohnstatt in meinem niedrigen Häuschen schon gefunden, seitdem ich auf die Kategorie ‚Menschheitsneurose' gestoßen bin." (LUDWIG BINSWANGER, Erinnerungen an SIGMUND FREUD.) C. G. JUNG dagegen betrachtete Religiosität nicht als Symptom einer Neurose, sondern als ein mögliches Mittel zur Heilung. Der Gottesbegriff und alle anderen religiösen Konzepte gehen seiner Ansicht nach auf Archetypen zurück, die dem Unbewußten entstammen. Während aber JUNG noch meinte, daß der Mensch in seinem Handeln von einer Art Religionstrieb getrieben sei, hält FRANKL dafür, daß die Religiosität eines Menschen mit ihrem „Entscheidungscharakter" stehe und falle. Aber auch andere existentiell eingestellte Psychologen sehen in der Religion ein legitimes Anliegen des vollmenschlichen Menschen. ABRAHAM MASLOW hat beispielsweise gesagt, daß „die zeitgenössischen existentiellen und humanistischen Psychologen einen Menschen als krank oder (in einem existentiellen Sinne) abnormal wohl gerade dann betrachten würden, wenn er sich *nicht* mit religiösen Fragen auseinandersetzt" (Religions, Values, and Peak-Experiences, Ohio State University Press, Columbus 1964). Nach FRANKL ist Religion Ausdruck des dem Menschen innewohnenden „Willens zum Sinn" – nämlich die Manifestation eines „Willens zum *letzten* Sinn". In seinem Buch „The Shining Stranger" schreibt PRESTON HAROLD: „Mit der Entwicklung seiner Logotherapie hat VIKTOR E. FRANKL die Tür der Psychotherapie aufgestoßen, aber nicht etwa zu irgendeiner bestimmten (konfessionell orientierten) Religion, sondern zum religiösen Phänomen schlechthin und als solchem. In diesem Sinn kann man in seinem Werk den Anbruch einer neuen Ära der Psychologie sehen. Indem er über die Errungenschaften FREUDS hinausging, führte FRANKL die Psychologie aus ihrem eigenen ‚existentiellen Vakuum' heraus."

Die suprahumane Dimension

Der Mensch war sich von jeher – jedenfalls seit er seine Gedanken niederschreibt – bewußt, daß es eine Dimension gibt, die ihm, mit seinem beschränkten Verstand, nicht zugänglich ist. Solches Wissen kann aber letztlich immer nur auf einer persönlichen, unmittelbaren Erfahrung beruhen. In kurzen Augenblicken kann zwar jeder von uns einen Blick auf jenen letzten Lebenssinn erhaschen; zu tieferen Einblicken in die suprahumane Dimension gelangten aber vor allem die Propheten, die Mystiker, die Künstler. Alle großen Religionen beruhten ursprünglich auf den Visionen begnadeter Einzelner. Und diese Auserwählten versuchten dann wohl, ihre Erkenntnisse an ihre Schüler weiterzugeben. Um aber noch weiter tradiert werden zu können, mußten die ursprünglichen Erfahrungen der Propheten in Regeln und Dogmen eingefaßt werden; doch selbst dieser indirekte, durch die religiösen Traditionen vermittelte Kontakt mit dem Suprahumanen war dem Gläubigen eine Hilfe bei seiner Suche nach dem Sinn.

Die Logotherapie spricht von des Menschen „Suche nach einem letzten Sinn", und sie liefert dazu ein System und eine Terminologie, die es gestatten, ein Thema zu diskutieren, zu dessen Behandlung die traditionellen, vieldeutigen Begriffe nicht mehr taugen. Wie wir schon wissen, unterscheidet die Logotherapie drei Dimensionen der menschlichen Existenz – die biologische, die psychologische und die noologische – oder „eigentlich humane" – Dimension. In kurzen Augenblicken aber kann der Mensch an die Grenzen einer weiteren, der „suprahumanen" Dimension rühren, von der FRANKL sagt, es handle sich um die Dimension, in der erst der letzte Sinn des menschlichen Daseins beheimatet sei.

Wir sagten, der Mensch „rühre an die Grenzen" dieser Dimension. Vielleicht ist dies aber eine irreführende Ausdrucksweise. Es könnte der Eindruck entstehen, es gebe da eine Kluft zwischen der humanen und der suprahumanen Dimension. Nach FRANKLS Vorstellungen ist diese höhere Dimension aber nicht höher in irgendeinem wertenden oder gar moralistischen Sinn, vielmehr definiert er eine höhere Dimension ausdrücklich als die jeweils umfassendere Dimension. So umfasse die suprahumane Dimension die humane in derselben Weise wie die humane Dimension die subhumane umfaßt. Und in diesem Sinn sagte er in seinem Festvortrag zur 600-Jahr-Feier der Universität Wien: „Eine niedrigere Dimension ist in der höheren Dimension durchaus im mehrdeutigen Sinne von HEGEL ‚aufgehoben'. So ist denn auch der Mensch, einmal Mensch geworden, irgendwie Tier und Pflanze geblieben." Und in seinem Vortrag auf der Elmauer Tagung „Arzt und Seelsorger" kam er auf das Beispiel eines Affen zu sprechen, dem schmerzhafte Injektionen gegeben werden, um ein Serum zu gewinnen. „Vermag der Affe jemals zu begreifen, warum er leiden muß", fragte FRANKL; „aus seiner Umwelt heraus ist er außerstande, den Überlegungen des Menschen zu folgen, der ihn in seine Experimente einspannt; denn in die menschliche Welt, eine Welt des Sinnes, in die menschliche Dimension langt er nicht hinein; aber müssen wir nicht annehmen, daß die menschliche Welt selber und ihrerseits überhöht wird von einer nun wieder dem Menschen nicht zugänglichen Welt, deren Sinn, deren Übersinn allein seinem Leiden erst den Sinn zu geben imstande wäre?"

Und in seinem Buch „Homo patiens (Versuch einer Pathodizee)" bringt FRANKL eines seiner bildhaften Gleichnisse: „Wenn ich einem Hund etwas zeige, mit dem Finger auf etwas weise, dann blickt er nicht in die Richtung, in die der Finger zeigt, sondern auf den Finger selbst; wenn er böse ist, *schnappt* er nach dem Finger. Mit einem Wort: die Zeichenfunktion des Zeigens ist ihm unbekannt, ist in seiner Welt unverständlich. Und der Mensch? Aus seiner Welt heraus ist er ebenso außerstande, die Zeichen zu deuten, die aus der Überwelt heraus geschehen mögen – den Sinn zu verstehen, auf den etwa das Leiden verweisen mag –, den Fingerzeig zu erfassen, den es ihm gibt: auch er schnappt nach dem Finger – er *hadert* mit dem Schicksal."

Das logotherapeutische Menschenbild, im besonderen FRANKLS dimensionale Anthropologie, mag sehr wohl die Grundlage für ein Verständnis der Beziehung zwischen dem Menschlichen und dem

Göttlichen liefern. Damit ist es aber nicht getan; der Mensch braucht die persönliche Begegnung mit der Transzendenz. Und auch dieses Erlebnis, von dem mystisch veranlagte Menschen immer wieder berichtet haben, ist in unserer Zeit zum Gegenstand empirisch-psychologischer Forschung geworden. ABRAHAM MASLOW, der als erster solche Untersuchungen durchführte, berichtet, daß die „Gipfelerlebnisse" (peak experiences), die mit höchster Bewußtseinsklarheit und dem Erlebnis intensiven Teilhabens an einer höheren Welt einhergehen, keineswegs einer Gruppe von auserwählten Menschen vorbehalten ist. In Gruppenbefragungen stellte er vielmehr fest, daß praktisch jeder Mensch dieses Erlebnis des Transzendenten haben kann, daß die Intensität solcher Erlebnisse aber von Mensch zu Mensch verschieden ist und daß viele Leute derartige Gefühle – in der Meinung, es handle sich um Anzeichen von geistiger Verwirrung – in sich unterdrücken; andere Menschen gehen wieder über solche Erlebnisse hinweg, weil diese nicht in ihr vorgefaßtes, rationalistisches Weltbild passen oder mit ihrer ultrakonservativen, materialistischen oder mechanistischen Grundhaltung nicht vereinbar sind.

In solchen Gipfelerlebnissen erhellt sich dem Menschen in einem ekstatischen Augenblick das Mysterium der Existenz, erhascht der Mensch einen kurzen Blick auf jenes Ganze, auf jene Einheit, als deren Teil er sich fühlen darf, meint er einen Augenblick lang jenen Plan zu begreifen, jenen Sinn zu sehen, der seinem Dasein zugrunde liegt. Nach einem derartigen Erlebnis findet manch ein Leidender erst wieder den rechten Lebensmut, kann er „trotzdem Ja zum Leben sagen", um den Titel eines von FRANKLs Büchern zu zitieren.

Es sind diese Gipfelerlebnisse, die einem Menschen dazu verhelfen können, daß er die Potentialitäten erst zu erkennen vermag, die in ihm stecken, daß er die Aufgaben sehen lernt, die ihm gestellt sind. Sie können die Eintönigkeit eines sinnentleerten Lebens erhellen und diesem Leben einen neuen Inhalt geben, sie können einen Menschen die Schönheit der Natur in einer Tannennadel erkennen lassen, ihn die tiefere Bedeutung eines Wortes begreifen lassen, sie können ihm eine echte Begegnung mit einem Fremden (oder jemandem, der ihm bis dahin ein Fremder war) vermitteln oder den wahren Sinn einer Situation aufleuchten lassen. Es kann geschehen, daß in einem solchen Augenblick zwei völlig unabhängige Ereignisse oder Gedanken zu einem Ganzen zusammenfließen, das einen erst begreifen läßt, wie viele unbekannte Zusammenhänge es geben mag. Und dann begreift der Mensch, daß auch er ein unersetzliches Stück in dem Puzzle des Universums ist und daß er seinen eigenen Platz in diesem „Zusammenlegspiel" suchen muß: und es gibt so viele falsche Plätze, in die er beinahe hineinpaßt, aber nur einen, an den er wirklich gehört.

Jedem Lebewesen ist die Sehnsucht eingeboren, gleichzeitig ein individuelles Selbst wie auch ein unersetzlicher Bestandteil des Weltganzen zu sein, aber nur im Menschen wird diese Sehnsucht zu einem bewußten Erlebnis. Die Bewußtheit dieser seiner religiösen Suche bringt dem Menschen Schuldgefühle, Angst, Enttäuschung und Leere, aber auch Sinnerfüllung und – in deren Gefolge – Glück. Und MASLOW konnte feststellen, daß diese sinngebenden, glückhaften Erlebnisse an jedem Ort und zu jeder Zeit stattfinden können und nicht auf „geheiligte" Stätten und „heiligende" Feste beschränkt sind. Und sachlich stellt MASLOW fest, daß solche Gipfelerlebnisse eine heilsame Wirkung haben können.

Welt- und Selbstverständnis als Faktoren psychischer Hygiene

Die unmittelbare, persönliche Erfahrung einer suprahumanen Dimension kann einem Menschen die Gewißheit geben, daß es eine höhere Ordnung gibt (selbst wenn sie auf menschlicher Ebene nicht immer erkennbar ist) und daß er selbst innerhalb dieser Ordnung seinen Platz hat. Die Frage „Was ist die Wirklichkeit, und was ist meine Rolle in ihr?" stellt sich dem Atheisten ebenso wie dem Orthodox-Religiösen. Und obgleich ihre Antworten verschieden sein werden, werden sie doch auf derselben Annahme beruhen – daß es eine Ordnung, daß es Ordnungsbeziehungen in dieser Welt gibt. Der Mensch muß, wenn er nicht neurotisch werden soll, die Welt in einem sinnvollen Zusammenhang sehen können. Eine tiefe Überzeugung, die nur zuweilen unbewußt bleibt, erfüllt in gleicher Weise den Orthodox-Gläubigen, den Liberal-Religiösen und den naturwissenschaftlich orientierten Atheisten. In einem Seminar, das ich in Berkeley abhielt, fand eine Teilnehmerin einen sehr klaren Ausdruck für diese Überzeugung: „Wenn der Glaube an Gott mir Kraft gibt, dann gibt es diesen meinen Gott auch, dann ist er real und gegenwärtig." Und ein Mann, der sich vorher als Atheist bezeichnet hatte, sagte zustimmend: „Das ist durchaus richtig; um aber einen solchen Glauben zu haben, muß man nicht an einen anthropomorphen Gott glauben; man kann die Ordnung in der Welt auch im Sinne eines Humanismus sehen – oder als einen letzten Sinn!"

Schließlich beruht ja auch jede Wissenschaft auf der Annahme, daß es in dieser Welt einen umfassenden Sinnzusammenhang gibt; kein Wissenschaftler könnte auch nur ein einziges Experiment durchführen, wenn er nicht an eine solche Ordnung glaubte!

In der menschlichen Dimension kann die Wirklichkeit von der Wissenschaft untersucht und verstanden werden. Die suprahumane Dimension liegt demgegenüber zwar außerhalb der Reichweite der naturwissenschaftlichen Forschung, doch ist sie, weil wir sie nicht begreifen können, nicht weniger real als die uns zugängliche Dimension des Menschlichen. Auf dem bereits erwähnten Symposion an der Chicagoer Loyola University sprach FRANKL auch zu dem von uns angeschnittenen Thema: „Daß die Naturwissenschaft eine Welt des Sinnes nicht kennt, heißt nicht, daß es einen Sinn nicht gibt, sondern nur, daß die Naturwissenschaft für den Sinn eben blind ist. Innerhalb der Grenzen der bloßen Naturwissenschaft scheint der Sinn nun einmal nicht auf. Der Querschnitt, den die Naturwissenschaft durch die Realität hindurchführt, trifft den Sinn eben nicht. Nehmen wir an, eine Kurve liege in einer vertikalen Ebene, die von einer horizontalen Ebene geschnitten wird: was in der horizontalen Ebene von der Kurve zu sehen ist, sind nichts als die Schnittpunkte – isolierte Punkte, die scheinbar nicht miteinander zusammenhängen; aber sie tun es eben nur scheinbar nicht! Denn in Wirklichkeit sind sie sehr wohl durch die Kurve miteinander verbunden; aber die Verbindungen liegen nicht innerhalb, sondern außerhalb der horizontalen Ebene, oberhalb und unterhalb ihrer." Und dann übertrug FRANKL dieses Gleichnis auf die scheinbar so sinnlosen Mutationen – als ein Beispiel für „Ereignisse, die ebenfalls einen sinnvollen Zusammenhang vermissen lassen" – und meinte, es lasse sich verstehen, „warum die Mutationen – und mit ihnen die ganze Evolution – sich in der Schnittebene ,Naturwissenschaft' als bloße Zufälle abbilden müssen, während der je nachdem ,höhere' oder ,tiefere' Sinn – nicht anders als die oberhalb beziehungsweise unterhalb der horizontalen Ebene liegende Kurve! – erst in einer anderen Schnittebene zum Vorschein kommen würde". (Die deutsche Übersetzung der Textstelle aus FRANKLs Vortrag ist dem Aufsatz „Determinismus und Humanismus" in „Jahrbuch für Psychologie, Psychotherapie und medizinische Anthropologie" 18, 3–15, 1970, entnommen.)

Amerika existierte auch schon vor KOLUMBUS, und vor KOPERNIKUS schon bewegte sich die Erde um die Sonne. Nun, ebenso existiert auch die Wirklichkeit des Suprahumanen unabhängig davon, wie viele Menschen daran glauben und welche Form dieser Glaube annimmt. Während aber unsere Vorstellungen über die Wirklichkeit keinen Einfluß auf diese Realität ausüben, haben unsere wechselnden Begriffe von der Wirklichkeit immerhin einen Einfluß auf unsere seelische Gesundheit.

Bedenken wir aber, in welch rasendem Tempo sich unser Verständnis der physikalischen Welt ebenso wie unsere religiösen Vorstellungen in jüngster Zeit verändert haben, so kann es uns nicht überraschen, daß der Mensch von heute in psychologischer Hinsicht einer übermäßigen Beanspruchung ausgesetzt ist. Die Abneigung vieler Menschen, eine Wirklichkeit anzuerkennen, die über die menschliche Dimension hinausgeht, führt zu Entfremdung, Einsamkeit, Angst- und Schuldgefühlen und nicht zuletzt eben auch zu jenem „Sinnlosigkeitsgefühl", jener „existentiellen Frustration", jenem „existentiellen Vakuum", das von FRANKL so exakt diagnostiziert wurde. Um dieser „Pathologie des Zeitgeistes" – so lautet der ursprüngliche Titel eines Buches von FRANKL, das dann als Taschenbuch (Herder) unter dem Titel „Psychotherapie für den Laien" neu aufgelegt wurde – entgegenzuwirken, „verschreibt" die Logotherapie aber keineswegs die Religion; vielmehr verweist sie nur immer wieder darauf, daß Religiosität – in welcher Form immer – bei der steten Suche des Menschen nach einem Lebenssinn eine wichtige und wesentliche Rolle spielt.

Als im Jahre 1954 zum erstenmal in den USA ein populär-wissenschaftlicher Artikel über Logotherapie erschien, reagierte KARL A. MENNINGER, Direktor der Menninger Foundation, indem er schrieb: „Vielleicht sind wir Psychiater wirklich so ängstlich darauf bedacht, alle Religiosität auszuklammern und jede religiöse Heuchelei zu entlarven, daß wir manchmal das Zurückschrecken unserer Patienten vor der Religion ungewollt nur noch verstärken. Wenn dem aber wirklich so ist, dann hat uns das Werk von Professor FRANKL gewissermaßen auf versäumte Gelegenheiten und therapeutische Möglichkeiten aufmerksam gemacht." (Women's Home Companion, April 1954.) Und MCCREA CAVERT schreibt in seinem Kommentar zu demselben Artikel: „Wenn Professor FRANKLS psychiatrische Kollegen einmal seine Theorie akzeptieren, daß die seelische Gesundheit eines Menschen nicht zuletzt davon abhängt, ob er in seinem Leben einen Sinn gefunden hat oder nicht, dann läßt sich leicht voraussehen und vorhersagen, daß es bald zu einer fruchtbaren Kooperation zwischen Psychiatrie und Religion kommen wird."

Was jedoch das von Professor MENNINGER anvisierte „Zurückschrecken" und Ausweichen vieler Menschen vor Gesprächen über religiöse Fragen anlangt, wurde es von FRANKL an Hand konkreter Beispiele belegt. Wiederholt konnte er beispielsweise feststellen, daß Patienten, die keinen Augenblick gezögert hatten, vor seinem überfüllten Hörsaal ihr Geschlechtsleben bis in dessen perverse Details zu diskutieren, sofort verstummten, wenn es galt, ihr religiöses Leben zu besprechen. Die Verdrängung der Sexualität, zu FREUDS Zeiten eine der Hauptursachen seelischen Krankseins überhaupt, ist heute – dank der Breitenwirkung der psychoanalytischen Bewegung – kein Problem mehr; die Verdrängung der Religiosität dagegen greift immer mehr um sich.

FRANKL, der ebensowenig die Religiosität propagiert, wie FREUD etwa die Sexualität propagierte, will die religiöse Weltanschauung eines Patienten weder unterstützen noch unterdrücken. Einmal hat er die Sinnsuche des Menschen mit einer Eisenbahnfahrt verglichen: Die Logotherapie liefere nicht die letzten Antworten – sie führe den Patienten nicht bis zur „Endstation"; vielmehr geleite sie den Patienten – den religiösen nicht anders als den irreligiösen – nur bis zu einem Punkt, von dem aus er seine „Anschlüsse" selber und selbständig wählen kann. Aber dieser „Kopfbahnhof" der Logotherapie – der Sinn – liegt durchaus „auf der Linie" echter Religiosität. Zu solcher echten Religiosität jedoch könne der Mensch nicht „von seinem Es getrieben" – zu ihr dürfe er aber auch nicht „vom Arzt gedrängt werden". Daß der Arzt Antworten auf letzte Fragen anbiete, sei aber nicht nur unangebracht, sondern auch unnötig. Die Logotherapie hat oft bewiesen, daß eine Antwort, zu der sich der Patient selbst durchgerungen hat, eine „unvergleichlich tiefere Wirkung" habe als eine vom Therapeuten „vorgesagte" Antwort. (Zeit und Verantwortung.)

Nach Ansicht FRANKLs besteht die Aufgabe des Logotherapeuten darin, „gleichsam das Zimmer der Immanenz einzurichten, ohne die Tür zur Transzendenz zu verstellen. Die Tür bleibt offen – jene Tür, durch die der Geist der Religiosität einziehen, oder der religiöse Mensch hinausgehen kann in all der Spontaneität, die aller echten Religiosität eignet." Die Wahlfreiheit des einzelnen darf vom Logotherapeuten nicht angetastet werden; den weltanschaulichen Entscheidungen seines Patienten gegenüber komme „für den Arzt nur eine strikte Neutralität in Betracht". Und dann setzt FRANKL fort: „Die Existenzanalyse stellt nur fest: der Mensch ist auf der Suche. Aber sie vermag von sich aus niemals zu entscheiden: ob auf der Suche nach einem Gott, den der Mensch erfindet, oder auf der

Suche nach dem Gott, den er findet oder nicht findet – oder auf der Suche nach sich selbst."

Jenseits der Wissenschaft

Gerade in der Wissenschaft, von der einmal erwartet wurde, daß sie die Existenz einer göttlichen Dimension widerlegen würde, ist die Beschränktheit des menschlichen Fassungsvermögens besonders deutlich geworden, und so zeichnet sich gerade in der Wissenschaft am deutlichsten die Existenz einer Dimension ab, die *jenseits* dieser Grenzen liegt. Der nüchterne Wissenschaftler gelangt auf Grund logischer Überlegungen zu ähnlichen Aussagen, wie sie in den Berichten über die Visionen der Propheten überliefert sind: daß es eine Wahrheit gibt, die über das menschliche Verstehen hinausgeht. Die Wissenschaft kann nur bis an die Grenzen der humanen Dimension vorstoßen. Und es bedarf eines Sprunges, um die Wahrheit zu erreichen, die „jenseits" liegt.

Gerade der Zeitbegriff führt uns den Unterschied zwischen der humanen und der suprahumanen Dimension vor Augen. Auf menschlicher Ebene birgt der Begriff der Zeit keine Geheimnisse: alles hat einen Beginn und ein Ende; unser zeitliches Dasein beginnt mit der Geburt und endet mit dem Tod; auch die Geschichte ist eine Kette von Ereignissen, die in der Zeit stattfinden; und es ist uns sogar möglich, das Geheimnis des Jetzt zu verstehen, das sich immer auf dem Wellenkamm zwischen der Vergangenheit, die nicht mehr ist, und der Zukunft, die noch nicht ist, vorwärtsbewegt. Aber wir können die Ewigkeit nicht begreifen, obgleich wir wissen, daß sie existiert. Wir wissen, daß es eine Zeit gab vor unserer Geburt, sogar vor der Entstehung der Menschheit und selbst vor der Entstehung dieser Erde. Und wir wissen, daß es auch eine Zeit geben wird nach unserem Tode, nach dem Erlöschen der Menschheit auf der Erde, nach dem Vergehen der Erde selbst. Wir wissen, daß es eine Ewigkeit gibt, aber sie bleibt für uns unvorstellbar und unbegreiflich. FRANKL spricht da von einer „Über-Zeit", die „unser kategoriales, dimensionales Verständnis übersteigt" und „sich als dimensional unzugänglich erweist". (Theorie und Therapie der Neurosen.) Die Ewigkeit ist nicht eine Zeit, die *nach* unserer begrenzten Zeit kommt, sie ist keine Erweiterung dieser begrenzten Zeit; sie ist „über" der Zeit, ist eine andere Dimension als die Zeit. FRANKL erläutert dies in dem genannten Werk folgendermaßen:

„Die Zeit verhält sich zur Ewigkeit wie der Uhrzeiger zum Zifferblatt, will heißen wie eine eindimensionale Strecke zur zweidimensionalen Fläche."

Ähnliches gilt auch für den Raum. Wir verstehen unseren umgrenzten menschlichen Raum, nicht aber die Unendlichkeit, die mehr ist als ein grenzenloser Raum, der dort beginnt, wo der endliche Raum aufhört. Vielmehr liegt die Unendlichkeit eben in einer anderen Dimension, „über" dem endlichen Raum, obgleich dieser endliche Raum ebenso ein Teil der Unendlichkeit ist, wie das Quadrat ein Teil des Würfels ist.

Auf menschlicher Ebene sind Ewigkeit und Unendlichkeit nicht begreifbar; und doch sind sie mehr als bloß theoretische Konzepte. Gerade das Erlebnis unserer eigenen menschlichen Zeitlichkeit und unserer räumlichen Beschränktheit läßt uns teilhaben an jener höheren Dimension, in der die Ewigkeit und die Unendlichkeit beheimatet sind. In ähnlicher Weise können wir am vollkommen Schönen teilhaben, indem wir all das Schöne zu erleben suchen, das uns auf humaner Ebene zugänglich ist; können wir an der absoluten Wahrheit teilhaben durch all die Millionen Wahrheiten, die von Menschen gefunden wurden; können wir schließlich am höchsten Sinn teilhaben, indem wir den konkreten Sinn in jeder unserer Lebenssituationen zu begreifen suchen. Und FRANKL verweist auf „die Tatsache, daß alles Sollen dem Menschen jeweils nur in Konkretheit gegeben ist, in der Konkretion dessen, was er ‚hier und jetzt' tun ‚soll'". (Ärztliche Seelsorge.) Den Sinn, die Wahrheit oder das Unendliche aber ganz zu erfassen, liegt nicht in der Macht des Menschen; wir können nur Schritt für Schritt auf das Suprahumane zugehen, aber wir bleiben immer auf unsere humane Dimension beschränkt.

Vielleicht erleben wir heute die Anfangszeit eines geistigen Raumzeitalters, in dem der Mensch noetische Haftschuhe benötigen wird, um sich in einer Welt zurechtzufinden, in der ein geistiges Schwerezentrum nicht existiert. Er wird ein neues „Ortungssystem" brauchen, das ohne die gewohnten Bezugspunkte und ohne die herkömmlichen Gesetzmäßigkeiten auskommt. In einer solchen Welt mag die natürliche Auslese nicht mehr den biologisch Stärkeren oder den Instinktsichereren bevorzugen, sondern den, der in seiner Menschlichkeit und seiner Geistigkeit am stärksten ist. Nur derjenige wird vielleicht überleben, der den Sinn der gänzlich neuartigen Situation zu begreifen vermag, ebenso wie die Säugetiere überlebten, als sich die natürlichen Bedingungen der Eiszeit geändert hatten.

Wenn die Gravitation nicht universell ist, wenn ein Kind, das in einem Raumschiff geboren wird, ohne diese – für Erdbewohner – so unausweichliche Erfahrung aufwachsen kann, was sollen wir dann über die Universalität von Moralgesetzen, von Sinn und Zweck denken? Vielleicht sind wir auf einer Reise durch einen Raum begriffen, in dem die Gesetzmäßigkeiten des Moralischen nicht erfahrbar sind. Dennoch existieren diese Gesetze, gibt es einen letzten Sinn. Nur daß er, wie Frankl meint, „in Forderungen des Tages und in persönlichen Aufgaben aufgeht"; der hinter diesen Aufgaben stehende letzte Sinn lasse sich „anscheinend nur durch die Aufgaben hindurch intendieren", ohne „dem an die Perspektive des Konkreten gebundenen einzelnen Menschen" überhaupt jemals sichtbar zu werden. „So kann jeder Mensch in jedem Augenblick nur eine, eine einzige Aufgabe haben; aber eben diese Einzigkeit macht die Absolutheit dieser Aufgabe aus. Die Welt wird also zwar perspektivisch gesehen, aber jedem Standort entspricht nur eine einzige, eben die richtige Perspektive. Es gibt demnach eine absolute Richtigkeit nicht trotz, sondern gerade wegen perspektivischer Relativität." (Ärztliche Seelsorge.)

Der Fluchtpunkt

Der Gedanke, daß der letzte Sinn (logos) in der suprahumanen Dimension beheimatet ist, ja vielleicht mit dieser Dimension gleichzusetzen ist, ist keine Erfindung der Logotherapie. In der griechischen Fassung des Johannes-Evangeliums (Joh. 1:1) kommt der Ausdruck „logos" vor, der für gewöhnlich mit „das Wort" übersetzt wird. Behält man den griechischen Ausdruck bei, so lautet die Stelle folgendermaßen: „Am Anfang war logos. Logos war bei Gott, und logos war göttlich." Für die Menschen jener Zeit war das keine Spekulation, sondern existentielle Wahrheit. Aber auch in unserer Zeit betonen existentielle Theologen wie Karl Barth und Paul Tillich eine Theologie des letzten Sinns; existentielle Psychologen wie Frankl und Maslow entdecken die Sinnorientiertheit ihrer Patienten; und Wissenschaftler, die die Grenzen des naturwissenschaftlichen Forschungsbereichs abschreiten, stehen vor der Frage nach der Bedeutung aller Wissenschaft, einer Frage, die selbst nicht innerhalb dieser Wissenschaft beantwortet werden kann. Albert Einstein hat einmal gesagt: „Was ist der Sinn des Lebens? Eine befriedigende Antwort auf diese Frage zu finden, heißt religiös sein."

In einer 1947 erschienenen Arbeit verglich Frankl das Wesen des

Göttlichen mit dem Fluchtpunkt in einer Zeichnung: „Das perspektivische Bild, der Verlauf der sogenannten Fluchtlinien, die zu einem bestimmten Punkt einheitlich konvergieren, wird durchweg beherrscht von diesem Punkt; er wird der Fluchtpunkt genannt. Er aber ist gar nicht im Bild – im Bild, das er doch beherrscht; er scheint also gar nicht selber im Bild auf, und doch ist er für das Bild konstitutiv." (Zeit und Verantwortung.) Wenden wir diese Analogie auf unser Leben an, so können wir auch sagen, daß wir uns, indem wir die Straße unseres Lebens verfolgen, immer auf diesen „Fluchtpunkt" hin bewegen, diesen aber niemals erreichen können. Er zieht uns zwar an, weicht aber mit dem Horizont immer weiter zurück. Und alles, was wir erreichen können, sind irgendwelche Bezugspunkte in der Landschaft der Körperwelt; der Fluchtpunkt selbst bleibt unerreichbar.

In demselben Buch verwendet FRANKL den Vergleich mit dem perspektivischen Fluchtpunkt dazu, den Zusammenhang zwischen den Sinngehalten auf menschlicher Ebene und dem letzten Sinn auf der suprahumanen Ebene – jenem unerreichbaren, ewig lockenden Ziel – zu erklären. Er meint, daß dann, wenn wir konsequent genug jenen „Sinnlinien" unseres menschlichen Daseins folgen, ein Punkt erkennbar werden sollte, in dem diese Linien zusammenlaufen, „so daß vielleicht jede Wahrheit, zu Ende gedacht, Gott meint; und alle Schönheit, zu Ende geliebt, Gott schaut; und jeder Gruß, richtig verstanden, Gott grüßt".

Der Mensch von heute aber, der religiöse ebenso wie der irreligiöse, begreift immer mehr, daß die Ehre Gottes nicht dadurch verringert wird, daß der Mensch die volle Verantwortung für seine Handlungen übernimmt – ebensowenig wie Gottes Größe davon abhängt, ob ihn der Mensch nun anbetet oder nicht. Gerade durch die universelle Verantwortung Gottes wird der Mensch dazu gefordert, in seinem eigenen, endlichen Bereich die Verantwortung zu übernehmen. „Hilf dir selbst, so hilft dir Gott", so sagt der religiöse Mensch. Und in einem meiner Seminare drückte es ein Atheist so aus: „Ich sehe die Funktion der Religion darin, den Menschen gut zu machen – denn von Natur aus ist er es nicht. Und diese Funktion kann auch durch die persönliche Verantwortlichkeit ausgefüllt werden. Wenn keiner da ist, der aufpaßt, dann ist alles erlaubt. Aber wenn kein Gott da ist, um aufzupassen, dann gibt es ja immer noch das Gewissen. Persönliche Verantwortlichkeit kann den personalen Gott ersetzen."

Der Atheist also meint, daß eine Theologie not tut, die den personalen Gott durch die persönliche Verantwortlichkeit ersetzt. Der religiöse Mensch dagegen sagt, daß diese persönliche Verantwortlichkeit nur eine Verantwortung gegenüber Gott sein kann. Und jeder von uns muß diejenige Theologie oder Philosophie finden, die ihn in die Lage versetzt, seine persönlichen „Sinnlinien" zu sehen und ihnen zu folgen, so gut er es mit seinem menschlich-irrenden Gewissen kann.

Die Beziehung des Menschen zum Göttlichen

Die Tiefenpsychologie hat gezeigt, daß der Mensch seine Beziehung zu dem Unbekannten in seiner Seele verlieren kann, und heute zeigt uns die „Höhen"-Psychologie – wie Frankl die Logotherapie einmal nennt –, daß es dem Menschen auch an einer Beziehung zu Sinn und Werten fehlen kann. Unser Leben wird sinnlos, wenn wir jede Beziehung zu einem allerhöchsten Sinn unterdrücken und verdrängen.

Es liegt ein unauflösbares Paradoxon in dieser religiösen Suche: der Mensch besitzt einen Glauben daran, daß eine göttliche Dimension existiert, kann aber niemals herausfinden, wie diese Dimension beschaffen ist, und doch empfindet er die Notwendigkeit, eine Beziehung zu diesem Mysterium zu finden. Der religiöse Urgrund, ob wir ihn nun Gott, Weltordnung oder höchsten Sinn nennen, kann nicht abbröckeln, absinken oder aufhören, denn er ist zeit- und grenzenlos. Er ist weder unter uns wie ein Sicherheitsnetz, noch über uns wie ein Schutzdach, sondern wir haben teil an ihm wie vergängliche Zellen in einem unvergänglichen Leib. Die Zelle kann sich nicht einfach deshalb absondern, weil sie niemals das Herz gesehen hat, das sie mit Blut versorgt. Das Verhältnis des Menschen zum Göttlichen ist unauflösbar, aber es liegt bei jedem einzelnen, ob er sich dieser Beziehung auf seiner eigenen Ebene des Verständnisses bewußt wird. Selbst der Atheist kann diese Beziehung nicht abschütteln. Der Atheismus selbst ist ja ein Glauben und nicht bloß die Verneinung jeglichen Glaubens.

Die Religion ist wieder so existentiell geworden, wie sie es in biblischer Zeit gewesen ist: nicht mit religiösen Theorien befaßt, sondern mit dem persönlichen Gewissen und dem alltäglichen Leben. Das Anliegen des Menschen ist es – und darauf besinnt sich die moderne Theologie –, seinen Potentialitäten gerecht zu werden, sein Leben angesichts der unentrinnbaren Ungewißheit zu führen, Sinn und Inhalt seines Lebens zu finden. In Zeiten wie der unseren werden theoretische theologische Konzepte wie Himmel und Unsterblichkeit weniger wichtig als die Realität der religiösen Suche.

Im Gegensatz zu der Wahrheitssuche auf der wissenschaftlichen, menschlichen Ebene ist die religiöse Suche des Menschen auf ein Ziel ausgerichtet, das außerhalb des menschlichen Verständnisses liegt. Dennoch aber gehört diese Suche zur Natur des Menschen, und ich kann nicht aufhören, dieses Ziel zu verfolgen, ohne damit mein Menschsein zu verleugnen. Religion ist das Verhältnis des Menschen zum Unwißbaren, ist sein Zwiegespräch mit der Transzendenz. In diesem Zwiegespräch braucht der Mensch aber nicht, kann er nicht, jede Frage deutlich verstehen und muß dennoch bereit sein zu antworten. In „Between Man and Man" sagt MARTIN BUBER: „Wer aufhört, Antwort zu geben, der hört auf, das Wort zu hören."

Der Mensch hat entdecken müssen, daß er nur enttäuscht wird, solange er „die" Antwort verlangt, daß aber das fortgesetzte Streben, „eine" Antwort zu finden, Erfüllung bringen kann; daß die endgültigen Antworten in einer Dimension verbleiben, die ihm verschlossen ist, und daß er sich damit begnügen muß, die Antwort auf die konkreten Fragen zu finden, die in den einzelnen Situationen seines Lebens liegen. Er lernt, seine Fehler und Mängel realistisch zu sehen, und er beginnt zu begreifen, daß gerade in dieser seiner Unvollkommenheit eine große Möglichkeit liegt: die Chance nämlich, sich zu ändern, zu wachsen, zu „werden" und seine Potentialitäten auszufüllen. Der Mensch begreift, daß er einzigartig ist: nicht deshalb, weil er als Individuum ein solch wunderbares Geschöpf wäre, sondern weil es ihm als einzelnem freisteht, in einzigartiger Weise zu „antworten". Es geht also nicht mehr darum, daß der Mensch den Willen Gottes erkennt, sondern darum, daß er nach bestem Können dem nachkommt, was er für den Willen Gottes hält – indem er Schritt für Schritt, in jeder einzelnen Lebenssituation, den Sinn seines Lebens zu finden sucht. Der Mensch weiß um die Grenzen seiner Freiheit, um seine Abhängigkeit von biologischen, psychologischen und umweltbedingten Einflüssen, und er erkennt, daß es nicht Frömmigkeit, sondern Masochismus wäre, wenn er sich dafür verachtete, daß er diese seine natürlichen Grenzen nicht zu überschreiten vermag.

Das Mikroskop und das Göttliche

Bei der unaufhörlichen Suche nach seinen persönlichen Sinnlinien setzt jeder Mensch, selbst der Atheist, die Existenz einer höheren Dimension immer schon voraus. Was die meisten Atheisten zurückweisen, das ist ja nicht der Gedanke an eine suprahumane Dimension, sondern der herkömmliche Gottesbegriff. Und nur wenige gehen so weit, daß sie jegliche nicht wahrnehmbare Realität leugnen.

Im Jahre 1945, nach seiner Befreiung aus dem KZ, traf FRANKL einen jungen Mann, der sich, empört und verzweifelt über die Grausamkeiten des Krieges, einem solch extremen Atheismus zugewandt hatte. „Wie kann ich an einen Gott glauben?" so rief er aus. „Ich kann nicht glauben, daß es einen Gott, einen Geist, eine Seele gibt. Zeigen Sie mir eine Seele. Ich kann sie nicht sehen, nicht einmal durch ein Mikroskop. Ich würde Hirngewebe sehen, aber keine Seele." Da fragte ihn FRANKL, was ihn denn dazu bewege, nach der Seele zu suchen, und der junge Mann antwortete, es sei der Wunsch, die Wahrheit zu finden. „Und dieser Wunsch, kann man den angreifen?" so fragte ihn FRANKL. „Kann man den unter dem Mikroskop sehen?" – „Natürlich nicht", mußte der junge Mann zugeben, „der ist ja was Seelisches – wie wollen Sie was Seelisches unter dem Mikroskop sehen?" – „Aha", meinte FRANKL, „mit anderen Worten, das, was Sie unter dem Mikroskop so vergebens gesucht haben, war bereits eine Vorbedingung für diese ganze Suche, und auch Sie selbst hatten es immer schon vorausgesetzt."

Religion ist nach FRANKLs Auffassung das „Vorwissen" um eine suprahumane Dimension und das Urvertrauen auf einen letzten Sinn, der in dieser Dimension beheimatet ist. Und solches Vorwissen wird von uns ebenfalls „immer schon vorausgesetzt". Und dennoch wird immer wieder die Frage nach den „Beweisen" gestellt. Ein solcher Beweis kann aber nur in dem unmittelbaren Erlebnis dessen bestehen, was sich einer logischen Argumentation entzieht. FRANKL hat versucht, uns an die suprahumane Dimension auf phänomenologische Weise, also auf Grund der Beschreibung erlebbarer Vorgänge, heranzuführen. Er geht dabei aus von dem Wort PASCALS, „ich würde Dich nicht suchen, wenn ich Dich nicht schon gefunden hätte", in dem sich ein emotionales Bedürfnis des Menschen ausdrückt, in die Transzendenz hinauszulangen, ein Bedürfnis, das nur auf einem tiefen Wissen um die Realität der Transzendenz beruhen kann – wenn dieses Wissen auch meist unbewußt bleibt. Ähnliches, so zeigt FRANKL, gilt nun von der Liebe, die ja ebenfalls immer schon ein geliebtes Wesen voraussetzt: in seinem Buch „Zeit und Verantwortung" schrieb er 1947: „Das zu Liebende ist früher als das Lieben; unser Lieben findet aber kein Genüge an all dem, was es innerhalb der Welt vorfindet; das nun, woran unser Lieben *ja* Genüge finden könnte – das nennen wir Gott; und insofern *ist* Gott." Dies alles, so meint FRANKL, sei kein logischer Beweis, sondern „ein phänomenologischer Aufweis". „Nicht mehr und nicht weniger Beweiskraft als die These *Cogito ergo sum* (ich denke, also bin ich) hätte sonach eine andere These: Amo (Deum) ergo (Deus) est (ich liebe Ihn, also ist Er). Denn genau so wie die eine These vom Akt des Denkens auf das Ich als das Subjekt, so ‚schließt' die andere vom Akt des grenzenlosen Liebens auf Gott als das (unendliche) Objekt."

Menschen, die eines religiösen Erlebens nicht fähig sind, oder die, wie FRANKL sagt, „ihr metaphysisches Bedürfnis verdrängt haben", werden solchen Gedankengängen nur schwer folgen können. Der gläubige Mensch aber glaubt nicht nur an die Existenz Gottes, sondern er wird auch davon überzeugt sein, daß jeder Mensch einen gewissen Glauben an das Suprahumane besitzt, selbst wenn dieser Glaube unbewußt bleibt. Eine solche Überzeugung ist weniger absurd, als sie vielleicht erscheinen mag. Glaubt denn nicht jeder von uns auch an das Du eines anderen Menschen, so fragt FRANKL, obgleich dieses Du „als jener Kern, der hinter seinen psychophysischen Erscheinungs- und Ausdrucksweisen steckt, selber eigentlich total unwahrnehmbar und nur erst hinter dem Wahrnehmbaren irgendwie erfaßbar ist"? Der Gott des gläubigen Menschen sei gleichsam „das Ur-Du". In jungen Jahren definierte FRANKL Gott als den Partner der intimsten Zwiesprachen, die wir mit „uns selbst" halten. Aus dem Konzentrationslager nach Wien zurückgekehrt, schrieb FRANKL: „Gott ist so sehr das Ur-Du, daß man eigentlich gar nicht *von* ihm, in der dritten Person, sprechen kann, sondern jeweils nur *zu* ihm, in der zweiten Person. Und ich weiß nicht, ob es zum Beispiel einem Menschen, der einmal in einem Konzentrationslager war, im Graben gestanden ist und zu Gott gesprochen hat, ob es diesem Menschen jemals wieder möglich ist, auf einem Katheder zu stehen und *von* Gott zu sprechen als von demselben, *zu* dem er damals im Graben gesprochen hat."

Die Zwiesprache mit Gott ist ein Erlebnis, das jeden Gottesbeweis überflüssig macht. Andererseits ist ein solches Erlebnis auch der einzig mögliche „Beweis" für ein Phänomen, das in eine Dimension gehört, die dem Menschen nicht zugänglich ist. „Aus versteinerten

Fußabdrücken können wir beweisen, daß es irgendein vorsintflutliches Tier gegeben hat", so meint FRANKL in „Zeit und Verantwortung", „aber Gott ist kein Petrefakt." Er ist nicht etwas, das auf die gleiche Weise wie andere Dinge in der menschlichen Dimension existiert. Er existiert in einer ganz anderen Dimension. „Vielleicht ist er aber überhaupt in keiner Dimension, sondern das Koordinatensystem selbst."

Der Versuch, die Existenz Gottes auf ähnliche Art zu beweisen wie die Existenz irgendwelcher prähistorischer Tiere, läuft auf eine Reduktion des Göttlichen auf die menschliche Ebene hinaus. Um zu illustrieren, wie absurd ein solcher Reduktionismus ist, erzählt FRANKL in seinem Buch „The Will to Meaning", in dem er seine Vorlesungen an einer Universität von Dallas (Texas) vorlegt, von einem kleinen Jungen aus seiner Nachbarschaft, der auf die Frage, was er einmal werden wolle, antwortete: „Entweder ein Trapezkünstler in einem Zirkus oder der liebe Gott." Der Junge hatte „die dimensionale Differenz" übersehen: er sprach so, als wäre Gottsein ein Beruf wie jeder andere.

Man braucht aber kein Kind zu sein, um dem Irrtum zu unterliegen, Gott ließe sich auf die menschliche Dimension reduzieren. Das versucht nämlich jeder, der von Gott erwartet, daß er auf seine Gebete antworte, und ebenso jene, die erklären, „Gott ist tot". Die Erwartung, eine direkte Antwort von Gott zu erhalten, bezeichnet FRANKL als magisches Denken. In seinen „Dallas Lectures" schrieb er: „Wenn ich auf einem Schiff sitze und wissen möchte, wie tief das Meer unter mir ist, dann sende ich eine Schallwelle in die Tiefe und registriere das Echo. Und wenn ein Echo eintrifft, dann weiß ich, daß es vom Meeresgrund her kommt. Aber das Dasein ist bodenlos. Und all unser Fragen nach dem letzten Seinsgrund findet keinen Widerhall im grenzenlosen Ozean des Seins. Was wäre das denn für eine merkwürdige Unendlichkeit, an deren endlichen Grundmauern sich die Stimme brechen sollte, mit der unsere letzten Fragen hinausgesandt werden in den unendlichen Seinsraum? Und was wäre das für ein Absolutes, das so ohne weiteres uns Rede und Antwort stünde? Gott schweigt."

Die „Sprache" der Religion

Die Religion ist universell und persönlich zugleich – genauso wie die Sprache: die menschliche Sprache ist ein universelles Phänomen, und doch hat jeder von uns eine ganz persönliche Sprechweise, eine eigene, unverwechselbare Sprache. Ein Kind lallt zuerst, ehe sich sein Lautrepertoire auf das seiner Muttersprache einschränkt. Und ebenso schränkt sich das universelle religiöse Grundgefühl des Menschen nach und nach auf jene Konfession ein, in deren Tradition er aufwächst. Die religiöse Wahrheit aber ist nicht an eine bestimmte Sprache gebunden.

Die Parallele, die FRANKL zwischen Konfession und Sprache zieht, erläuterte er bereits 1947 in „Zeit und Verantwortung". Auf sie kam er aber auch in einem Vortrag zu sprechen, den er am Brandeis Institute in Kalifornien hielt: „Man kann in jeder Sprache an die Wahrheit herankommen, aber man kann auch in jeder Sprache irren und lügen. Das liegt dann aber nicht an der Sprache, sondern an einem selbst. Und das gleiche gilt auch für die verschiedenen Konfessionen: in ihrer Verschiedenheit gleichen sie den verschiedenen Sprachen – niemand kann sagen, daß seine Sprache den anderen überlegen ist. Das soll nicht heißen, daß wir nun unsere Überzeugungen aufgeben sollen – aber es bedeutet, daß wir Bescheidenheit und Toleranz üben sollten. Ich brauche nicht den Glauben eines anderen Menschen zu teilen und kann doch sein Recht auf einen eigenen Glauben respektieren – und seine Pflicht, dem eigenen Gewissen zu folgen. Im allgemeinen ist es ja so: Wer nicht fest in seinem Glauben steht, klammert sich mit beiden Händen an das Dogma; wer hingegen fest im Glauben steht, hat die Hände frei, um sie den anderen zu reichen."

Schon in seinen frühesten Schriften weist FRANKL auf die Parallele zwischen Konfession und Sprache hin: „Der Mensch kommt an die Wahrheit nur im Denken und im Denken nur in je seiner Sprache heran. ‚Seine' Sprache aber ist die jeweilige Muttersprache; die Sprache, in deren Welt er hineingeboren, in deren Traditionsreichtum er aufgewachsen ist. Ebenso wie nie ernstlich daran gedacht werden kann, die natürlichen Sprachen durch eine Kunstsprache, eine ‚Weltsprache' zu ersetzen, ebenso wäre auch die Idee einer allgemeinen Menschheitsreligion ein Nonsens. Denn auch sie wäre notwendig ‚Kunstreligion', also gar keine." (Zeit und Verantwortung.) Nach FRANKLS Überzeugung wird am Ende der gegenwärtigen Entwicklung nicht eine Universalreligion stehen, eine Art religiöses Esperanto. „Im Gegenteil", sagt er in seinem „The Will to Meaning", „wir gehen nicht auf eine universale, vielmehr auf eine personale – eine zutiefst personalisierte Religiosität zu, eine Religiosität, aus der heraus jeder zu seiner persönlichen, seiner eigenen, seiner

ureigensten Sprache finden wird, wenn er sich an Gott wendet."
Aber selbst dann, so setzt FRANKL hinzu, wenn die Religion so weit
„personalisiert" werden sollte, daß jeder Mensch eine eigene religiöse Sprache besitzt, wird der einzelne sich immer noch der gemeinsamen Rituale und Symbole bedienen müssen, ebenso wie die
verschiedensten Sprachen dasselbe Alphabet verwenden.

Abschließend meint FRANKL, der Trend führe nicht von der Religion weg, sehr wohl aber von jenen Konfessionen, die offenbar
nichts Besseres zu tun haben, als einander zu bekämpfen.

Alte Wahrheiten in neuem Gewand

Es ist dies ein Zeitalter voller verwirrender Widersprüche. Der
schützende Mantel der alten Traditionen ist fadenscheinig geworden, und wir haben noch keinen Ersatz dafür gefunden. Nun erst
bekommt der Mensch die volle Konsequenz seiner allerersten Verfehlung zu fühlen, die ihn vom Baum der Erkenntnis essen hieß und
zu seiner Vertreibung aus jener paradiesischen Welt führte, in der
alle Wege vorgezeichnet waren und in der ihm seine Instinkte jederzeit den rechten Pfad wiesen. Nun muß er in einer Welt der unbezeichneten Wege leben, in der ihn jede Wegkreuzung vor eine neue
Entscheidung stellt. Er fühlt sich vorwärtsgetrieben von der Sehnsucht nach noch mehr Freiheit und Wissen, und zugleich verlangt es
ihn nach der dumpfen Sicherheit einer halbvergessenen Vergangenheit. Diese beiden gegensätzlichen Triebkräfte sind der Grund für
die innere Zerrissenheit des Menschen, die heute schmerzhafter ist
denn je, weil der Mensch nun auch die Führung durch die Tradition
verloren hat und sich eingestehen muß, daß ihm die Rückkehr in
jenen Garten ein für allemal verwehrt ist. Er weiß, daß er seine Freiheit nicht mehr aufgeben, sein Wissen nicht mehr ungelernt machen
kann, und daß das qualvolle Streben nach etwas, das außerhalb seiner selbst liegt, zu seinem Menschsein dazugehört. Er muß lernen,
seine Austreibung aus dem Paradies zu akzeptieren, aber nicht als
eine Strafe, sondern als einen Auftrag. Um mit MARTIN BUBER zu
sprechen („Way of Response"): „Das Flammenschwert der Cherubim, die am Tor des Paradieses stehen, versperrt uns den Rückweg,
zugleich aber erleuchtet es den Weg, der vor uns liegt."

Die Logotherapie aber hilft mit, diesen Weg zu erleuchten, Schritt
für Schritt nur – und nicht für die Menschheit im ganzen, sondern
für den einzelnen: sie sagt ihm, daß er seine Vergangenheit nicht

ändern kann, daß er aber auch nicht der Sklave dieser Vergangenheit ist, sondern seine Gegenwart verändern und seine Zukunft beeinflussen kann. Sie sagt ihm, daß er seine Grenzen hat, daß ihm aber innerhalb dieser Grenzen noch viel Freiheit bleibt und daß die Art und Weise, in der er von dieser Freiheit Gebrauch macht, den Unterschied zwischen einem erfüllten und einem sinnleeren Leben ausmachen kann; und daß diese Freiheit, wenn sie nicht in verantwortlicher Weise gebraucht wird, in sinnlose Willkür ausartet. Sie sagt ihm, daß er in jedem Augenblick Entscheidungen zu treffen hat, daß jede dieser Entscheidungen aber ins Ungewisse führt, da er niemals abwarten kann, bis er alle möglichen Folgen absieht. Sie sagt ihm, daß jeder Mensch allein ist und dennoch Anteil hat an einer Wirklichkeit, die ihn und sein Begriffsvermögen bei weitem übersteigt; daß der Erfolg seines Lebens nicht im Sichtbaren liegt, aber daß sein individuelles Leben auf einen letzten Sinn hin ausgerichtet ist. Sie sagt ihm, daß er niemals das Absolute begreifen kann, daß aber alles davon abhängt, wie er den Aufgaben gerecht wird, die ihm von dorther auferlegt sind.

Es ist eine Grundannahme der Logotherapie, daß ein letzter Sinn existiert, daß dieser aber vom Menschen niemals begriffen werden kann. Es kann nur jeder versuchen, diesem Sinn nahezukommen, indem er seinem Gewissen folgt, das aber selbst „an der condition humaine teilhat, deren Signatur, der Endlichkeit, unterworfen ist" (Ärztliche Seelsorge), und daher auch irren kann. Niemals kann es dem Menschen gelingen, daß er den allumfassenden Weltenplan errät, sein ganzes Trachten muß vielmehr dahin gehen, den Sinn der konkreten Lebenssituation, vor der er gerade steht, herauszufinden und zu verwirklichen. Er kann nur dadurch an dem letzten Sinn teilhaben, daß er nach bestem Können den Sinnanforderungen jedes Augenblicks gehorcht. In dem täglichen Ringen um den Sinn findet er seinen Lebensinhalt. Und Glück, Seelenfriede, Zufriedenheit, Erfolg sind nur Nebenergebnisse dieses Ringens um Sinn.

Kurze, geraffte Zusammenfassungen des logotherapeutischen Gedankenguts, wie eine solche auch in diesem Buch versucht wurde, geben unweigerlich zu der Reaktion Anlaß, daß all dies doch nichts Neues sei. Im Gespräch mit mir erinnerte sich FRANKL: „Als ich zum erstenmal in den USA Vorträge hielt, sagte man mir, daß ich endlich etwas Neues brächte – das hieß wohl, neu im Vergleich zu den Lehren der Psychoanalyse. Aber später, auf meinen Vortragsreisen in Indien, Japan und China, sagte man mir das Gegenteil. Man machte mich darauf aufmerksam, daß das, was ich zu sagen hatte, alte Wahrheiten wären, die schon in den Veden, in den Büchern des Zen oder in den Schriften Laotses zu finden wären." Ich fragte FRANKL, welche Beurteilung der Logotherapie er für gerechtfertigt halte, und er sagte, er fühle sich durch beide ermutigt: „Es ist sehr ehrenvoll für die Logotherapie, wenn man meine Beiträge als etwas Neues ansieht, aber es ist nicht weniger ehrenvoll, wenn man in den Konzepten der Logotherapie alte Wahrheiten entdeckt. KARL JASPERS hat einmal gesagt, daß in der Philosophie etwas von Grund auf Neues mit größter Wahrscheinlichkeit nicht ganz wahr ist. Und ich glaube, das gilt auch für die Psychotherapie. Wenn der Logotherapie nichts weiter gelungen wäre, als alte Wahrheiten wiederzuentdecken und neu zu formulieren – selbst dann hätte sie schon einen Beitrag zur Weiterentwicklung der Psychotherapie geleistet. Aber ich glaube, die Logotherapie ist noch einen Schritt weiter gegangen: Sie hat die alte Weisheit in ein System umgegossen und zu einer Methode geformt und hat sie damit lehrbar und erlernbar gemacht." So gesehen, mögen beide Beurteilungen der Logotherapie, die der Amerikaner und die der Asiaten, berechtigt sein: die alten Wahrheiten mußten wiederentdeckt und in systematischer und methodologisch verfeinerter Weise umformuliert werden, damit der einzelne in die Lage versetzt werde, sie auf sein eigenes Leben anzuwenden.

Auswahl aus dem Schrifttum über Logotherapie

Zusammengestellt von Prof. Dr. Eugenio Fizzotti

Eine ausführliche Bibliographie findet sich in der 2. Auflage von Viktor E. Frankls Buch „Der Wille zum Sinn" (Huber, Bern 1977), die englische Bibliographie in der 51. Auflage seines Buches „Man's Search for Meaning" (Simon and Schuster, New York 1977), und eine vollständige Bibliographie in Eugenio Fizzottis Artikel „Viktor E. Frankl" (Orientamenti Pedagogici 17, 607, 1970).

1. Bücher

Böschemeyer, Uwe: Die Sinnfrage in Psychotherapie und Theologie. Die Existenzanalyse und Logotherapie Viktor E. Frankls aus theologischer Sicht. Walter de Gruyter, Berlin – New York 1977.
Bulka, Reuven P., Joseph B. Fabry und William S. Sahakian: Logotherapy in Action. Aronson, New York 1977.
Crumbaugh, James C.: Everything to Gain. A Guide to Self-fulfillment Through Logoanalysis. Nelson-Hall, Chicago 1973.
Crumbaugh, James C., William M. Wood und W. C. Wood: Logotherapy. New Help for Problem Drinkers. Nelson-Hall, Chicago 1977.
Dienelt, Karl: Erziehung zur Verantwortlichkeit. Die Existenzanalyse V. E. Frankls und ihre Bedeutung für die Erziehung. Österreichischer Bundesverlag, Wien 1955.
– Von Freud zu Frankl. Österreichischer Bundesverlag, Wien 1967.
– Von der Psychoanalyse zur Logotherapie. Uni-Taschenbücher 227, Ernst Reinhardt, München – Basel 1973.
Fabry, Joseph B.: Das Ringen um Sinn. Logotherapie für den Laien. Paracelsus-Verlag, Stuttgart 1973.
– The Pursuit of Meaning. A. Guide to the Theory and Application of Viktor E. Frankl's Logotherapy. Preface by Viktor E. Frankl. 5 Auflagen, 1968–1976, Beacon Press, Boston, und Mercier Press, Cork and Dublin.
Fizzotti, Eugenio: La logoterapia di Frankl. Un antidoto alla disumanizzazione psicanalitica. Rizzoli Editore, Milano 1974.
Frankl, Viktor E.: Ärztliche Seelsorge. Grundlagen der Logotherapie und Existenzanalyse. 9 Auflagen, 1946–1975, Franz Deuticke. Wien, und Kindler, München.

- Ein Psycholog erlebt das Konzentrationslager. Verlag für Jugend und Volk, 2 Auflagen, Wien 1946–1947 (vergriffen).
- ... trotzdem Ja zum Leben sagen. Drei Vorträge. Franz Deuticke, 2 Auflagen, Wien 1946–1947 (vergriffen). (Eine Ausgabe erschien in Brailleschem Blindendruck.)
- Die Existenzanalyse und die Probleme der Zeit. Amandus-Verlag, Wien 1947 (vergriffen).
- Zeit und Verantwortung. Franz Deuticke, Wien 1947 (vergriffen).
- Die Psychotherapie in der Praxis. Eine kasuistische Einführung für Ärzte. Franz Deuticke, 3 Auflagen, Wien 1947–1975.
- Der unbewußte Gott. Psychotherapie und Religion. 4 Auflagen, 1948–1977, Kösel-Verlag, München.
- Der unbedingte Mensch. Metaklinische Vorlesungen. Franz Deuticke, Wien 1949 (vergriffen).
- Homo patiens. Versuch einer Pathodizee. Franz Deuticke, Wien 1950.
- Logos und Existenz, Drei Vorträge. Amandus-Verlag, Wien 1951 (vergriffen).
- Die Psychotherapie im Alltag. Sieben Radiovorträge. Psyche, Berlin-Zehlendorf 1952 (vergriffen).
- Pathologie des Zeitgeistes. Rundfunkvorträge über Seelenheilkunde. Franz Deuticke, Wien 1955 (vergriffen).
- Theorie und Therapie der Neurosen. Einführung in Logotherapie und Existenzanalyse. 4 Auflagen, 1956–1975, Uni-Taschenbücher 457, Ernst Reinhardt, München – Basel.
- Das Menschenbild der Seelenheilkunde. Drei Vorlesungen zur Kritik des dynamischen Psychologismus. Hippokrates-Verlag, Stuttgart 1959.
- Psychotherapie für den Laien. Rundfunkvorträge über Seelenheilkunde. Herder, Freiburg im Breisgau, 6 Auflagen, 1971–1977.
- Der Wille zum Sinn. Ausgewählte Vorträge über Logotherapie. Hans Huber, Bern – Stuttgart – Wien, 2 Auflagen, 1972–1977.
- Der Mensch auf der Suche nach Sinn. Zur Rehumanisierung der Psychotherapie. Herder, Freiburg im Breisgau, 7 Auflagen, 1972 bis 1977 (vergriffen).
- Anthropologische Grundlagen der Psychotherapie. Hans Huber, Bern – Stuttgart – Wien 1975.
- Das Leiden am sinnlosen Leben. Psychotherapie für heute. Herder, Freiburg im Breisgau, 2 Auflagen, 1977.
- ... trotzdem Ja zum Leben sagen. Ein Psychologe erlebt das Konzentrationslager. Kösel-Verlag, München 1977.
- The Doctor and the Soul. From Psychotherapy to Logotherapy. 16 Auflagen, 1955–1977, Alfred A. Knopf, New York, und Souvenir Press, London.
- From Death-Camp to Existentialism. A Psychiatrist's Path to a New Therapy. Beacon Press, 4 Auflagen, Boston 1959–1962.
- Man's Search for Meaning. An Introduction to Logotherapy. 47 Auflagen,

1963–1977, Simon and Schuster, New York, Hodder and Stoughton, London, Caves Book Co., Taipei Taiwan China, und Allahabad Saint Paul Society, India.
- Psychotherapy and Existentialism. Selected Papers on Logotherapy. 8 Auflagen, 1967–1975, Simon and Schuster, New York und Souvenir Press, London.
- The Will to Meaning. Foundations and Applications of Logotherapy. 5 Auflagen, 1969–1976, New American Library, New York, London und Scarborough.
- The Unconscious God. Psychotherapy and Theology. Simon and Schuster, 3 Auflagen, New York 1975–1976.
- The Unheard Cry for Meaning. Psychotherapy and Humanism. Simon and Schuster, New York, 1977. (Englische Bibliographie.)

Frankl, Viktor E., Josef Pieper und Helmut Schoeck: Altes Ethos – neues Tabu. Adamas, Köln 1974.

Leslie, Robert C.: Jesus and Logotherapy. The Ministry of Jesus as Interpreted Through the Psychotherapy of Viktor Frankl. Abingdon Press, 2 Auflagen, New York – Nashville 1965–1968.

Polak, Paul: Frankls Existenzanalyse in ihrer Bedeutung für Anthropologie und Psychotherapie. Tyrolia-Verlag, Innsbruck – Wien 1949 (vergriffen).

Takashima, Hiroshi: Psychosomatic Medicine and Logotherapy. Dabor Science Publications, Oceanside, New York, 1977.

Tweedie, Donald F.: Logotherapy and the Christian Faith. An Evaluation of Frankl's Existential Approach to Psychotherapy. Preface by Viktor E. Frankl, Baker Book House, 3 Auflagen, Grand Rapids, Michigan 1961–1972.
- The Christian and the Couch. An Introduction to Christian Logotherapy. Baker Book House, Grand Rapids, Michigan 1963.

Ungersma, Aaron J.: The Search for Meaning. Foreword by Viktor E. Frankl. Westminster Press, 2 Auflagen, Philadelphia 1961–1968.

2. Buchkapitel

Crumbaugh, James C., und Leonard T. Maholick: Eine experimentelle Untersuchung im Bereich der Existenzanalyse. Ein psychometrischer Ansatz zu Viktor Frankls Konzept der „noogenen Neurose", in: Die Sinnfrage in der Psychotherapie. Hrsg. von Nikolaus Petrilowitsch. Wissenschaftliche Buchgesellschaft, Darmstadt 1972.

Frankl, Viktor E.: Psychologie und Psychiatrie des Konzentrationslagers, in: Psychiatrie der Gegenwart. Forschung und Praxis. Hrsg. von H. W. Gruhle, R. Jung, W. Mayer-Groß und M. Müller, Band III. Springer, Berlin – Göttingen – Heidelberg 1961.
- Der Pluralismus der Wissenschaften und das Menschliche im Menschen,

in: Das neue Menschenbild. Die Revolutionierung der Wissenschaften vom Leben. Ein internationales Symposium, herausgegeben von Arthur Koestler und J. R. Smythies. Fritz Molden, Wien – München – Zürich 1970.
- In: Psychotherapie in Selbstdarstellungen. Hrsg. von Ludwig P. Pongratz. Hans Huber, Bern – Stuttgart – Wien 1973.
- Paradoxien des Glücks. Am Modell der Sexualneurose, in: Was ist Glück? Ein Symposion. dtv-Taschenbücher 1134, dtv-Verlag, München 1976.
- Die Sinnfrage in der Psychotherapie, in: Salzburger Hochschulwochen. Hrsg. von Ansgar Paus. Styria, Graz – Wien – Köln 1977.

Kocourek, Kurt, Eva Niebauer und Paul Polak: Ergebnisse der klinischen Anwendung der Logotherapie, in: Handbuch der Neurosenlehre und Psychotherapie. Hrsg. von Viktor E. Frankl, Victor E. v. Gebsattel und J. H. Schultz, Band III. Urban & Schwarzenberg, München–Berlin 1959.

Korger, Matthias E., und Paul Polak: Der geistesgeschichtliche Ort der Existenzanalyse, in: Handbuch der Neurosenlehre und Psychotherapie, Hrsg. von Viktor E. Frankl, Victor E. v. Gebsattel und J. H. Schultz, Band III. Urban & Schwarzenberg, München – Berlin 1959.

Misiak, Henry und Virginia Staudt Sexton: Phenomenological, Existential, and Humanistic Psychologies. A Historical Survey, Grune & Stratton, New York 1973 (Kapitel „Logotherapy").

Polak, Paul: Zum Problem der noogenen Neurose, in: Handbuch der Neurosenlehre und Psychotherapie. Hrsg. von Viktor E. Frankl, Victor E. v. Gebsattel und J. H. Schultz, Band II. Urban & Schwarzenberg, München – Berlin 1959.

Sahakian, William S.: History of Psychology. Peacock, Itasca 1968 (Kapitel „Victor Frankl").
- History and Systems of Psychology. John Wiley & Sons, Inc., New York 1975 (Kapitel „Logotherapy: The Will to Meaning").

Schaff, Adam: Entfremdung als soziales Phänomen. Europaverlag, Wien 1977 (Kapitel „Das existentielle Vakuum").

Spiegelberg, Herbert: Phenomenology in Psychology and Psychiatry. Northwestern University Press, Evanston 1972 (Kapitel „Viktor Frankl: Phenomenology in Logotherapy and Existenzanalyse").

Thielicke, Helmut: Mensch sein – Mensch werden. Entwurf einer christlichen Anthropologie. Piper, München 1976 (Kapitel „Der Mensch in Auseinandersetzung mit dem Unbewußten [Freud, Frankl]").

3. Dissertationen

Ballard, Rex Eugene: „An Empirical Investigation of Viktor Frankl's Concept of the Search for Meaning: A Pilot Study with a Sample of Tuberculosis Patients." Doctoral Dissertation, Michigan State University, 1965.

Benedikt, Friedrich M.: Zur Therapie angst- und zwangsneurotischer Sym-

ptome mit Hilfe der „paradoxen Intention" und „Dereflexion" nach V. E. Frankl. München 1968.
Bordeleau, Louis-Gabriel: La relation entre les valeurs du choix vocationnel et les valeurs créatrices chez V. E. Frankl. Doctoral Thesis Presented to the Faculty of Psychology of the University of Ottawa, Canada 1971.
Böschemeyer, Uwe: Die Sinnfrage in der Existenzanalyse und Logotherapie Viktor E. Frankls. Eine Darstellung aus theologischer Sicht. Dissertation, Hamburg 1974.
Bulka, Reuven P.: An Analysis of the Viability of Frankl's Logotherapeutic System as a Secular Theory. Thesis presented to the Department of Religious Studies of the University of Ottawa, 1969.
– Denominational Implications of the Religious Nature of Logotherapy. Thesis presented to the Department of Religious Studies of the University of Ottawa as partial fulfillment of the requirements for the degree of Doctor of Philosophy. Ottawa, Canada 1971.
Burck, James Lester: The Relevance of Viktor Frankl's „Will to Meaning" for Preaching to Juvenile Delinquents, Thesis. Southern Baptist Theological Seminary, Louisville, Kentucky, 1966.
Calabrese, Edward James: The Evolutionary Basis of Logotherapy. Dissertation, University of Massachusetts, 1974.
Cavanagh, Michael E.: The Relationship between Frankl's „Will to Meaning" and the Discrepancy between the Actual Self and the Ideal Self. Doctoral Dissertation, University of Ottawa, Canada 1966.
Colley, Charles Sanford: An Examination of Five Major Movements in Counseling Theory in Terms of How Representative Theorists (Freud, Williamson, Wolpe, Rogers and Frankl) View the Nature of Man. Dissertation, University of Alabama, 1970.
Dansart, Bernard: Development of a Scale to Measure Attitudinal Values as Defined by Viktor Frankl. Dissertation, Northern Illinois University, 1974.
Duncan, Franklin Davis: Logotherapy and the Pastoral Care of Physically Disabled Persons, Thesis. Southern Baptist Theological Seminary, Louisville, Kentucky 1968.
Dymala, Czeslaw: Zagadnienie sensu zycia u Viktora E. Frankla. Praca magisterska pisana na seminarium z filozofii pod kierunkiem, Papieski Fakultet Teologiczny, Wroclaw 1976.
Eisenmann, Manfred: Zur Ätiologie und Therapie des Stotterns. Unter besonderer Berücksichtigung der paradoxen Intentionsmethode nach V. E. Frankl. Freiburg im Breisgau 1960.
Fizzotti, Eugenio: Il significato dell'esistenza. La concezione psichiatrica di Viktor E. Frankl. Tesi di laurea, Università Salesiana, Roma 1970.
v. Forstmeyer, Annemarie: The Will to Meaning as a Prerequisite for Self-Actualization. Thesis Presented to the Faculty of California Western University, 1968.

Graziosi, Maria Teresa: La logoterapia di V. E. Frankl. Tesi di laurea, Università del S. Cuore di Milano 1971–1972.

Green, Herman H.: „The ‚Existential Vacuum' and the Pastoral Care of Elderly Widows in a Nursing Home." Master's Thesis, Southern Baptist Theological Seminary, Louisville, Kentucky, 1970.

Guldbrandsen, Francis Aloysius: „Some of the Pedagogical Implications in the Theoretical Work of Viktor Frankl in Existential Psychology: A Study in the Philosophic Foundation of Education." Doctoral Dissertation, Michigan State University, 1972.

Havenga, Anna Aletta: „Antropologiese onderbou van Logoterapie." Dissertation, Pretoria 1974.

Henderson, J. P.: The Will to Meaning of Viktor Frankl as a Meaningful Factor of Personality, Thesis. The University of Maryland 1970.

Holmes, R. M.: „Meaning and Responsibility: A Comparative Analysis of the Concept of the Responsible Self in Search of Meaning in the Thought of Viktor Frankl and H. Richard Niebuhr with Certain Implications for the Church's Ministry to the University." Doctoral Dissertation, Pacific School of Religion, 1965.

Jones, Elbert Whaley: Nietzsche and Existential-Analysis. Dissertation, New York 1967.

Jucha, Zygfryd: Koncepcja nerwicy noogennej wedlug Viktora Emil Frankla. Lublin 1968.

Klapper, Naomi: „On Being Human: A Comparative Study of Abraham J. Heschel and Viktor Frankl." Doctoral Dissertation, Jewisch Theological Seminary of America, 1973.

Lukas, Elisabeth S.: Logotherapie als Persönlichkeitstheorie. Dissertation, Wien 1971.

Magnus, Joris: De Existenzanalyse en Logotherapie van V. E. Frankl. Katholieke Universiteit Te Leuven 1964.

Manekofsky, Alan M.: „Viktor E. Frankl: A Philosophical Study." Dissertation, Vrije Universiteit van Amsterdam (Centrale Interfaculteit), 1977.

Marcheselli, Gianni: La teoria-terapia di Viktor Frankl come tentativo di revisione critica dell'approccio psicanalitico per una nuova concezione psicologica dell'uomo. Dissertation, Università degli Studi di Bologna, Facoltà di Scienze Politiche, 1975–76.

Marrer, Robert E.: „Existential-Phenomenological Foundations in Logotherapy Applicable to Counseling." Dissertation, Ohio University, 1972.

Meier, Augustine: Frankl's „Will to Meaning" as Measured by the Purpose in Life Test in Relation to Age and Sex Differences. Dissertation presented to the University of Ottawa, Canada 1973.

Meriläinen, Alpo: Värdeproblemet i psykoterapeutisk och theologisk antropologi. Jämförelse mellan värdeaspekten i Viktor E. Frankls logoterapeutiska existensanalys och i romersk-katolsk tradition. Abo 1969.

Muilenberg, Don T.: Meaning in Life: Its Significance in Psychotherapy. Dissertation, University of Missouri, 1968.

Murphy, Leonard: Extent of Purpose-in-Life and Four Frankl-Proposed Life Objectives. Doctoral Thesis Presented to the Faculty of Psychology and Education of the University of Ottawa, Canada 1966.

Sargent, George Andrew: Job Satisfaction, Job Involvement and Purpose in Life: A Study of Work and Frankl's Will to Meaning. Thesis Presented to the Faculty of the United States International University. 1971.

– "Motivation and Meaning: Frankl's Logotherapy in the Work Situation." Dissertation, United States International University, 1973.

Schiller, Karl Erwin: Psychotherapie, Logotherapie und der Logos des Evangeliums. Wien 1959.

Schlederer, Franz: Erziehung zu personaler Existenz. Viktor E. Frankls Existenzanalyse und Logotherapie als Beitrag zu einer anthropologisch fundierten Pädagogik. München 1964.

Schoeman, Stefanus Johannes: Die antropologies-personologiese denkbleede van die Derde Weense Skool en die betekenis hiervan vir die opvoeding in sedelike verband. Dissertation, Pretoria 1958.

Serrano, Rehues Maria Luisa: El pensamiento antropológico de Viktor Frankl. Tesis de licentiatura, Valencia.

Siwiak, Malgorzata: Analiza problemow noogennych w nerwicach. Lublin 1969.

Sonnhammer, Erik: Existenzanalyse und Logotherapie V. E. Frankls in kritischer Betrachtung, Graz 1951.

Stropko, Andrew John: Logoanalysis and Guided Imagery as Group Treatments for Existential Vacuum, Dissertation, Texas Tech University, 1975.

Yeates, J. W.: "The Educational Implications of the Logotherapy of Viktor E. Frankl." Doctoral Dissertation, University of Mississippi, 1968.

4. Zeitschriftenartikel

Ansbacher, Rowena R.: The Third Viennese School of Psychotherapy. Journal of Individual Psychology 15, 236, 1959.

Caruso, Igor A.: Die Krise der Tiefenpsychologie. Von Sigmund Freud zu Viktor Frankl. Wort und Wahrheit 2, 714, 1947.

Firkel, Eva: Von Freud zu Frankl. Der Seelsorger 18, 137, 1947.

Frankl, Viktor E.: Zur mimischen Bejahung und Verneinung. Internationale Zeitschrift für Psychoanalyse 10, 437, 1924.

– Psychotherapie und Weltanschauung. Internationale Zeitschrift für Individualpsychologie 3, 250, 1925.

– Zur geistigen Problematik der Psychotherapie. Zentralblatt für Psychotherapie 10, 33, 1938.

– Philosophie und Psychotherapie. Zur Grundlegung einer Existenzanalyse. Schweizerische medizinische Wochenschrift 69, 707, 1939.

- Group Therapeutic Experiences in a Concentration Camp (Paper read before the Second International Congress of Psychotherapy in Leiden on September 8, 1951). Group Psychotherapy 7, 81, 1954.
- The Concept of Man in Psychotherapy. Proceedings of the Royal Society of Medicine 47, 975, 1954.
- On Logotherapy and Existential Analysis. American Journal of Psychoanalysis 18, 28, 1958.
- Existenzanalyse und Logotherapie. Acta Psychother. 8, 171, 1960.
- Aphoristische Bemerkungen zur Sinnproblematik. Archiv für die gesamte Psychologie 116, 336, 1964.
- Die Heimholung der Psychotherapie in die Medizin. Acta Psychotherapeutica 10, 99, 1962.
- The Feeling of Meaninglessness: A Challenge to Psychotherapy. The American Journal of Psychoanalysis 32, No. 1, 85, 1972.
- Encounter: The Concept and Its·Vulgarization. The Journal of the American Academy of Psychoanalysis 1, No. 1, 73, 1973.
- Paradoxical Intention and Dereflection. Psychotherapy: Theory, Research and Practice 12, 226, 1975.

Gerz, Hans O.: Zur Behandlung phobischer und zwangsneurotischer Syndrome mit der „paradoxen Intention" nach Frankl. Zeitschrift für Psychotherapie und medizinische Psychologie 12, 145, 1962.
- Über 7jährige klinische Erfahrungen mit der logotherapeutischen Technik der paradoxen Intention. Zeitschrift für Psychotherapie und medizinische Psychologie 16, 25, 1966.

Riener, Elfriede: Von Freud zu Frankl. Christlich-pädagogische Blätter 62, 199, 1949.

Solyom, L., Garza-Perez, J., Ledwidge, B. L., and Solyom, C.: Paradoxical Intention in the Treatment of Obsessive Thougths: A Pilot Study. Comprehensive Psychiatry 13, 291, 1972.

Soucek, W.: Die Existenzanalyse Frankls, die dritte Richtung der Wiener psychotherapeutischen Schule. Deutsche Medizinische Wochenschrift 73, 594, 1948.

5. Filme, Langspielplatten und Tonbänder

Frankl, Viktor E.: „Logotherapy", a film produced by the Department of Psychiatry, Neurology, and Behavioral Sciences, University of Oklahoma Medical School.
- „Frankl and the Search for Meaning", a film produced by Psychological Films, 1215 East Chapman Avenue, Orange, Cal. 92666.
- „Auf dem Wege zum Sinn: Ein Gespräch mit Viktor E. Frankl." Eine Farbtonfilmdokumentation. Littera Produktion Walter Böckmann im Auftrag und aus Anlaß des 10. MMM-Kongresses. Verleih durch den MMM-Club, Schumannstraße 27, D-6 Frankfurt am Main.

- Three Lectures on Logotherapy, given at the Brandeis Institute, Brandeis, California 93064. Longplaying records.
- „Das Leiden am sinnlosen Leben: Zur Phänomenologie des existentiellen Vakuums." (Vortrag in der Aula der Universität Zürich am 4. Dezember 1975.) Videotapes und Audiotapes sind erhältlich durch die Limmat-Stiftung, Rosenbühlstraße 32, CH-9044 Zürich.
- „Meaninglessness: Today's Dilemma", an audiotape produced by Creative Resources, 4800 West Waco Drive, Waco, Texas 76703.
- „Youth in Search of Meaning" Word Cassette Library, 4800 West Waco Drive, Waco, Texas 76703. ($ 4.98.)
- „Das Leiden am sinnlos gewordenen Leben: Zur Phänomenologie der existentiellen Frustration in der Industriegesellschaft." Kassette NC 1001 der Noricum Tonproduktion, Webgasse 2a, A-1060 Wien (öS 150).

Frankl, Viktor E., and Smith, Huston: „Value Dimensions in Teaching", a color television film produced by Hollywood Animators, Inc., for the California Junior College Association. Rental or Purchase through Dr. Rex Wignall, Director, Chaffey College, Alta Loma, California.

Frankl, Viktor E., Joseph Fabry, Mary Ann Finch and Robert C. Leslie: „A Conversation with Viktor E. Frankl on Occasion of the Inauguration of the ‚Frankl Library and Memorabilia' at the Graduate Theological Union on February 12, 1977." Copies of the videotape may be obtained from Professor Robert C. Leslie, 1798 Scenic Avenue, Berkeley 94709.

„The Humanistic Revolution: Pioneers in Perspective", interviews with leading humanistic psychologists: Abraham Maslow, Gardner Murphy, Carl Rogers, Rollo May. Paul Tillich, Frederick Perls, Viktor Frankl and Alan Watts. Psychological Films. 1215 East Chapman Avenue, Orange, California 92666. Sale $ 250; rental $ 20.

Sachregister

Abgrunderlebnis 102
Alkoholismus 96
Angstneurose 151
Amerika 60
Anpassung 72 73 118 137
Arbeit 53 127
Arbeitslosigkeitsneurose 22
Archetypus 40 153
ärztliche Seelsorge 140 145
Atheismus 63
Autorität 132

Beruf 53

Daseinsanalyse 41 148
Dereflexion 94 150
Dimension 32 161
dimensionale Differenz 175
Drogenabhängigkeit 96

endogene Depression 44 60 149
entlarvende Psychologie 157 158
Erwartungsangst 151
Erziehung 68 106 110 112 116
Euthanasie 111
Existentialismus 65
existentielle Schlaflosigkeit 131
existentielles Vakuum 22 41 109 123
Existenzanalyse 43 140 148

Fernsehen 128
Freiheit 26 30 32 34 39 124 132
Freizeit 54 126 136
Frigidität 154

Gesellschaft 91 119
Gestaltpsychologie 64 68

Gewissen 79 91 99 110 113 178
Glück 93
Gott 17 170 174

Höhen-Psychologie 107 171
Homöostase 100
Humanisierung der Psychotherapie 147
humanistische Psychologie 147 148
Humor 150
Hyper-Intention 95
Hyper-Reflexion 95
Hypochondrie 155

Impotenz 154
Individualpsychologie 21 139

Jugendberatung 21

Kaleidoskopismus 66
kollektive Neurose 144
kollektives Unbewußtes 40
Kollektivschuld 26 86
Konfession 176
Konzentrationslager 20 22 23 25 75 111 147
Kriminalität 36 106
Kunst 122

Leiden 22 57 161
Liebe 56 91 96 173
Logotherapie 18 29 40 41 42 50 56 82 89 137 140 147 165 179
Lust 94 153

Managerkrankheit 129
Mensch 31
Monanthropismus 108
Motivationstheorie 100

Nationalsozialismus 85
Naturwissenschaft 164
noëtisch 31 38 39
noogene Neurose 43 73 89
Neurose 32 73 101 148
Nihilismus 142

Objektivität von Sinn 65

Pandeterminismus 35
paradoxe Intention 150
Pathologie des Zeitgeistes 165
Perspektivismus 66 169
Phänomenologie 81
Pharmakopsychiatrie 60
Philosophie 18 138 140
Politik 72 107 112 145
präreflexives ontologisches Selbstverständnis 143
Psychiatrie 21 33
psychiatrisches Credo 38
Psychoanalyse 20 40 42 61 72 89 100 106 138 139 166
psychotherapeutisches Credo 38
Psychotherapie 21 147

Reduktionismus 80 140
rehumanisierte Psychotherapie 140
Relativität von Sinn 64
Religion 19 37 47 59 62 73 92 115 146 159 165
Revolution 92 115

Schule 119
Selbst-Distanz 150
Selbstmord 63
Selbst-Transzendenz 48 150
Selbstverwirklichung 98 102
Sexualität 166

Sexualneurose 94 153
Sinn 16 20 21 47 68 69 96 102 104 150 164
Sinnlosigkeitsgefühl 43
Sinn-Organ 79
somatogene Neurose 148
Sonntagsneurose 128
Sport 105
Sub-Humanismus 80 142

Test 43 107
Toleranz 87
Tradition 109
tragische Trias 23 57
Traumdeutung 89
Trotzmacht des Geistes 35 38 150

Unbewußtes 39 89 141 174
Überflußgesellschaft 104
Über-Sinn 62 159
Über-Zeit 167

Verantwortlichkeit, Verantwortung 30 47 48 50 68 73 104 124 132 136 137
Verdrängung 89 131 174
vergleichende Verhaltensforschung 82
Verzweiflung 21 58

Wahrheit 87
Weltentwurf 66 67
Wert 53 69 114
Wille zum Sinn 51
Wirtschaft 105 112 126

Zehn Gebote 76 83
zentrifugale Freizeitgestaltung 130
zentripetale Freizeitgestaltung 130
Zwangsneurose 152
Zufall 164

Weitere Werke von Viktor E. Frankl

THEORIE UND THERAPIE DER NEUROSEN
Einführung in Logotherapie und Existenzanalyse
4 Auflagen, Uni-Taschenbücher 457
„Frankls blendende Diktion und die reiche Kasuistik aus eigener Praxis und der seiner Schüler in Europa und Übersee machen die Lektüre des Buches zum Vergnügen." *Österreichische Krankenhaus-Zeitschrift*

DIE PSYCHOTHERAPIE IN DER PRAXIS
Eine kasuistische Einführung für Ärzte
3 Auflagen, Franz Deuticke, Wien
„Die Stärke des Buches liegt in seiner Unvoreingenommenheit, Lebensnähe und seinem Einfallsreichtum." *Zentralblatt für die gesamte Neurologie und Psychiatrie*

ÄRZTLICHE SEELSORGE
Grundlagen der Logotherapie und Existenzanalyse
9 Auflagen, Kindler, München
„Wohl der entschiedenste Vorstoß, den die analytische Therapie seit Freud gemacht hat." *Zentralblatt für die gesamte Neurologie und Psychiatrie*
„Ein wissenschaftlicher Bestseller: der wohl bedeutendste Versuch, sich theoretisch von der Freudschen Grundposition zu lösen."
Zentraler Lektoratsdienst für öffentliche Bibliotheken

ANTHROPOLOGISCHE GRUNDLAGEN DER PSYCHOTHERAPIE
Verlag Hans Huber, Bern
„Vollgepackt mit empirischen Ergebnissen – in einer gut lesbaren und verständlichen Sprache verfaßt – eine Seltenheit bei wissenschaftlicher Literatur." *Die Tat*

DER WILLE ZUM SINN
Ausgewählte Vorträge über Logotherapie
2 Auflagen, Verlag Hans Huber, Bern
„Ich glaube, daß die Arbeiten von Frankl der wichtigste Beitrag zur Psychotherapie seit Freud sind." *Prof. Dr. F. Hoff in der Therapiewoche*

DER UNBEWUSSTE GOTT
Psychotherapie und Religion
4 Auflagen, Kösel-Verlag, München
„Es ist keine Übertreibung, wenn wir unserer Überzeugung Ausdruck verleihen, daß Frankl in die Geschichte der Psychiatrie eingehen wird als der Arzt des Leidens des 20. Jahrhunderts." *Österreichische Hochschulzeitung*

... TROTZDEM JA ZUM LEBEN SAGEN
Ein Psychologe erlebt das Konzentrationslager
Kösel-Verlag, München
1958 erschien in Amerika die englische Ausgabe, erlebte 52 Auflagen und wurde in über zwei Millionen Exemplaren verkauft. „Wie Viktor Frankl seine Lager-Zeit überwandt, das ist inzwischen anwendbar geworden auf viele nicht nur deutsche Situationen, die Zweifel am Sinn des Lebens nahelegen.
(Aus dem Vorwort von Hans Weigel)

Angst und Sein
Von Prof. Dr. R. BATTEGAY. 2. Auflage, 132 S., 3 Tab., brosch. DM 28.–
Nach der Abgrenzung zwischen Angst und Furcht werden die fundamentalen Bezüge erläutert: Angst u. Verantwortung, Schuld, Aggression, Tod, Leben, Kranksein. Man lernt das Wesen der Angst und den Umgang damit kennen. Weiter wird die Behandlung der Angst psychotherapeutisch und medikamentös dem Therapeuten auf solider Grundlage instruktiv gezeigt. 3-0389

Psyche und Biologie
Von Prof. Dr. G. BENEDETTI. 248 Seiten, Leinen DM 38.–
Das Buch ist aus Vorlesungen vor Hörern aller Fakultäten zusammengefaßt und befaßt sich mit einer Doppelfrage, der Rolle der Erfahrungsmomente für biologische Strukturen und umgekehrt der Bedeutung biologischer Strukturen für psychische Phänomene. Die Themen in diesem Zusammenhang sind Gedächtnis und Lernen – Affekt und Trieb – Erkennen und Sprache. 3-0335

Die Sprechneurosen
Aufbauformen. Von Dr. HELENE FERNAU-HORN, 3. Auflage, 276 Seiten mit 37 Abb. und 1 Schallplatte, Leinen DM 68.–
Stottern, Lispeln u.a. Sprachfehler sind der Gegenstand dieses gründlichen Werkes, das auf der theoretischen Basis der Schultz-Henckschen Psychologie Wesen und Therapie dieser weitverbreiteten neurotischen Symptomatik erörtert. Prinzipien und Methoden der Behandlung werden hier umfassend und eingehend dargestellt.
3-0027

Lernschwächen, ihre Formen und ihre Behandlung
Von D. J. JOHNSON und Prof. Dr. H. MYKLEBUST. Ins Deutsche übers. 2. Aufl., 392 S., 94 Abb., Ln. DM 56.–
In einer Zeit, die vom immerwährenden Lernprozeß erfüllt ist, fallen Lernschwächen besonders kraß auf und ergeben bei Kindern einen erheblichen und bedenklichen Entwicklungsstau, der sich in späteren Zeiten erschwerend auswirkt. Auf Kinder richtet sich das ausschließliche Interesse dieses Buches. 3-0290

HIPPOKRATES VERLAG STUTTGART